Bibliografische Information der Deutschen Nationalbibliothek:

Die Deutsche Bibliothek verzeichnet diese Publikation in der Deutschen Nationalbibliografie; detaillierte bibliografische Daten sind im Internet über http://dnb.d-nb.de/ abrufbar.

Impressum:

Copyright © 2007 GRIN Verlag GmbH
Druck und Bindung: Books on Demand GmbH, Norderstedt Germany
ISBN: 978-3-638-73872-9

Dieses Buch bei GRIN:

http://www.grin.com/de/e-book/69068/resozialisierung-und-strafvollzug-theoretische-ueberlegungen-und-empirische

Sabine Schmidt

Resozialisierung und Strafvollzug - Theoretische Überlegungen und empirische Untersuchung zu Sanktionseinstellungen in der Öffentlichkeit

GRIN Verlag

Resozialisierung und Strafvollzug

- Theoretische Überlegungen und empirische Untersuchung zu Sanktionseinstellungen in der Öffentlichkeit-

Diplomarbeit
zur Erlangung des Grades
einer Diplom-Sozialpädagogin
an der Fachhochschule Jena

eingereicht von: Sabine Schmidt

Jena, den 19.01.2007

Inhaltsverzeichnis

Abbildungsverzeichnis

Tabellenverzeichnis

Abkürzungsverzeichnis

Abs.	Absatz
BtMG	Betäubungsmittelgesetz
BVerfG	Bundesverfassungsgericht
BZG	Bundeszentralregister
ca.	circa
d. h.	das heißt
DVollzO	Deutsche Vollzugsordnung
f	folgende
ff	fortfolgende
GG	Grundgesetz
i.V.m.	in Verbindung mit
JGG	Jugendgerichtsgesetz
Nr.	Nummer
o. g.	oben genannte(r)
rtf- Format	Richt Text Format
S.	Seite
StGB	Strafgesetzbuch
StPO	Strafprozessordnung
StVG	Straßenverkehrsgesetz
StVollzG	Strafvollzugsgesetz
SV	Sicherungsverwahrung
u.v.m.	Und vieles mehr
usw.	und so weiter
vgl.	Vergleich
VVJug	Verwaltungsvorschriften des Jugendstrafvollzuges
z. B.	zum Beispiel
zit.	zitiert

1 Einleitung

Die Institution des Strafvollzuges soll den Rechtsfrieden wiederherstellen. Sie ist eines der Instrumente, die die Justiz zu diesem Zweck zur Verfügung hat. Dieses Element steckt jedoch durch den Mangel an Wirksamkeit und seiner Nebenwirkungen in einem tiefen Dilemma, welches in dieser Arbeit wissenschaftlich diskutiert werden soll.[1] Der Anstaltsleiter, Herr Gallmeier äußerte sich zur Problematik des Freiheitsentzuges bereits in den Sechzigerjahren wie folgt:

„Man versucht, an Menschen, die man nicht kennt, unter Verhältnissen, die man nicht beherrscht, Strafen zu vollstrecken, um deren Wirkungen man nicht weiß."[2]

Eine Mischung von Nichtwissen und Vorurteilen prägt bis heute die Vorstellung der meisten von uns über das Leben im Strafvollzug.[3] Der Gedanke eines sinnvollen Strafvollzuges, der den Inhaftierten sozialeigenverantwortlich ausgerüstet in die Gesellschaft entlassen kann, hat schon im 16. Jahrhundert revolutionierend gewirkt, so dass die Todesstrafe immer mehr zurückgedrängt wurde, und die Freiheitsstrafe und Zuchthäuser sich immer mehr entwickelten. Die gegenwärtige Freiheitsstrafe wie sie heute existiert, beruht letztendlich auf dem Gedankengut der Zuchthäuser, die im 16. Jahrhundert gegründet wurden. Die Freiheitsstrafe lebt auch heute noch von der Vorstellung, dass durch Freiheitsentzug und Zwang etwas Sinnreiches erreicht werden kann. Dieser Grundwiderspruch wird durch bestimmte Umformungen des Strafvollzuges zu mildern versucht (z. B. offener Vollzug, Weiterbildungseinrichtungen, Hafturlaub usw.).

Dennoch liegt die Erkenntnis nahe, dass Strafvollzug uneffektiv ist und für den Haftentlassenen tiefgreifende Konsequenzen hat. Der Gedanke, dass man allein durch Einsperren Menschen „erziehen" und für die Rückkehr in die Freiheit vorbereiten könne, ist heute nicht mehr tragbar. Aus diesem Grund werden in der modernen Kriminologie zahlreiche Stimmen laut, welche die Abschaffung der Freiheitsstrafe fordern.[4]

Die hier zugrunde liegende Diplomarbeit soll sich mit der Effektivität, also der Wirksamkeit und der Effizienz des Strafvollzuges in Deutschland auseinandersetzen.

Ziele und Aufgaben des Strafvollzugs sollen diskutiert werden. Zusätzlich wurde von mir eine empirische Untersuchung anhand von qualitativen Daten durchgeführt, welche die Meinung der Bevölkerung zu Strafe und Freiheitsentzug wiedergeben soll. Auch wurden Einstellungen zu Sanktionen als solches untersucht. Die Problematik der Resozialisierung sollte hierbei einen besonderen Stellenwert erhalten.

---

[1] vgl. Schütte, 2006 auf http://www.zakk.de/ulmerecho/
[2] zit. Schüler-Springorum, 1969, S. 23 in Feest, 2003, S. 34
[3] vgl. Ulrich, 2003, S. 1
[4] vgl. Trenz, 2006 auf http://www.zakk.de/ulmerecho/

Einleiten möchte ich mit den Gedanken eines Insassen zur Resozialisierung als Vollzugsziel.

Vollzugsziel

Man sperrt mich ein,
um mich auf ein Leben in Freiheit vorzubereiten.
Man nimmt mir alles,
um mich zu lehren, mit Dingen verantwortungsvoll umzugehen.
Man reglementiert mich permanent,
um mir zur Selbstständigkeit zu verhelfen.
Man entfremdet mich den Menschen,
die ich liebe, um mich ihnen näher zu bringen.
Man bricht mir das Rückrat,
um mich zu stärken.
Man programmiert mich auf Anpassung, damit ich lerne, kritisch zu leben.
Man bringt mir Misstrauen entgegen,
Damit ich lerne, zu vertrauen.
Man sagt: „Zeige Dein Gefühl!“,
Damit man mit ihm spielen kann.
Man sagt: „ Du bist resozialisiert!“, wenn ich zu allem nur noch nicke“.[5]

[5] zit. http://www.krimi.uni-hd.de/Hermann/PP%20 Materialien/Subkultur.PPT.

2 Strafvollzug in Deutschland

2.1 Begriff des Strafvollzugs

Unter dem Begriff Strafvollzug versteht man die Art und Weise der Durchführung freiheitsentziehender Kriminalsanktionen in einer Straf- oder Verwahranstalt. Dieses schließt die Freiheitsstrafe (§ 38 StGB), die Jugendstrafe (§ 17 JGG) und die freiheitsentziehenden Maßregeln der Besserung und Sicherung (§§ 63, 64, 66 StGB) mit ein. Die Rechtsgrundlage des Strafvollzuges bildet das am 01.01.1977 in Kraft getretene Strafvollzugsgesetz (StVollzG). Hinsichtlich des Jugendstrafvollzuges greift man auf die Rahmenvorschrift des § 91 JGG und den Verwaltungsvorschriften des Jugendstrafvollzuges (VVJug) zurück.[6]

Der Begriff Vollzug stellt dabei ein komplexes Netz von Handlungen zwischen Einzelnen und Gruppen dar („Inter-Aktionen"), dass durch formelle und informelle Strukturen vermittelt wird. Die gesetzlichen Regelungen stellen dabei die formellen Strukturen dar, die auch die Verwaltungsanordnungen auf Landes- und Anstaltsebene mit einbeziehen. Sie regeln somit das Handeln. Informelle Strukturen sind die tatsächlichen Übungen und Praktiken, die sich in Ausfüllung oder Ergänzung der formellen Strukturen herausbilden und das tägliche Geschehen im Strafvollzug beeinflussen. Inhaltlich werden diese Strukturen durch das Vollzugsziel bestimmt. Sie stellen die Mittel und Wege dar, dieses Ziel zu erreichen. An ihm sollen sich diese Strukturen ausrichten und messen.[7]

Der Strafvollzug stellt ein Instrument staatlicher Verbrechensbekämpfung und Kontrolle dar, welches die Resozialisierung, Rückfallverhinderung und Schutz der Allgemeinheit zum Ziel hat. Somit gehört er neben der Polizei und der Strafrechtspflege zur Verbrechenskontrolle. Diese umfasst sämtliche gesellschaftlichen Einrichtungen, Strategien und Sanktionen, welche die Verhaltenskonformität der Gesellschaft im strafrechtlich geschützten Normbereich bezwecken. Die Verbrechenskontrolle stellt wiederum einen Ausschnitt der allgemeinen Sozialkontrolle dar, die diejenigen Mechanismen umfasst, durch welche die Gesellschaft es möglich macht, dass Menschen bestimmten Normen auch Folge leisten.[8] Das Gefängnis, als verlängerter Arm des Staates stellt eine Organisation dar, die die Wünsche der Gesellschaft hinsichtlich ihrer kriminell gewordenen Mitglieder erfüllen soll.[9]

Die besonderen Formen des Vollzugs, wie Arrest, Maßregelvollzug und U-Haft sollen in dieser Arbeit ausgegrenzt werden.

---

[6] vgl.: Schmitt, 2001, S.140 in Calliess, Müller-Dietz, 2005, S. 40
[7] vgl. Calliess, Müller-Dietz, 2005, S. 41
[8] vgl.: Kaiser, Kerner, Schöch, 1991, S. 20-21
[9] vgl.: Kette, 1991, S. 39

2.2 Gesetzliche Grundlagen der Freiheitsstrafe

Das Strafvollzugsrecht ist Teil des Strafrechts und der "gesamten Strafrechtswissenschaft". Es regelt die Vollstreckung von Freiheitsstrafen bzw. freiheitsentziehenden Maßregeln und bindet sich an das Strafvollstreckungsrecht an. Nach einem rechtskräftigen Gerichtsurteil geht die Zuständigkeit hinsichtlich Vollstreckung, Dauer und Ort des Vollzug der Freiheitsstrafe in die Kompetenz der Strafvollstreckungsbehörde (Staatsanwaltschaft, § 451 StPO) über. Die hierfür relevanten Rechtsvorschriften sind in der Strafprozessordnung bzw. in der Strafvollstreckungsordnung zu finden (§§ 449ff StPO).[10] Das Strafvollzugsrecht beinhaltet dabei alle Rechtsnormen, welche die stationäre Vollziehung der freiheitsentziehenden Kriminalsanktionen regeln.[11]

Im Bereich der Strafen differenziert das StGB zwischen Haupt- und Nebenstrafen. Hauptstrafen sind die Freiheitsstrafe (§§ 38, 39 StGB) und die Geldstrafe (§§ 40-43 StGB). Als Nebenstrafe gilt das Fahrverbot (§ 44 StGB). Der Strafvollzug ist Ländersache.

Die Freiheitsstrafe wird entweder in eine *zeitige* oder in eine *lebenslange* Freiheitsstrafe unterteilt.[12]

Die lebenslange Freiheitsstrafe ist teils als absolute (z. B. bei Mord), teils als wahlweise Sanktion angedroht. Nach Abschaffung der Todesstrafe ist die lebenslange Freiheitsstrafe die schwerwiegendste Sanktion des deutschen Strafrechts.

Die zeitige Freiheitsstrafe beträgt minimal einen Monat, im Höchstmaß beträgt sie 15 Jahre (§ 38 Abs. 2 StGB).

Innerhalb dieses vorgegebenen Rahmens werden durch die Strafrahmen der Straftatbestände Höchst- und Mindeststrafen determiniert. Somit wird dem Rang der strafrechtlich geschützten Rechtsgüter Rechnung getragen.

Die kurze Freiheitsstrafe (unter sechs Monaten) ist im Vergleich zur Geldstrafe ultima ratio[13] (§ 47 StGB).

Sie darf nur angeordnet werden, wenn besondere Umstände (Diese wären z. B. mehrfache Rückfälligkeit, Tatbegehung kurz nach Zustellung der Anklageschrift mit der selben Tat, Freiheitsentzug stellt sich als einziges Mittel dar, dem Täter vom Fortsetzen seines strafbaren Handeln abzubringen), die in der Tat oder der Persönlichkeit des Täters liegen, und die Verhängung einer Freiheitsstrafe zur Einwirkung auf den Täter oder zur Verteidigung der Rechtsordnung unerlässlich machen.[14]

---

[10] vgl. http://www.iuscrim.mpg.de/info/aktuell/lehre/docs/alb_StrafS.pdf
[11] vgl. Schöch, Kaiser, 2003, S. 21
[12] vgl. Heinz, 2003, Kap. 3.1.3.1.1
[13] vgl. Hell, Kaufmann, Liebke, Koch, 2002, S.587:
lat.: **ultimus** = der letzte, der äußerste, **ratio** =Vernunft, vernünftige Überlegung) bezeichnet das letzte Mittel oder den letzten Ausweg in einer Rechtsentscheidung, wenn zuvor alle sonstigen Lösungsvorschläge verworfen wurden, da mit ihnen keine Einigung erzielt werden konnte.
[14] vgl. Heinz, 2003, Kap. 3.1.3.1.1

Dies wäre der Fall, wenn aufgrund der Gesamtwürdigung aller die Tat und den Täter kennzeichneten Umstände die notwendige Einwirkung auf den Straftäter oder die Verteidigung der Rechtsordnung eine Freiheitsstrafe für unverzichtbar erscheinen lässt, weil andere Sanktionen nicht mehr ausreichend sind (kann auch bei einer Häufung von Bagatelldelikten der Fall sein). Hier wird die spezialpräventive Funktion der Sanktion angesprochen, d. h. es ist zu entscheiden, ob eine tätergünstige Prognose (Vorhersage weiterer Straftaten) vorliegt und ob eine den Täter weniger belastende und dennoch kriminalpolitischen Erfolg versprechende Alternative zur Freiheitsstrafe existiert. Den frei werdenden Spielraum bei der Entscheidungsfindung füllt die Geldstrafe aus. Ist diese jedoch uneinbringlich, so tritt an ihre Stelle die Ersatzfreiheitsstrafe nach § 43 StGB in Kraft.[15]

Die Bestimmung des § 47 StGB hat den Zweck, die kurzfristige Freiheitsstrafe möglichst zurückzudrängen. Die Vollstreckung einer Freiheitsstrafe, die zwei Jahre nicht überschreitet, kann zur Bewährung ausgesetzt werden; eine teilbedingte Freiheitsstrafe existiert im deutschen Strafrechrecht nicht. Bei Strafen unter sechs Monaten entscheidet gemäß § 56 Abs. 1 i.V.m. Abs. 3 StGB allein die positive Sozialprognose, d. h. die Annahme, dass die Rückfallwahrscheinlichkeit bei Aussetzung der Vollstreckung (gegebenenfalls unter Bewährungsaufsicht) geringer sein wird als bei einer Verbüßung der Freiheitsstrafe (vergleichende Interventionsprognose). Bei Strafen, die sich im Bereich zwischen sechs Monaten und einem Jahr (z. B. Rauschgiftdelikte, Straßenverkehrsdelikte, Wirtschaftsstraftaten, Steuerhinterziehung etc.) bewegen, wird die Vollstreckung auch bei günstiger Prognose nicht ausgesetzt, wenn generalpräventive Erfordernisse ("Verteidigung der Rechtsordnung") entgegenstehen (§ 56 Abs. 3 StGB).

Strafen zwischen einem Jahr und zwei Jahren können dagegen zur Bewährung ausgesetzt werden, "wenn nach der Gesamtwürdigung von Tat und Persönlichkeit des Verurteilten besondere Umstände vorliegen" (§ 56 Abs. 2 StGB).[16] Die besonderen Umstände müssen trotz der Tatschwere eine Strafaussetzung vertretbar erscheinen lassen. Ihr Vorliegen richtet sich nach der Gesamtbewertung der Tat und der Persönlichkeit des Täters, wobei es ausreicht, wenn sie sich nicht ausschließen lassen (Dabei gilt: „in dubio pro reo", also im Zweifel für den Angeklagten). Sie müssen über die positive Sozialprognose hinaus zusätzlich einen Verzicht auf die in der Strafvollstreckung liegende Reaktion auf ein Fehlverhalten billigen.[17]

Besondere Umstände in der Tat liegen vor, „wenn gewichtige Tatsachen die begangene Tat zugunsten des Täters von durchschnittlichen, gewöhnlich vorkommenden Taten ähnlicher Art abheben.

[15] vgl. Schönke, Schröder, 2006, S. 785-787
[16] vgl. Heinz, 2003, Kap. 3.1.3.1.1
[17] vgl. Schönke, Schröder, 2006, S. 872

Dies wäre der Fall, wenn der Täter aus Not oder zur Behebung einer angespannten wirtschaftlichen Lage gehandelt hat, zur Tat gereizt, mittels intensiver Beeeinflussung durch Polizeinformanten bestimmt oder durch eine besondere Gelegenheit verlockt worden ist, aber auch, wenn der Täter selbst Verletzungen mit schweren Dauerfolgen erlitten hat. Eine besondere „Konfliktlage" ist hierbei nicht erforderlich."[18]

Bei Strafaussetzung zur Bewährung wird eine Bewährungszeit zwischen zwei und fünf Jahren festgelegt (§ 56a StGB). Die Dauer der Bewährung darf nicht nachträglich verlängert oder verkürzt werden.

Es besteht die Möglichkeit, dem Betroffenen Auflagen und Weisungen zu erteilen. Auflagen, wie z. B. Schadenswiedergutmachung, Geldzahlungen an eine gemeinnützige Einrichtung oder zugunsten der Staatskasse, dienen "der Genugtuung für das begangene Unrecht einer Straftat" (§ 56b StGB). Weisungen verfolgen ausschließlich das Ziel, zukünftige Straftaten des Verurteilten zu verhindern. Eine Weisung z. B. kann sein, sich der Bewährungshilfe (§ 56d StGB) zu unterstellen oder "Anordnungen zu befolgen, die sich auf Aufenthalt, Ausbildung, Arbeit oder Freizeit oder auf die Ordnung der wirtschaftlichen Verhältnisse" beziehen, bestimmte Dinge nicht zu besitzen, die "Gelegenheit oder Anstoß zu weiteren Straftaten bieten können" etc.

Kommt es zu einem Bewährungsverstoß (z. B. durch eine erneute einschlägige Straftat), kommt entweder eine Abänderung der Bedingungen der Aussetzung (§ 56f Abs. 2 StGB), also z. B. die Erteilung weiterer Auflagen oder Weisungen bzw. die Verlängerung der Bewährungszeit in Betracht. Wenn dies nicht aussichtsreich erscheint, kann die Aussetzung widerrufen werden (§ 56f Abs. 1 StGB). Dies hätte zur Folge, dass die verhängte Freiheitsstrafe zu vollstrecken ist. Ansonsten kann die verhängte Freiheitsstrafe erlassen werden (§ 56g StGB).[19]

Bei der zeitigen als auch bei der lebenslangen Freiheitsstrafe besteht die Möglichkeit, die Vollstreckung eines Strafrestes zur Bewährung auszusetzen (§§ 57, 57a StGB). Hat der zu zeitiger Freiheitsstrafe Verurteilte zwei Drittel der verhängten Strafe, mindestens aber zwei Monate abgesessen, ist eine bedingte Entlassung bei günstiger Prognose und wenn verantwortetet werden kann, dass der Verurteilte außerhalb des Strafvollzugs keine Straftaten mehr begehen wird, möglich (§ 57 Abs. 1 StGB).[20]

Hat er die Hälfte der Strafe (mindestens jedoch sechs Monate) verbüßt, ist eine bedingte Entlassung wahlweise möglich, wenn zusätzlich noch "besondere Umstände" vorliegen (§ 57 Abs. 2 StGB).

Strafgefangene, die zu lebenslangem Freiheitsentzug verurteilt wurden, sollen so auch die Chance haben, ein Leben in Freiheit führen zu können. § 57a StGB regelt dementsprechend die Aussetzung des Strafrestes bei lebenslanger Freiheitsstrafe. Voraussetzung hierfür ist die Verbüßung von mindestens 15 Jahren der Strafe.

---

[18] zit. Schönke, Schröder, 2006, S. 872
[19] vgl. Heinz, 2003, Kap. 3.1.3.1.1
[20] vgl. Heinz, 2003, Kap. 3.1.3.1.1

Die "besondere Schwere der Schuld des Verurteilten“ muss ausgeschlossen werden können, Es muss eine günstige Prognose (§ 57 Abs. 1 StGB) vorliegen.[21]

2.3 Strafvollzug als totale Institution

Haftanstalten lassen sich unter dem Begriff der totalen Institutionen einordnen, welche sich durch folgende Merkmale auszeichnen:

- Diese Einrichtungen isolieren Menschen, meist auf engsten Raum,
- sie kontrollieren das Leben der Insassen.
- Es kommt zu einer sozialen Trennung zwischen der Welt der „Bewacher“ (Angestellten) und jener der „Bewachten“ (Insassen).
- Der Umgang zwischen ihnen ist durch Reserviertheit und Feindseligkeit gekennzeichnet.

Damit führt die totale Institution zu einer Organisationsform, welche ihre Insassen „verwaltet“. Es entsteht eine erzwungene Abhängigkeit von Insasse und „Aufseher“. Der Inhaftierte muss seine vorherige Identität abstreifen, jegliche Art von Privatbesitz aufgeben. Durch Demütigungen und Einschränkungen des Selbstwertgefühls der Inhaftierten entstehen starke Stressbelastungen. Ein weiteres Merkmal totaler Institutionen ist das vorhandene Kontrollsystem. Es arbeitet mit Belohnungen (Begünstigungen, Privilegien), welche sehr bedeutsam sind für den Insassen und Bestrafungen (Besuchsverbot, Einzelhaft etc.), die eine Verhaltenskontrolle ermöglichen sollen. Dem Insassen ist ständig bewusst, dass ihn die Institution zu einem regelkonformen Verhalten zwingt.[22] Alle Begebenheiten des alltäglichen Lebens finden an ein und derselben Stelle, unter ein und derselben Autorität statt. Die Mitglieder der Institution führen alle Phasen ihrer täglichen Arbeit in unmittelbarer Gesellschaft einer großen Gruppe von Schicksalsgenossen aus, wobei allen die gleiche Behandlung zuteil wird und alle die gleiche Tätigkeit gemeinsam verrichten müssen.

Alle Abschnitte des Tages sind gründlich geplant, jede Phase geht zu einem vorher bestimmten Zeitpunkt in die nächste über. Diese Tätigkeiten werden von oben durch ein System kategorischer, formaler Vorschriften und durch einen Stab von Angestellten vorgeschrieben. Die verschiedenen erzwungenen Tätigkeiten werden in einem einzigen rationalen Plan vereinigt, der dazu dient, die gesetzlichen Ziele der Institution zu erreichen. Der Insasse wird einem Prozess der „Diskulturation“ (das Unfähigmachen, mit bestimmten Gegebenheiten der Außenwelt fertig zu werden) unterworfen, der durch „Trimmen“ und „Programmierung“ und durch „Degradierungen, Demütigungen und Entwürdigungen seines Ich“ gekennzeichnet ist. Es besteht eine elementare Trennung zwischen der Gruppe der Insassen und dem zahlenmäßig unterlegenen Aufsichtspersonal.

[21] vgl. Heinz, 2003, Kap. 3.1.3.1.1

[22] vgl.: Kette, 1991, S. 38f

Anders ausgedrückt: totale Institutionen sind „soziale Zwitter", einerseits Wohn- und Lebensgemeinschaft, andererseits formale Organisationen.[23]

Nach Goffman ist eines der Hauptmerkmale totaler Institutionen: „dass der Insasse alle Bereiche seines Lebens im Anstaltsgebäude, in unmittelbarer Gesellschaft mit anderen, die ähnlich wie er von der Umwelt abgeschnitten sind, verbringt".

Im Hinblick auf die Relation zwischen Individuum und Rolle ergibt sich in Strafanstalten die Besonderheit, dass die Gefangenen in eine Rolle hineingedrängt werden, mit der sie ihre Identität nicht oder kaum ausdrücken können.[24] "Der Neuling kommt mit einem bestimmten Bild von sich selbst in die Anstalt, welches durch bestimmte soziale Bedingungen seiner heimischen Umgebung ermöglicht wurde. Beim Eintritt wird er sofort der Hilfe beraubt, die diese Bedingungen ihm boten. ...Sein Ich wird systematisch, wenn auch häufig unbeabsichtigt, gedemütigt."[25]

Feest erarbeitete zusätzlich folgende „riskante Konstellationen", die man im Strafvollzug als totale Institution vorfindet:

- Die Gefahr der Eskalation auch der kleinsten Konflikte ist sehr hoch.
- Den Insassen ist es unmöglich, sich Konfliktsituationen durch Ausweichen zu entziehen.
- Die öffentliche Kontrolle ist reduziert. Diese Risiken verschärfen sich bei Überbelegung der Anstalt.[26]

Folglich unterscheidet Goffman verschiedene Möglichkeiten, mit den Bedingungen in einer totalen Institution "fertig zu werden". So wird ein bestimmtes Verhalten erlernt, um Spannungen auszubalancieren, denen sich die Inhaftierten ausgesetzt sehen.

Goffman beschreibt fünf Anpassungsformen an totale Institutionen:

a) Die Strategie des Rückzugs aus der Situation ("situational with drawal"):

Diese Art der Anpassung ist dadurch gekennzeichnet, dass der Gefangene jegliches Interesse an seiner Umgebung verliert und es unterlässt, sich an Interaktionsprozessen zu beteiligen.[27] Dieser Entwicklungsgang wird als irreversibel eingestuft, da es vom Insassen eine große Anstrengung erfordert, seinen Status zu ändern und die Mittel dazu beschränkt sind.

---

[23] vgl. Goffmann, 1981, S. 17ff in Hanisch-Berndt, Göritz, 2005, Kap. 2.3.3.
[24] vgl. Goffman, 1973, S. 198
[25] zit. Goffmann, 1973, S. 25
[26] vgl. Feest, 2003, S. 35
[27] vgl. Goffmann, 1981, S. 65ff in Hanisch-Berndt, Göritz, 2005, Kap. 2.3.3.

b) Der kompromisslose Standpunkt ("intransigent line"):

Der Strafgefangene bedroht und provoziert die Institution, indem er augenfällig die Zusammenarbeit mit dem Anstaltspersonal ablehnt. Verbunden mit andauernder Kompromisslosigkeit, erfordert diese Form der Anpassung eine laufende Ausrichtung an der formalen Organisation, das heißt, ein stark ausgebildetes Interesse für die Anstalt.[28]

Diese Nicht-Anpassungsform des Gefangenen lässt das Interesse des Anstaltspersonals an dieser Person ebenfalls steigern und führt dazu, den Willen des Insassen brechen zu wollen. Der kompromisslose Standpunkt kann als temporäre, anfängliche Anpassungsform gedeutet werden. In vielen Fällen wählt der Insasse später eine andere Form der Anpassung.

c) Kolonisierung ("colonization"):

Die Spannung zwischen Außenwelt und Haft reduziert sich, indem sich der Insasse aus den maximalen Befriedigungen, die erreichbar sind, ein möglichst stabiles, relativ zufriedenes Dasein innerhalb der Haftanstalt restauriert. Zwischen Innen- und Außenwelt bestehen für den Insassen somit keine Widersprüchlichkeiten mehr, er fühlt sich wohl. Der Insasse hegt keinen Wunsch mehr, die Anstalt zu verlassen und setzt alles daran, seine Entlassung hinauszuzögern.

d) Konversion ("conversion"):

Bei diesem speziellen Anpassungsverhalten macht sich der Gefangene das amtliche Urteil über seine Person zu Eigen und versucht, die Rolle des „perfekten Gefangenen" darzustellen. Diese Rolle beinhaltet eine disziplinierte, moralistische und monochrome Haltung. Der Insasse biedert sich beim Personal an, hilft und unterstützt gerne.

e) Ruhig-Blut-Bewahren ("playing it cool"):

Am häufigsten findet man diese Strategie vor: Der Strafgefangene weicht allen denkbaren Konflikten aus, um die Wahrscheinlichkeit physischer und psychischer Schäden zu minimieren. Dabei wendet er eine opportunistische Zusammensetzung aller vorher o. g. beschriebenen Anpassungsformen an. Er zeigt sich loyal gegenüber anderen Insassen, um Schwierigkeiten zu vermeiden.[29]

---

[28] vgl. Goffmann, 1981, S. 65ff in Hanisch-Berndt, Göritz, 2005, Kap. 2.3.3.
[29] vgl. Goffmann, 1981, S. 65ff in Hanisch-Berndt, Göritz, 2005, Kap. 2.3.3.

3 Strafzwecke

„Unter strafrechtlichen Sanktionen werden alle staatlichen Maßnahmen im Rahmen eines strafrechtlichen Verfahrens verstanden, welche sich als Schuldausgleichende und/oder kriminalpräventiv ausgerichtete Rechtseinbuße gegen denjenigen richten, der eine rechtswidrige Tat (§ 11 I Nr. 5 StGB) begangen hat.“[30] Demnach sind Strafen, aus dem menschlich- rechtlichen Blickwinkel betrachtet nicht nur Sanktionen, die der Gesetzgeber als Strafe bezeichnet, sondern auch solche, die ihnen gleichkommen.[31] Für Hart ist Strafe konstituiert durch:

- *“...pain or other consequences normally considered unpleasant,*
- *inflicted for an offence against legal rules,*
- *upon actual or supposed offenders on the ground of the offence committed,*
- *intentionally administered by human beings (other than the offender),*
- *Constituted as authorities within that legal system.”*[32]

Das sagt aus, dass Strafe durch Schmerz (Übel) und andere unangenehme Konsequenzen gekennzeichnet ist, welche aufgrund einer Handlung gegen Rechtsvorschriften zugefügt wird. Die tatsächlichen oder angenommenen „Übeltäter“ werden somit sanktioniert. Diese Sanktion wird absichtlich durch andere Menschen ausgeübt. Nach Hart gilt Strafe als eine Autorität innerhalb eines zugelassenen Systems (Zwang).[33]

Strafe stellt ein fundamental menschliches Bedürfnis dar.[34] Unser Rechtsempfinden spiegelt sich im heutigen Strafgesetzbuch wieder. Das heißt, unser Recht ist straf- und nicht schutzorientiert. Regelungen zum Umgang mit Opfern finden wir nicht vor. Das Strafrecht widmet sich nicht speziell Sachverhalten, wie Wiedergutmachung, oder „Täter-Opfer- Ausgleich“.[35]

Sanktionen verdeutlichen in der Gesellschaft die verletzte Norm und bestätigen sie. Diese Normen setzen primär und überwachen sekundär die elementaren Bestandteile der sozialen Kontrolle. Ohne diesen mächtigen Schlusspunkt der Sanktion würde nach Rössner jede Verhaltensnorm durch Missachtung von hinten aufgerollt.[36]

Strafzwecke lassen sich klassischerweise in absolute und relative Strafzwecke unterteilen. Diese Unterscheidung beruht auf Protagoras, der bereits 400 v. Chr. schrieb:

---

[30] zit. Streng, 2002, S.1
[31] vgl. Jung, 2002, S. 49ff
[32] zit. Hart, 1968, S. 4f
[33] vgl. Hart, 1968, S. 4f
[34] vgl. Niggli, 1997, S.16
[35] vgl. Niggli, 1997/98, S. 2
[36] vgl. Rössner, 2004, S. 76

„Niemand bestraft einen Rechtsverbrecher aufgrund abstrakter Überlegungen oder einfach deshalb, weil der Täter das Recht gebrochen hat, es sei denn einer nehme unbedacht Rache wie ein wildes Tier. Jener der mit Vernunft straft, rächt sich nicht für das geschehene Unrecht, denn er kann es nicht ungeschehen machen. Vielmehr schaut er in die Zukunft und versucht, den Täter und andere mit der Strafe davon abzuhalten, das Recht wieder zu brechen.“[37]

Dabei werden hinsichtlich der Zeitperspektive Unterschiede gemacht.

Absolute Strafzwecke beziehen sich auf die Vergangenheit („quia peccatur“) relative Strafzwecke dagegen auf die Zukunft („ne peccetur“).[38]

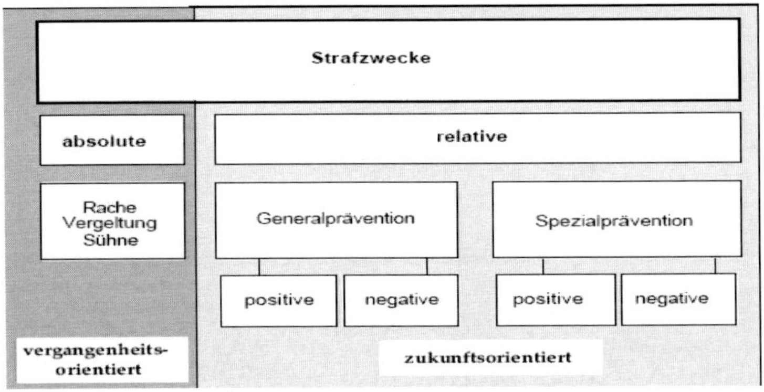

Abbildung 1: Zweck der Strafe[39]

Die absoluten Strafzwecke stellen keine Kriterien für die Gestaltung des Vollzugs dar, haben also keine unmittelbare Gestaltungswirkung. § 2 des StVollzG beinhaltet die ausdrückliche Beschränkung der allgemeinen Strafzwecke für den Vollzugsbereich.[40]

Die über den § 2 StVollzG hinausgehenden Strafzwecke scheiden als handlungs- und entscheidungsleitende Gesichtspunkte für Vollzugsentscheidungen aus.[41] Das Gesetz liefert uns keine ausdrückliche Erklärung zu Strafzwecken, allerdings liegen Festlegungen zu den Strafzumessungserwägungen vor. Dabei greift man auf die Grundlagenformel des § 46 StGB zurück, der die Grundsätze der Strafzumessung, also die Schuld des Täters voraussetzt.[42] Die Wirkungen, die von der Strafe für das künftige Leben des Täters in der Gesellschaft zu erwarten sind, sind dabei zu berücksichtigen.[43]

---

[37] zit. Platon 400 v. Chr.:324a und b in Niggli, 1997/98, S.2
[38] vgl. Niggli, 1997/98, S.2
[39] Niggli, 1997/98, S. 2
[40] vgl. Jung, 2002, S. 13
[41] vgl. Calliess, Müller-Dietz, 2005, S. 45-47
[42] vgl. Jung, 2002, S. 13
[43] vgl.§ 46 StGB in Stascheit, 2002, Kap. 180, S.16

Hinsichtlich der Einteilung der Strafzwecke können wir auch das Modell der verschiedenen Spuren hinzuziehen. Es differenziert zwischen ein- und zweispurigen Möglichkeiten (z. B. Strafe nach Schuldzumessung, Strafe aus Gründen der Gefährlichkeit oder für Schutz der Gesellschaft) und geht auf die Frage zurück, weswegen wir strafen. Das deutsche Recht verfolgt seit Bestehen des Gewohnheitsverbrechergesetzes von 1933 ein zweispuriges Modell, welches zwischen Strafen und Maßregeln unterscheidet. Dabei handelt es sich um ein festverbundenes Modell von repressiven und präventiven Einzelstücken.

Eine mögliche dritte Spur stellt das Konzept der Wiedergutmachung dar, welche in § 46 StGB als „Strafersatz" angesprochen wird.[44]

3.1 Absolute Strafzwecke - Vergeltungsgedanke und Sühne

Die Strafrechtstheorie nach Kant basiert auf der Annahme, dass Strafe nie Mittel zum Zweck ist, weder für den Täter noch für andere Mitglieder der Gesellschaft. Strafe soll Vergeltung für begangenes Unrecht darstellen. Art und Schwere der Sanktion hängen von dem Prinzip der Gleichheit von Art und Schwere des Unrechts ab.[45]

Unter den absoluten Strafzwecken lassen sich Rache, Vergeltung und Sühne einordnen. Der Ausdruck „absolut" wird verwendet, um deutlich zu machen, dass diese Strafzwecke eine Reaktion auf ein Unrecht als Absolutum fordern.

Diese Strafzwecke werden also als von der Wirklichkeit „Losgelöstes", als in sich Begründetes und Ruhendes beschrieben. Absolute Strafzwecke haben den Anspruch, dass ein Verbrechen gesühnt wird, schlicht weil es stattgefunden hat, und nicht aus dem Grund, weil es dem Opfer dadurch besser gehen würde, oder weil der Täter dadurch etwas lernen würde.

Als absolute Strafzwecke stellen schlussfolgernd keine Verbindungen zur Kriminalprävention oder Kriminalitätsbelastung her. Das heißt, es muss eine Reaktion auf delinquentes Verhalten erfolgen, unabhängig ob und wie diese Reaktion wirkt.[46] Absolute Straftheorien und die zugehörigen Strafzwecke der Vergeltung und Sühne orientieren sich an der zurückliegenden Tat. In dieser Vergangenheit wird der Grund gesucht, also den Beweggrund und das Maß der Strafe. Die Zukunft, die Folgen der Strafe und ihre möglichen general- und spezialpräventiven Wirkungen interessierten dabei nicht.[47]

Mit dem Vergeltungsgedanken assoziieren wir die Ansätze nach Kant (1724-1804) und Hegel (1170-1831). Ihre strafrechtsdogmatische Rückbindung liefern das Schuldprinzip und den Gedanken der Tatproportionalität.

---

[44] vgl. Jung, 2002, S.14

[45] vgl. Hermann, 2003, S. 35

[46] vgl. Niggli, 1997/98, S.3

[47] vgl. Baurmann, 1987, S. 3 in Ludwig, M., 2004, S.7

Die Strafe darf also:

„ ...niemals bloß als Mittel, ein anderes Gutes zu befördern, für den Verbrecher selbst, oder für die bürgerliche Gesellschaft, sondern muss jederzeit nur darum wider ihn verhängt werden, weil er verbrochen hat; denn der Mensch kann nie bloß als Mittel zu den Absichten eines anderen gehandhabt und unter die Gegenstände des Sachenrechts gemengt werden [...] Er muss vorher strafbar befunden seyn, ehe noch daran gedacht wird, aus dieser Strafe einige Nutzen für ihn selbst oder seine Mitbürger zu ziehen. Das Strafgesetz ist ein kategorischer Imperativ.... „[48]

Wenn es möglich ist, dass das dem Straftäter zugefügte Strafleid als Mittel zur Erreichung irgendeines Nützlichkeitszwecks eingesetzt werden kann, dann bleibt die Möglichkeit bestehen, dass die Strafe gegen den Verbrecher nur darum verhängt wird, „weil er verbrochen hat“. Die Strafe ist absolut, wenn sie allein um der Gerechtigkeit willen verhängt wird und nicht um der Nützlichkeit willen, um bestimmte Ziele zu erreichen, wie z. B. Sicherung, Besserung oder Abschreckung.[49]

Strafe allein aus Vergeltung ist frei von Zweckerwägungen und bildet lediglich ein Übel zum Ausgleich der schuldhaft begangenen Rechtsverletzung. Vergeltung und Sühne gelten als metaphysische, erfahrungswissenschaftlich nicht überprüfbare Strafzwecke.[50]

Die absoluten Theorien haben metaphysischen Charakter, sie sind nicht empirisch überprüfbar. Basisproblem hierbei ist, dass die absoluten Straftheorien einem urmenschlichen Bedürfnis entsprechen, gleichermaßen aber mit dem Ziel der Kriminalitätsreduktion im Widerspruch stehen. In einer Entscheidung des Bundesgerichtes heißt es demnach:

„...dass der Aufschub der Strafe die Wahrscheinlichkeit erneuter krimineller Handlungen zu senken im Stande ist, so ergibt sich daraus ein fundamentales Wertungsproblem: Entweder wir orientieren uns auf die Zukunft hin und versuchen zukünftige Kriminalität zu verhindern. Dann müssen wir unser Strafbedürfnis zurückstellen. Oder aber wir orientieren uns an der Vergangenheit und Gegenwart und lassen entsprechend unser Strafbedürfnis zum Zuge kommen. Dann aber müssen wir akzeptieren, dass wir dadurch möglicherweise die Entstehung zukünftiger Kriminalität zumindest nicht reduzieren, möglicherweise gar fördern. Geht man davon aus, dass unser Gerechtigkeits- und Sicherheitsgefühl durch die Ausfällung von Vergeltungsstrafen gesteigert wird, dann ergibt sich daraus – zugespitzt formuliert – das Problem, dass wir uns entscheiden müssen: Entweder wir fühlen uns sicher und bezahlen dafür mit einer möglichen Reduktion der tatsächlichen Sicherheit, oder aber wir fördern die Sicherheit, müssen dafür aber hinnehmen, dass wir uns unsicherer fühlen. Noch anders ausgedrückt: Unser Wunsch nach umfassender Gerechtigkeit hat seinen Preis.“[51]

---

[48] zit. Kant, 1797, S. 180f in Ludwig, M., 2004, S. 7
[49] vgl. http://www.geschichte-des-rechts.de/index.html
[50] vgl. Gropp, 1989, S. 445 in Ludwig, M., 2004, S. 6
[51] zit. BGE 120 IV, S. 1ff in Niggli, 1997/98, S. 7

Der Vergeltungsgedanke stellt eine allgemeine, weit verbreitete, simple Vorstellung der Gesellschaft dar, der Täter soll nach begangener Straftat leiden. Der Staat ist somit ermächtigt und moralisch verpflichtet, jene Personen zu bestrafen, die Gesetze missachtet haben. Die Straftat stellt einen Verstoß gegen den Staat dar. Gefängnisse sollen also der Bestrafung des Täters dienen. Die Straftat soll in diesem Zusammenhang „zurückgezahlt" werden, in einem Ausmaß, welches genauso schwer wiegt, wie die Tat. Der Täter soll die „gerechte Strafe" erhalten. Besonders deutlich zeigt sich der Vergeltungsgedanke in der Gesellschaft, wenn Reformgedanken umgesetzt werden sollen oder es um Budgetangelegenheiten für den Strafvollzug geht.[52]

3.2 Relative Strafzwecke

Relative Strafzwecke nennt man relativ, weil sie sich auf die Wirklichkeit, die Kriminalitätsrate beziehen.[53] Diese Strafzwecke verfolgen Strafe nicht um ihrer selbst willen, sondern aus einem konkreten Zweck- der Prävention. Hier findet sich der Bezug zur Zukunftsorientierung. Relative Strafzwecke haben das Ziel, Kriminalität zu mindern, indem sie Verbrechen verhindern. Sie fordern Strafe, um dadurch die Kriminalität zu senken. Relative Strafzwecke werden unterteilt in General- und Spezialprävention.

Generalprävention spricht die Allgemeinheit der möglichen Straftäter an, folglich uns alle, Spezialprävention dagegen den spezifischen Straftäter als einzelnen Mensch. Beide Präventionsarten werden weiterhin in positive und negative unterschieden.[54]

3.2.1 Die negative Generalprävention –Abschreckung

Begründer dieser Straftheorie ist Johann Anselm Feuerbach (1775-1833). Feuerbach ging davon aus, dass die Rechtfertigung einer Strafe in der vergangenen Handlung selbst liegt und somit absolut begründet ist. Strafe soll somit niemals Mittel sein, einem vom Staat vorgegebenen Zweck zu erreichen. Die Strafe muss einen rechtlichen Zweck verfolgen, um sich von der Rache zu unterscheiden. Diese Theorie dient dementsprechend nicht der Rechtfertigung der Strafe sondern der Rechtfertigung von Gesetzen.[55]

Hier geht man davon aus, dass die primäre Triebfeder für die Vermeidung krimineller Handlungen die Angst vor Strafe ist, nicht ein „moralisches Bewusstsein". Es wird behauptet, dass durch eine exemplarische Bestrafung einiger weniger Straffälliger (also auch potenzielle Täter) eine Abschreckung der Allgemeinheit möglich sei (Generalprävention).[56]

---

[52] vgl. Kette, 1991, S. 35f
[53] vgl. Schüler-Springorum 1991, S. 190 in Niggli, 1997/98, S. 3
[54] vgl. Niggli, 1997/98, S. 3
[55] vgl. Hermann, 2003, S. 38-39
[56] vgl. Kette, 1991, S. 35f

Die Drohung des Gesetzes muss, wenn sie wirksam sein soll, auch Wirklichkeit werden, die Bestrafung eine notwendige Folge der Rechtsverletzung sein.[57] Strafrechtlich betrachtet heißt das, dass der Preis für einen Regelverstoß so hoch angesetzt wird, dass es sich für zukünftige Täter nicht lohnt, die Regel zu brechen. Man geht davon aus, dass der Einzelne, die Sanktion, die auf seine Straftat erfolgt, ernst nimmt und sich dadurch so beeindrucken lässt, dass er zukünftiges delinquentes Verhalten unterlässt. Die Theorien der Abschreckung behaupten, dass das Verhalten der Menschen durch Berechnungen geprägt ist. Sind die daraus zu erwarteten Nachteile größer als die Vorurteile, verzichtet der Betroffene auf die Handlung.

Aus aktueller Sicht gehören die Abschreckungstheorien zu den beliebtesten Theorien der Kriminalpolitik.[58]

3.2.2 Die negative Spezialprävention

„Adressat aller Spezialprävention ist der einzelne Täter, auf den im Sinne der Rückfallvermeidung eingewirkt werden soll: „positiv“ durch „Resozialisierung“, „negativ“ durch Sicherung (Verwahrung) des einzelnen Täters zum Schutz der Gesellschaft.“[59]. Unter diesem Aspekt wird betont, dass die Hafterfahrung ausreichend unangenehm sein muss, um künftiges Wohlverhalten zu erzielen (Spezialprävention). Dieser Ansatz geht davon aus, dass der Täter durch die Strafe von der Begehung weiterer Straftaten abgehalten wird (Individualabschreckung). Die Gesellschaft soll durch die Inhaftierung des Täters vor neuen Taten des Täters geschützt werden.[60]

Franz von Liszt (1851-1919) ist Begründer der Spezialpräventionstheorie. Für ihn war jede kriminelle Handlung ein „Produkt aus der Eigenart des Verbrechers einerseits und den den Straftäter im Augenblick der Tat umgebenden gesellschaftlichen Verhältnissen anderseits“. Strafe rechtfertigt sich nach ihm durch die Aufrechterhaltung der Rechtsordnung, als Schutzmittel der Gesellschaft (deterministische Sichtweise). Strafe wird ausschließlich aus Zweckgründen vollzogen. Die „gerechte“ Strafe ist so die „notwendige“ Strafe. Liszt kategorisiert Straftäter in drei Gruppen:

- die Unverbesserlichen (Gewohnheitsverbrecher),
- die Besserungsbedürftigen und
- die Gelegenheitsverbrecher.

[57] vgl. Hermann, 2003, S. 39
[58] vgl. Niggli, 1997/98, S.4
[59] zit. Weber, 1999, S. 164 in Ludwig, M., 2004, S. 9
[60] vgl. http://userpage.fu-berlin.de/~theissen/proseminar/pdf/Straftheorien.PDF

Vor den Unverbesserlichen muss die Gesellschaft beschützt werden, die Besserungsbedürftigen sollen resozialisiert werden, die Gelegenheitsverbrecher durch Strafe abgeschreckt werden (Die richtige Wahl der Sanktion soll ausschlaggebend sein).[61]

Die **Sicherungsverwahrung (SV)** soll nun als Beispiel für die negative Spezialprävention näher betrachtet werden.

Die Sicherungsverwahrung als besondere Form des Vollzugs wird als Maßregel der Besserung und Sicherung neben einer Freiheitsstrafe von mindestens 2 Jahren aufgrund einer vorsätzlichen Straftat angeordnet. Meist liegen frühere Verurteilungen bzw. Inhaftierungen vor.[62]

Die Inhaftierung bis zum Tode beruht auf der Annahme, dass alle Ursprünge gefährlichen Verhaltens in der Persönlichkeit des Täters liegen und dort an bestimmten Merkmalen zu erkennen sind.[63] Die Gesamtwürdigung des Straftäters und seiner Taten ergibt, dass er infolge eines Hanges zur erheblichen Straftaten[64] vorhanden ist (§ 66 Abs.1 StGB). Eine SV kann auch angeordnet werden, wenn keine frühere Verurteilung oder Haftaufenthalte vorliegen. Dies kann aufgrund der hervorgetretenen Gefährlichkeit des Täters nach dreier vorsätzlicher Straftaten, durch die er jeweils mindestens ein Jahr Haft verwirkt hat und er nun eine Gesamtstrafe (§ 53 Abs. I StGB) von mindestens drei Jahren Freiheitsentzug erhalten hat, der Fall sein (§ 66 Abs. II StGB). Das Gesetz zur Bekämpfung von Sexualdelikten und anderen gefährlichen Straftaten vom 26.01.1998 erweiterte den Anwendungsbereich der SV in diesen Fällen (§ 66 Abs. III StGB). Im Unterschied zum Resozialisierungsauftrag des § 2 StGB gilt hier entsprechend § 129 StGB, der als vorrangiges Ziel der Unterbringung die sichere Verwahrung zum Schutz der Allgemeinheit vorsieht. Den Sicherungsverwahrten soll dennoch geholfen werden, sich nach Entlassung in das Leben in Freiheit einzugliedern.

Die SV schließt sich an die Vollstreckung einer Freiheitsstrafe an. Vor Ende der Freiheitsstrafe prüft das Vollstreckungsgericht, ob die Unterbringung noch erforderlich ist (§ 67c Abs. I StGB). Gehen vom Straftäter keine erheblichen Gefahren mehr aus, oder erscheint er sozialisiert, kann die Maßregel ausgesetzt werden. An dieser Stelle würde die Führungsaufsicht über den Gefangenen eintreten (§ 67d Abs. II StGB).

Kommt es zu einer SV nach einer Freiheitsstrafe, so wird mindestens aller zwei Jahre von Amts wegen geprüft, ob die weitere Vollstreckung eventuell zur Bewährung ausgesetzt werden kann (§ 67e Abs. I, II StGB). Diese Entscheidung trifft die Strafkammer, welche mit drei Richtern besetzt ist.

Mit einer möglichen Entlassung aus der SV tritt Führungsaufsicht ein, auch wenn die Maßregel rechtlich für erledigt erklärt wurde.

---

[61] vgl. Hermann, 2003, S.41-42
[62] vgl. Böhm, 2003, S. 224
[63] zit.§ 66 StGB in Ludwig, M., 2004, S. 9
[64] Erhebliche Straftaten sind z. B. Delikte, durch die das Opfer seelisch oder körperlich stark geschädigt wird, schwerer wirtschaftlicher Schaden angerichtet wird oder der Betroffene sehr gefährlich für die Allgemeinheit ist.

Das bedeutet gleichermaßen, dass eine SV lebenslänglich dauern kann, wenn der Hang, erhebliche Straftaten zu begehen nicht nachweislich widerlegt ist. Dies geschieht vorwiegend aus Gründen der Sicherheit für die Allgemeinheit, die Sicherungskomponente steht im Vordergrund.[65]

3.2.3 Die positive Spezialprävention (Resozialisierung)

Die Resozialisierung als eine Wiedereingliederung in die Gesellschaft betrifft das Verhältnis von Individuum und Gesellschaft. Der Begriff ist somit weder individuumszentriert noch einer ätiologischen Kriminalitätstheorie verpflichtet.[66] Die positive Spezialprävention beabsichtigt Straftäter über Besserung, Erziehung und Wiedergutmachung von einer erneuten Delinquenz abzuhalten. Es muss betont werden, dass der Begriff der Resozialisierung sehr unscharf und mehrdeutig erscheinen kann. Nehmen wir an, er meint einen Prozess, indem der Straffällige in die ihn umgebende Gesellschaft und Kultur hineinwächst, soziale Normen und Werte, Rollen erlernt und zum eigenständigen handlungsfähigen Individuum wird (Sozialisation), dann muss definierbar sein, welche soziale Normen und Rollen erlernt werden, was es bedeutet, in die Gesellschaft hineinzuwachsen, und was es genau darstellt, ein handlungsfähiger Mensch zu sein. Die Anpassung Straffälliger an ein Idealbild gesellschaftlicher Konformität muss kritisch betrachtet werden, einem Bild, dem die restliche Bevölkerung selbst nicht entspricht. Niggli vertritt den Standpunkt, dass bezüglich des deskriptiven Begriffs der Normalität (Straftaten, die in der Bevölkerung häufig auftreten) Kriminalität als „normal" gelten müsste.[67]

Ich vertrete die Auffassung, dass eine absolute Konformität an die Gesellschaft vom entlassenen Täter nicht erwartet werden kann, wenn die „Normalbevölkerung", wenn auch nicht in starken Maße, täglich Straftaten begeht. Nicht registrierte Straftaten der Bevölkerung (z. B. Sachbeschädigungen an Kfz, Unterschlagung, Fahrerflucht, Versicherungsbetrug) fallen so in das Dunkelfeld der Kriminalität und können nicht sachlich polizeilich ausgewertet werden. Man kann aber mit Sicherheit davon ausgehen, dass diese Straftaten existieren. Kury zeigte in einer Untersuchung im Jahr 2001, dass das Dunkelfeld über alle Straftaten hinweg bei ca. 90% (!) liegen dürfte. Lediglich eine von 10 Straftaten wird registriert.[68] Von daher sollte von einer erwarteten völligen Straffreiheit des Insassen nach Entlassung aus der Haft abgesehen werden, wenn man sich an der restlichen Gesellschaft orientiert.

Der Resozialisierungsgedanke stößt in vielerlei Hinsicht an seine Grenzen: Die Resozialisierung soll künftiges strafbares Verhalten verhindern, der Zeitpunkt der Resozialisierung ist aber nicht voraussehbar, der Betroffene müsste also solange in Haft verweilen, bis er vollständig resozialisiert ist.

---

[65] vgl. Böhm, 2003, S.224ff
[66] vgl. Fabrius, 1991, S. 199 in Cornel, Maelicke u.a., 2003, S. 17
[67] vgl. Niggli, 1997/98, S. 5f
[68] vgl. Kury, 2001, S. 74-84

Die Resozialisierung an sich lässt sich nicht beurteilen, was zur Folge hätte, dass eine Strafe von unbestimmter Dauer sowie die Abkehr vom Verhältnismäßigkeitsprinzip einen Verstoß gegen das Schuldprinzip darstellen würde. Die Spezialprävention lässt offen, was mit nichtresozialisierungsbedürftigen Tätern geschehen soll (z. B. bei Fahrlässigkeit).[69]

Das Sozialisationsziel (Resozialisierung) des StVollzG beinhaltet zwei zentrale Verfassungsgrundsätze:

- dem Gebot der Menschenwürde und
- das Sozialstaatsprinzip.

Die verfassungsrechtlichen Grundlagen gehen aus Art. 2 i.V.m. Art. 2 Abs. 1 GG hervor, welche beinhalten, dass der Gefangene eine Anspruch auf (Re)-Sozialisierung hat. Art. 20 Abs. 1 und Art. 28 Abs. 1 GG verpflichten den Staat, die notwendigen Mittel zur Realisierung von Resozialisierungsbemühungen zur Verfügung zu stellen.[70] Das Resozialisierungsinteresse wird dementsprechend vom Bundesverfassungsgericht damit untermauert, dass auf dem Hintergrund des Sozialstaatsprinzips das Grundrecht auf freie Entfaltung der Persönlichkeit (Art. 2 I GG) zu gewähren ist und ferner die staatliche Schutzverpflichtung gegenüber der Unantastbarkeit der Menschenwürde wahrzunehmen ist. Kritisch muss hinterfragt werden, ob eine durch besondere persönliche Verhältnisse bedingte bleibende Gefährlichkeit des Täters für die Allgemeinheit das Resozialisierungsziel außer Kraft setzt. Damit schließt sich, der trotz aller Resozialisierungsbemühungen „gefährlich Bleibende“ selbst, aufgrund seiner persönlichen Verhältnisse, von der Verwirklichung des Resozialisierungsziels aus.[71]

Weber äußerte sich kritisch dazu:

„Der Täter wird durch das Strafurteil in die künstliche soziale Welt des Gefängnisses hineinverpflanzt, dort lokalisiert man das Übel der Kriminalität in der Person des aus seinen alltäglichen sozialen Bezügen herausgelösten Täters und unterwirft ihn sowohl den Alltagszwängen des Vollzuges wie auch spezifischen Behandlungsprozeduren durch Experten/ Fachdiensten, um ihn am Ende als persönlich und sozial 'geheilt' zu entlassen.“[72]

Der Schritt aus der geschlossenen Institution Strafvollzug in die offene Situation der Entlassung führt letztendlich zu einem äußeren und inneren Strukturverlust beim Häftling. Institutionelle Übergangshürden und individuelle Übergangskonflikte verstärken einander.[73]

---

[69] vgl. Niggli, 1997/98, S. 5
[70] vgl. Laubenthal, 2003, S. 66
[71] vgl. Weber, 1999, S. 189 in Ludwig, M., 2004, S. 11
[72] zit. Weber, 1999, S.188 in Ludwig, M., 2004, S. 11
[73] vgl. Bereswill, 2005, S. 8

3.2.4 Die positive Generalprävention (Normbekräftigung)

Kriminalitätsprävention bezogen auf die Allgemeinheit existiert in zwei Varianten: Positive und negative Generalprävention.

Die positive Generalprävention wendet sich der Allgemeinheit zu, also der Gesellschaft, positive Spezialprävention dagegen dem einzelnen Täter.

Es wird die Ansicht vertreten, dass nicht primär des Rechtsverbrechens wegen gestraft wird, sondern der konformen Mehrheit wegen.

So sollen Sanktionierungen der Stabilisierung des Rechtsstaates dienen, sie ist somit an diejenigen gerichtet, welche an das Gesetz glauben. Es geht um die Etablierung und Aufrechterhaltung eines Plus, nicht lediglich um die Abwendung eines Minus- also um interne Verhaltenskontrolle.[74]

Als klassischer Vertreter der positiven Generalprävention wird Emile Durkheim (1858-1917) benannt. Seine Theorie zur Rechtfertigung von Strafe basiert auf den Begriffen der Kriminalität und des Kollektivbewusstseins. Durkheim ist der Meinung, würden kriminelle Handlungen nicht bestraft, würde dadurch nicht gezeigt werden, dass dieser besondere Fall eine Anomalie ist. Das Kollektivbewusstsein der Gesellschaft würde auf Dauer erschüttert sein. Die Bestrafung oder Verurteilung des Täters würde dagegen das Bewusstsein der Bevölkerung festigen und es verdichten. Strafe wird von Durkheim aus dem Begriff der Kriminalität abgeleitet. Durch Kriminalitätsaufkommen wird nach Durkheim das Gemeinschaftsbewusstsein verletzt, welches durch die Strafe wieder hergestellt werden soll. Auf diese Art und Weise soll der soziale Zusammenhalt repariert werden. Die Verteidigung der Sozialordnung ist somit das essenzielle Ziel der Sanktion. Die Sanktion hat somit nicht nur Ausgleichs- sondern auch Sühnecharakter. Darunter versteht Durkheim eine über die Wiedergutmachung hinausreichende Leistung des Straftäters. Die Theorie der positiven Generalprävention wird postuliert durch eine Bekräftigung der Geltung von Normen durch gerechte Strafen.[75]

[74] vgl. Niggli, 1997/98, S. 6
[75] vgl. Hermann, 2003, S. 39-40

4 Vollzugsziele und Vollzugsgrundsätze

Das Gesetz unterscheidet zwischen Vollzugszielen und sekundären Vollzugsaufgaben.[76] Die Aufgabe des Vollzuges finden wir im § 2 StVollzG wieder. Dieser besagt:

„*Im Vollzug der Freiheitsstrafe soll der Gefangene fähig werden, künftig in sozialer Verantwortung ein Leben ohne Straftaten zu führen (Vollzugsziel). Der Vollzug der Freiheitsstrafe dient auch dem Schutz der Allgemeinheit vor weiteren Straftaten*“.[77]

Satz 1 beinhaltet das Vollzugsziel, es stellt das gesetzlich verbindlich formulierte Problem dar, welches vorrangig im Vollzugsverlauf zu lösen ist. Das Vollzugsziel ist zugleich Gestaltungsmaxime für die Institution Strafvollzug insgesamt. Satz 2 bekräftigt die inhärente Aufgabe des Strafvollzuges, dass der Vollzug der Freiheitsstrafe auch dem Schutz der Allgemeinheit vor weiteren Straftaten dient. Diese Basis- oder Minimalaufgabe des Strafvollzuges, welcher aus Satz 2 hervorgeht, ist bei der Verfolgung des in Satz 1 genannten alleinigen Vollzugszieles zu beachten, sie ist aber nicht als eigenständiges Ziel des Vollzuges zu verstehen. Dafür zu sorgen, dass der Gefangene während des Vollzuges keine weiteren Straftaten verübt, stellt eine immanente Verpflichtung des Freiheitsentzuges dar.[78]

Das in Satz 1 angesprochene Vollzugsziel ist als verbindlich formulierter Anspruch zu verstehen. Es hat die Funktion, Leitgesichtspunkte für das organisatorische Handeln der Vollzugsverwaltung als auch für Behandlungsprozess insgesamt zu geben. Die Resozialisierung als verfassungsrechtlich gebotenes Vollzugsziel ist oberste Richtschnur für die Vollzugsgestaltung im Allgemeinen und einzelnen.

Bei Zielkonflikten, oder Problemen bei der Auslegung von Einzelbestimmungen des Gesetzes stellt es zugleich eine Auslegungsrichtlinie dar. Das heißt auch, dass im Rahmen einer verantwortlichen Interessenabwägung im Zweifelsfall, auch unter Inkaufnahme von Risiken, die mit dem Resozialisierungsvollzug notwendig verbunden sind, dem sozialen Integrationsprinzip und dem Prinzip der Eröffnung von Freiheitsspielräumen zur Einübung sozialer Verantwortung der Vorrang gewährt werden soll.[79]

Der Schutz der Allgemeinheit ist nicht zum Ziel des Vollzuges selbst erklärt. Der Schutz der Allgemeinheit für die Zeit der Haft bis zur Entlassung stellt die Basis- und Minimalaufgabe des Vollzuges der Freiheitsstrafe dar.

[76] vgl. Menil, 1994, S. 56
[77] zit. Calliess, Müller-Dietz, 2005, S. 39
[78] vgl. Calliess, Müller-Dietz, 2005, S. 39-40
[79] vgl. Calliess, Müller-Dietz, 2005, S. 39-40

Der Vollzug dient dem Schutz der Allgemeinheit vor weiteren Straftaten dadurch, dass er unter dem Sozialstaatsaspekt der Staatszielbestimmungen in Art. 20 GG und Art. 28 GG verpflichtet ist, dem Insassen Hilfen anzubieten, die ihm befähigen, künftig in sozialer Verantwortung eine straffreies Leben zu führen. Es handelt sich hierbei um eine „Neuorientierung der Sicherungsfunktion“ des Freiheitsentzuges. Vorschriften betreffend des offenes Vollzuges zeigen, dass die Isolierung von der Gesellschaft kein selbstständiges Ziel des Strafvollzuges darstellt.

Man spricht somit von einem verfassungsrechtlich fundierten „Anspruch auf Resozialisierung“, welcher aus dem Grundrecht des Art. 2 Abs. 1 GG[80] in Verbindung mit Art. 1 GG[81] abgeleitet ist, und dem die sozialstaatliche Verpflichtung der Vollzugverwaltung entspricht und die Ressourcen dafür zur Verfügung zu stellen. Die Isolierung des Straftäters nimmt eine der Resozialisierung dienende Funktion ein.[82] Dazu auch in einer Entscheidung des Bundesverfassungsgerichtes 1998:

„Das verfassungsrechtliche Resozialisierungsgebot ist für alle staatliche Gewalt verbindlich. Es richtet sich zunächst an die Gesetzgebung, der es aufgegeben ist, den Strafvollzug normativ auszugestalten.[83] Es verpflichtet den Gesetzgeber, ein wirksames Resozialisierungskonzept zu entwickeln und den Strafvollzug darauf aufzubauen. Das verfassungsrechtliche Resozialisierungsgebot entfaltet seine Bedeutung freilich auch für Verwaltung und Rechtsprechung.... “[84]

Das materielle Strafrecht besagt, dass der Täter im Vollzug nicht einem Ziel unterworfen werden darf, das nicht Inhalt eines konkreten Urteils ist. Eine vollständige Sicherung der Gesellschaft vor dem Gefangenen wäre so nur durch Anordnung der Sicherungsverwahrung nach § 66 StGB möglich.[85]

Die „Sicherung“ des Gefangenen gehört zum Wesen der Freiheitsstrafe, ist aber weder Zweck noch Ziel des Vollzuges.[86] Der Strafvollzug ist weder dazu bestimmt, noch dafür geeignet, die Sicherheit der Bevölkerung zu gewährleisten. Die Sicherheit der Bevölkerung ist in erster Linie eine Frage der Prävention und Integration, wofür ganz andere staatliche und nichtstaatliche Instanzen zuständig sind (Familie, Schule, Sozialverwaltung, Polizei u. a.).[87] Die soziale Integration des Straftäters mittels geeigneter Behandlungsmaßnahmen wird so zwangsläufig auch dem Sicherheitsbedürfnis der Gesellschaft gerecht.

[80] Dies beinhaltet z. B. die Wahrung der persönlichen Freiheitsrechte, z. B. freie Entfaltung der Persönlichkeit etc.
[81] Inhalt: Wahrung der Menschenwürde, Menschenrechte, Rechtsverbindlichkeit der Grundrechte
[82] vgl. Calliess, Müller-Dietz, 2005, S. 39ff
[83] zit. BVerfGE 33, 1, S.10f in Feest, 2003, S. 34
[84] zit. BVerfGE 98, 169 S. 201
[85] vgl. Calliess, Müller-Dietz, 2005, S. 41ff
[86] vgl. Calliess, Müller-Dietz, 2005, S. 41ff
[87] vgl. Feest, 2003, S. 33-34

Die Sicherungsklausel (Schutz der Allgemeinheit) steht nicht der individualpräventiven Zielsetzung einer Verhinderung von deliktischen Handlungen nach der Entlassung des Gefangenen gleich. Der Sicherungsaspekt bezieht sich ausschließlich auf den Zeitraum der Inhaftierung.[88]

Das StVollzG ist gewillt, eine Balance zwischen der Aufgabe der Sicherung und des Schutzes der Allgemeinheit sowie dem Ziel der Resozialisierung herzustellen. Dabei basiert die Konzeption des StVollzG auf der Umsetzung von fundierten Erkenntnissen über die Wirksamkeit von sozialem Lernen. Das wiederum beinhaltet die Annahme, dass eine negative Sanktion, wie der Freiheitsentzug keine zureichende Bedingung für gelingendes Lernen darstellt.

So ist es nötig, neben der Ablehnung des kriminellen Verhaltens in Kompensation dazu Angebote zu machen, die neue Wege aufzeigen, um alternative Problemlösestrategien zu entwickeln und zukünftig straffrei zu leben. Folglich muss der dem Sozialstaat verpflichtete Strafvollzug die Grenze zwischen von der „lokalen" zur „sozialen" Sicherung überschreiten.[89] Resozialisierungsangebote sind auch dann zu rechtfertigen, wenn sie in vielen Fällen einen Rückfall dennoch nicht verhindern können.[90] Horst Schüler-Springorum schlussfolgerte daraufhin: Übrig bleibe der „dornige Weg über Versuch und Irrtum" in der Behandlung von Strafgefangenen, der vorgeschrieben sei im Behandlungsvollzug.[91]

Sozialethisch betrachtet, hebt § 2 Satz 1 StVollzG den Aspekt der sozialen Verantwortung der Gesellschaft besonders hervor. Aus dem Sozialstaatsprinzip heraus, ist der Staat dem Gefangenen verpflichtet. Damit dient die Resozialisierung nicht zuletzt dem Schutz der Bevölkerung selbst. Die Gesellschaft hat ein eigenes, unmittelbares Interesse daran, Rückfälligkeit der Straftäter zu vermeiden, also Schädigungen der Gemeinschaft zu verhindern.[92]

4.1 Die Vollzugsgrundsätze

Die Vollzugsgrundsätze sind in **§ 3 StVollzG** in den Absätzen 1 bis 3 geregelt:

„ (1) Das Leben im Vollzug soll den allgemeinen Lebensverhältnissen soweit als möglich angeglichen werden.

(2) Schädliche Folgen des Freiheitsentzuges sind entgegenzuwirken.

(3) Der Vollzug ist darauf auszurichten, dass er den Gefangenen hilft, sich in das Leben in Freiheit einzugliedern[93]."

---

[88] vgl. AK-Feest/Lesting, 2000, § 2 Rdn. 15; Schwind/Böhm, 1999, § 2 Rdn. 16 in Laubenthal, 2003, S. 79-80

[89] vgl. Calliess, Müller-Dietz, 2005, S. 44-45

[90] vgl. Feest, 2003, S. 32

[91] vgl.krit. dazu Schüler-Springorum, 1987, S. 12 in Feest, 2003, S. 32

[92] vgl. Menil, 1994, S. 30

[93] zit. Calliess, Müller-Dietz, 2005, S. 73

Die aufgelisteten Ansätze bilden Konkretisierungen des in § 2 StVollzG geregelten allgemeinen Vollzugszieles. Bei diesen Grundsätzen handelt es sich um Gestaltungsprinzipien, also um strukturelle und interaktive Minimalbedingungen, die für die Realisierung des Vollzuges unerlässlich sind.

Dabei liegt der Schwerpunkt auf der Angleichung an allgemeine, menschenwürdige Lebensverhältnisse.[94] Für den Gefangenen sollen diese Grundsätze kompensatorische Funktion einnehmen. Sie sollen den Auswirkungen der „totalen Institution“ wie Isolierung von gesellschaftlichen Kontakten, Deprivations- und Prisonierungsprozessen entgegenwirken. Somit stellen die Gestaltungsgrundsätze Anweisungen an die Vollzugsanstalten dar. Sie bilden aber dennoch keine Grundlage für eine Herleitung von Rechtsansprüchen von Gefangenen.[95]

- Der ***Angleichungsgrundsatz*** besagt, dass die Verhältnisse innerhalb der Justizvollzugsanstalt weitgehend an die Verhältnisse der Außenwelt angepasst werden sollen, z. B. durch Arbeit, Freizeit oder Ausbildung.
- Nach dem ***Gegensteuerungsgrundsatz*** soll den schädlichen Folgen der Haft entgegengewirkt werden, beispielsweise durch Vollzugslockerungen, Freigang oder Urlaub.
- Der ***Wiedereingliederungsgrundsatz*** hat zum Inhalt, dass der Gefangene auf ein Leben nach der Haft vorbereitet werden soll, z. B. durch Entlassungsvorbereitung.[96]

Ausgehend von dem in Absatz 1 formulierten Angleichungsgrundsatz bedeutet dies zunächst einmal, dass bei der Ausgestaltung des gesamten Vollzugs die Begriffe „Sicherheit und Ordnung“ eine grundsätzliche Einschränkung erhalten.

Das heißt, in einem behandlungsorientierten Vollzug darf das Spannungsverhältnis zwischen den Behandlungsgrundsätzen sowie den Aspekten der Sicherheit und Ordnung grundsätzlich nur zugunsten der resozialisierenden Gestaltung des Vollzuges gelöst werden. Repressive Maßnahmen sollen nur subsidiär, also nur in unbedingt erforderlichem Maße in Betracht kommen. Auch bei den vollzugsinternen Einzelmaßnahmen spielt der Angleichungsgrundsatz eine Rolle, also beispielsweise bei Bestimmungen im offenen Vollzug und Vollzugslockerungen etc. Die Angleichung an die allgemeinen Lebensverhältnisse soll „soweit als möglich“ erfolgen. Hier sind diesem Ansatz Grenzen gesetzt. Im Einzelfall bedeutet dies im Rahmen eines Freiheitsentzuges den Schutz der Allgemeinheit vor erneuten Straftaten (§ 2 Abs. 2 StVollzG), welcher hier die Grenze darstellt, welche nicht überschritten werden darf.[97]

---

[94] vgl. Calliess, Müller-Dietz, 2005, S. 74
[95] vgl. Calliess, Müller-Dietz, 2005, S. 75
[96] http://bundesrecht.juris.de/stvollzg/_15.html
[97] vgl. Calliess, Müller-Dietz, 2005, S. 77

Nach Absatz 2 gilt im Folgenden der Gegensteuerungsgrundsatz. Er beinhaltet, wie schon o. g. den Grundsatz, unbewusst verursachten schädigenden Nebenfolgen von Freiheitsentzug entgegenzuwirken. Die Literatur führt dazu folgende Aspekte auf: Schäden durch verschiedene Einlieferungsprozeduren (Abnahme von Besitz, Anstaltskleidung, Vorgänge der Entpersönlichung), Deprivationsprozessen, übernommener anstaltsorientierter Verhaltenskodex, Stärkung von kriminellen Verhalten (Prozess der Prisionierung) usw. Durch die genannten Punkte kann eine Behandlung im Sinne des Vollzugszieles gehindert oder unmöglich gemacht werden. Die Aufgabe, schädlichen Folgen „entgegenzuwirken", erfüllt die Strafanstalt auf der strukturellen Ebene durch die Herstellung einer auf das Vollzugsziel ausgerichteten Organisation des gesamten Systems. Durch die Vollzugsbeamten soll auf der Interaktionsebene schädlichen Folgen entgegengewirkt werden.[98]

Erst dort, wo gezielte Integrationshilfen (Weiterbildung, Freizeitangebote, Therapie, Berufsausbildung etc.) nicht nötig oder möglich sind, soll darauf hingearbeitet werden, dass keine neuen Sozialisationsdefizite auftreten.[99]

Der in Absatz 3 genannte Integrationsgrundsatz verpflichtet die Vollzugsbehörden, den Vollzug so auszurichten, dass er den Insassen hilft, sich in ein Leben in Freiheit einzugliedern. In § 2 Satz 1 StVollzG ist die Priorität der Hilfe zur „sozialen Integration" vor allen anderen Vollzugszielen erkennbar (Vorrangstellung).

Dies soll sicherstellen, dass bei Zielkonflikten in Haftanstalten, nicht der traditionelle übermächtige Sicherheitsgedanke automatisch durchschlägt. Der Integrationsgrundsatz ist zu dem auf den gesamten Vollzugsverlauf anzuwenden, nicht nur kurz vor einer bevorstehenden Entlassung der Gefangenen. Der Strafvollzug soll nicht Zweck in sich selbst sein, sondern sein Ziel besteht darin, Hilfen zur Integration in die Gesellschaft anzubieten. Dies bezieht sich ebenfalls auf Fälle von längeren Freiheitsstrafen. Der Integrationsgrundsatz geht über die Hilfe der Eingliederung im Rahmen des Vollzugszieles hinaus, er meint auch Hilfen, die nicht unmittelbar der Verhinderung erneuter Straffälligkeit dienen, also kompensatorische Funktionen haben.[100]

4.2 Sozialisierung und Resozialisierung

Der Begriff der Sozialisation ist für das Vollzugsziel (§ 2 StVollzG) in zweifacher Hinsicht bedeutsam. Einmal positiv als Konzept und Bezugsrahmen für die Wiedereingliederung des Strafgefangenen in die Gesellschaft und zum anderen in negativer Sicht in Hinblick auf den unerwünschten Angleichungsprozess an die Insassenkultur. Strafe setzt als wichtiger Bestandteil der Verhaltenskontrolle immer einen „mündigen" Bürger voraus, welcher eine geglückte Sozialisation, Norm-verinnerlichung und Personalisation genossen hat.

[98] vgl. Calliess, Müller-Dietz, 2005, S. 77-78
[99] vgl. Calliess, Müller-Dietz, 2005, S. 77-78
[100] vgl. Calliess, Müller-Dietz, 2005, S. 78-80

Sozialisation meint hier also den Prozess, in dem ein Mensch, Normen, Werte, Orientierungen und Handlungsmuster der Gruppe übernimmt, welcher er angehört, erlernt und übernimmt. Auch schließt dieser Begriff den „Prozess der Menschenwerdung“ mit ein, also als Übernahme menschlicher Eigenschaften von anderen. Hinsichtlich des Strafvollzuges interessiert hier vor allem der erstgenannte Aspekt.[101]

§ 2 StVollzG beinhaltet als wichtigstes Vollzugsziel den Gedanken der *Resozialisierung* des straffällig Gewordenen. Resozialisierung setzt allerdings voraus, dass die betreffende Person bereits einmal eingegliedert war, also einen Sozialisationsprozess durchlaufen hat.[102]

Allerdings hat dieser Prozess bei einigen Gefangenen nur teilweise oder gar nicht stattgefunden (Wenn man sich an den Regeln und Normvorstellungen der restlichen Gesellschaft orientiert. Jeder Insasse hat vor Haftantritt eine Art von Sozialisation erfahren). Für den Strafvollzug hat das zur Folge, dass diese Sozialisation nachgeholt oder erstmalig geleistet werden muss. Hier spricht man von einer Neueingliederung des Strafgefangenen. Folglich heißt das, dass eine gescheiterte Sozialisation eine „besondere Behandlung“ notwendig macht.

Der Strafvollzug als „Sozialisationsinstanz“ sollte somit konkrete Ziele verfolgen, wie dem Aufbau eines Maßes an Selbstsicherheit, die Ausbildung eines Gewissens oder die Fähigkeit, sich zu binden etc. Als Fernziel definiert man den selbstverantwortlichen und selbstwertbewussten Menschen, der befähigt werden soll, sein Leben in eigener Verantwortung zu führen (§ 2 StVollzG) und richtige Entscheidungen zu treffen.[103] Das BVerfG bezeichnete die Resozialisierung oder Sozialisation als das herausragende Ziel des Strafvollzuges, als positiven Teil der Spezialprävention.[104] Häufig wird auch von einer „Ersatz-Sozialisation“ gesprochen, die bei einigen Gefangenen geleistet werden muss, da einige von ihnen nie richtig in die Gesellschaft integriert waren und die jetzt vor dem Hintergrund belastender Lebenserfahrungen, Lernschritte (z. B. in schulischer oder beruflicher Ausbildung, Umgang mit anderen Menschen) in einem Lebensalter nachholen, in dem der Großteil der Bevölkerung längst eingegliedert ist.[105]

Der Begriff der *Resozialisierung* ist dabei als Summe aller Bemühungen in der Haft zu betrachten, die den Gefangenen den Willen und die Fähigkeit zu einer eigenverantwortlichen Lebensführung vermitteln sollen. Er soll lernen, sich unter den Bedingungen einer freien Gesellschaft ohne Rechtsbruch zu behaupten, ihre Chancen wahrzunehmen und ihre Risiken zu bestehen. Das Resozialisierungsinteresse richtet sich dabei nicht nur auf die Arbeitskraft des Gefangenen, sondern auch auf dessen freie Zeit, es bemächtigt sich seiner Lebensgeschichte, seiner Motive, seiner Rationalisierungen, seiner Lebenslügen, die ihn stützen: seiner Seele.

---

[101] vgl. Kaiser, Kerner, Schöch, 1991, S. 21
[102] vgl. Menil, 1994, S. 55ff
[103] vgl. Kaiser, Kerner, Schöch, 1991, S. 22-23
[104] vgl. Kaiser, Kerner, Schöch, 1991, S. 67
[105] vgl. Menil, 1994, S. 56

Daher ist es nötig, den Gefangenen die nötige Freiheit zur Resozialisierung zu belassen. Der Strafvollzug kann dafür nur die Grundlage schaffen. Das entscheidende Stadium beginnt mit der Entlassung. Nicht nur der Gefangene muss auf die Rückkehr in die freie, menschliche Gesellschaft vorbereitet werden, diese muss auch bereit sein, ihn wieder aufzunehmen. Das Bundesverfassungsgericht äußerte sich dazu wie folgt:

„Es ist nicht Aufgabe des Staates, den Bürger (zwangsweise) zu bessern".[106] Die Resozialisierung des Gefangenen ist somit auch Aufgabe der Gemeinschaft.[107]

Cornel fasste die Inhalte der Resozialisierungskonzeption wie folgt zusammen:

Resozialisierung meint:

- die Beratung über persönliche Probleme, Ressourcen, Defizite, Chancen und Möglichkeiten sowie gesellschaftliche Voraussetzungen zur Integration nach Straffälligkeit und den damit verbundenen Prozessen der Stigmatisierung und Ausgrenzung,
- Motivation zu Bemühungen, um eigene Lebenslage zu verbessern, Integration und Ergreifen von Chancen (Resignation begegnen),
- Materielle Hilfen von der Absicherung der Lebenshaltungskosten bis zur Unterstützung bei der Wohnraumsuche,
- Unterstützung bei der Suche und Wahrnehmung von Bildungs-und Ausbildungsangeboten und zur Teilnahme am Berufsleben,
- Persönliche Hilfen, Krisenintervention,
- Unterstützung bei der Herstellung sozialer Kontakte,
- Unterstützung bei der Übernahme von Verantwortung für eigenes Verhalten als Voraussetzung für eine Verhaltensänderung,
- Entstigmatisierung,
- Erwerb von Selbstsicherheit, Solidarität, Konflikt- und Bindungsfähigkeit, Frustrationstoleranz.[108]

Schließlich sollen Lernfelder und geschützte Räume oder Zeitphasen zur Verfügung gestellt werden, in denen das Lernen und Ausprobieren der o.g. Punkte möglich ist.[109]

Im Bereich der Resozialisierungsbemühungen im Strafvollzug treten verschiedenste Problemfelder auf, welche sich im Sozialbereich sowie im Persönlichkeitsbereich (z. B. Impulsivität, Erregbarkeit, Risikoneigung, emotionale Labilität, usw.) der Insassen aufzeigen. Im Schulbereich zeigen sich Lernschwierigkeiten, störendes, auffälliges Verhalten sowie Fernbleiben vom Unterricht.

---

[106] zit.BVerfGE 22, S. 180 in Auseinandersetzung mit §§ 73, 74 BGHG
[107] vgl. Menil, 1994, S. 31ff
[108] vgl. Cornel, Maelicke, u.a., 2003, S. 69
[109] vgl. Voss, 1986, S. 218 und Cornel, 1983, S. 1478ff in Cornel, Maelicke, u.a., 2003, S. 69

Die Freizeit des Betroffenen ist gekennzeichnet durch die Einbindung in Gruppen mit antisozialen Einstellungen und Neigung zu Straftaten. Eigenschaften oder Merkmale wie Frustrationstoleranz, Zukunftsorientierung, Selbstakzeptanz, Leistungsmotivation, Schuldeinsicht und Ich- Stärke sind eher selten ausgeprägt. Diese genannten Probleme gelten als Entstehungszusammenhänge von Kriminalität der im Strafvollzug befindlichen Intensivtäter.[110]

Aus diesen Gesichtspunkten heraus stellt sich nun die Frage, was bei der Resozialisierung von Straftätern wirkt?

Im Strafvollzug wird versucht, die bereits erwähnten Risikofaktoren auszugleichen und spezifische Schutzfaktoren beim Insassen zu stärken (Prävention und Behandlung). Die neusten Erkenntnisse lassen sich wie folgt darstellen:

Protektive Faktoren stellen zum einen die sichere Bindung an eine Bezugsperson (Verwandte, Lehrer, Familie) dar, eine emotionale Zuwendung und Kontrolle in der Erziehung sowie Bezügen zu nahe stehenden Verwandten, Erwachsene als Vorbilder, die soziale Unterstützung durch nicht- delinquente Personen, ein aktives Bewältigungsverhalten von Konflikten, die Bindung an schulische Normen und Werte, die Zugehörigkeit zu einer nicht- delinquenten Gruppe, die Erfahrung der Selbstwirksamkeit (z. B. bei Hobbys oder Sportaktivitäten), ein positives Selbstverhalten, die Stärkung der Prinzipien Autonomie und Verantwortung, eine Struktur im eigenen Leben, Planungsverhalten und Intelligenz, dar. Der Prozess der sozialen Integration (Bindungstheorie nach Hirschi) untermauert diese Faktoren mit den vier Elementen der Bindung[111], welche sich positiv auf die Resozialisierung auswirken sollen. Diese Aspekte stellen Ansätze für eine Behandlung im Vollzug (besonders von Jugendlichen und Heranwachsenden) dar und können somit der Rückfälligkeit entgegenwirken.[112]

---

[110] vgl.,Rössner, 2004, S. 80

[111] Die 4 Bindungselemente sind**:** **Attachment**: emotionale Bindung an Personen, **Commitment**:institutionelle Bindung an die Gemeinschaft**, Involvement**: Einbindung in konventionelle Aktivitäten, **Belief**: Bindung an Gemeinschaftswerte

[112] vgl. Rössner, 2004, S. 81

5 Wirkungen von Haft

Die Wirkungen des Freiheitsentzuges auf den Gefangenen sind zu differenzieren. Betrachtet werden zum einen die unerwünschten Wirkungen (Die sogenannte *Prisonisierung*, die in Absatz 5.1. näher erläutert wird.) und die erwünschten (Resozialisierung) und schließlich die Wirkungen, die bei Strafgefangenen in Form psychischer Anpassungen an die Gefängniswelt erwartet werden.[113] Die Wirkung des Freiheitsentzuges stellt eine Wechselbeziehung zwischen institutionellen Einflüssen auf den Lebenslauf des Insassen und den biografischen Verarbeitungspotenzialen des Einzelnen dar. Die Haft kann dabei als ein „innerer biografischer Wendepunkt", als ein „äußerer biografischer Wendepunkt" oder als ein „existenzieller Einschnitt" in die eigene Biografie des Betroffenen erlebt werden.

Die Insassen erleben durch die Inhaftierung eine radikale Veränderung der eigenen Person. Dies kann als negativ und sehr bedrohlich empfunden werden, in dem die Resozialisierungsmaßnahmen des Vollzugs als zerstörerischer Übergriff auf die eigene Person abgewehrt werden (bedrohlicher Autonomieverlust). Der Insasse erlebt sein Handeln als vollkommen durch die Institution determiniert, eine Abgrenzung gegenüber dem Einfluss der Institution fehlt. Die eigene Veränderung wird als Resultat veränderter äußerer Umstände gesehen, das eigene Verhalten hat keinen inneren Halt. Eigenständigkeit und Abhängigkeit überlagern sich in der Haft. Die Bindung an andere Menschen ist ebenfalls durch Abhängigkeit gekennzeichnet. Die Fähigkeit, das eigene Leben zu gestalten (biografische Autonomie), bleibt eine dauerhaft umkämpfte, unstabile Größe ohne festen Ankerpunkt.[114]

In einer Studie von Mechthild Bereswill und Almut Koesling[115] (Befragung von 43 Insassen) wurde in diesem Zusammenhang ersichtlich, dass die autoritäre Institution Strafvollzug von den meisten Insassen abgelehnt wurde. Dennoch wird die Haft aber auch als eine Möglichkeit erlebt, sich zukünftig besser integrieren zu können. Gleichzeitig wird das Gefängnis als gewaltförmiger Raum thematisiert, in dem der Insasse gefordert ist, sich zu verteidigen und keine Schwäche zu zeigen. Die Beziehungen zwischen den Inhaftierten sind gekennzeichnet von instrumentellen, ausbeuterischen und misstrauisch strukturierten Beziehungsdynamiken.[116]

5.1 Akkulturations- und Prisionierungsprozess

Der o. g. Begriff bezeichnet den negativen Sozialisationsprozess, welcher sich im Strafvollzug vollzieht. Dieser beinhaltet eine Anpassung an Normen und Einstellungen, welche in der Anstalt herrschen.

---

[113] vgl. http://www.iuscrim.mpg.de/info/aktuell/lehre/docs/alb_StrafS.pdf
[114] vgl. Bereswill, 2003, S. 112ff
[115] vgl. Bereswill, Koesling, 2003, S. 112-132
[116] vgl. Bereswill, 2003, S. 112ff

Das anstaltsinterne Wertgefüge weicht mitunter von dem allgemeinen gesellschaftlichen Normsystem ab und stellt somit ein auf die „Gefängnisgesellschaft" beschränktes und sozial unerwünschtes, subkulturelles System dar, welches vorhandene Abweichungstendenzen verstärkt und damit dem Behandlungsziel entgegenwirkt. Bei bereits sozialisierten Insassen vollzieht sich dieser Prozess anhand einer U-Kurve. Die hohe Konformität mit den außerhalb geltenden Normen und Werten zu Beginn der Haft sinkt zunehmend ab auf eine Stufe geringer Übereinstimmung gegen Mitte des Haftaufenthaltes und gleicht sich am Ende wieder auf eine Stufe relativ hoher Konformität an. Gelingt dies nicht, hat die negative Sozialisierung einen bleibenden Schaden verursacht.[117]

Das Gefängnis stellt dementsprechend einen widersprüchlichen Integrationsraum dar, in dem die Inhaftierten alltäglich zwischen Selbstbehauptungskämpfen und Entwicklungswünschen balancieren müssen.[118] Nach Böhm impliziert das auch die Entwicklung von realitätsfernem Wunschdenken sowie eine passive Lebenshaltung und Versorgungserwartung.[119]

Die negativen Auswirkungen der Prisionierung hat das Gesetz im § 3 Abs. 2 StVollzG ausdrücklich festgestellt, es spricht hier von „schädlichen Folgen" des Freiheitsentzuges, denen es „entgegenzuwirken" gilt. Versteht man die Entstehung und Akzeptanz von subkulturellen Normen als Reaktion auf die Bedingungen der Haft, so liegt nahe, dass ein Entgegenwirken nur durch eine Vermeidung von Deprivation und Verwirklichung des Angleichungsgrundsatzes möglich ist.[120]

Den Anpassungsprozess an die Gefängniskultur könnte man auch als Akkulturation verstehen, vorausgesetzt es handelt sich um einen sozialen Prozess des kulturellen Wandels, in dem die Mitglieder eines Kultursystems durch direkten und fortgesetzten Kontakt mit Mitgliedern eines anderen Kulturkreises Elemente aus deren Kultur übernehmen und in die eigene integrieren. Hier ist zu bemerken:

Im Falle einer Anpassung an eine Subkultur (welcher der Betroffene vorher nicht angehörte) würde der Strafvollzug keineswegs zur Resozialisierung und Sozialisierung beitragen, sondern eher zur Ent-Sozialisierung.[121]

Der Adaptionsprozess an die Haft wurde von Clenner 1958 mit dem Terminus „Prisonisierung" belegt.

Die Adaption an die Gefängniswelt wird als Teil eines „kollektiven Lösungsversuches" verstanden, die als Folge sozialer Kontrollmechanismen entstehenden „pains of imprisonment"[122] zu bewältigen.[123] Die Prisionierung als psychische Erscheinung während der Haft macht sich durch das Verlieren der Fähigkeit zur Bewältigung eigener Lebensprobleme und zur sozialen Verantwortung bemerkbar.

---

[117] vgl. Kaiser, Kerner, Schöch, 1991, S. 24
[118] vgl. Bereswill, 2006, S. 2
[119] vgl. Böhm, 1986, S.108f in Schöch, Kaiser, 2003, S. 326
[120] vgl. Schöch, Kaiser, 2003, S. 327
[121] vgl. Schwind, Blau, 1988, S. 249f
[122] pains of imprisonment : schmerzliche Auswirkungen von Gefangenschaft
[123] vgl. Greve, Hosser, Pfeiffer, 2001, S.11

Durch bedrückende Kompensationsversuche versucht der Insasse, sich Ersatzerlebnisse zu schaffen. Diese reichen von homosexuellen Erlebnissen bis hin zu Aggressionsabbau nach außen durch Zerschlagen des Zellinventars („Zellkoller") oder nach innen gerichtet durch Selbstverletzungen, oder Suizidversuche. Durch die totale Vereinnahmung der Gefangenen entwickelt sich eine frustrierte, apathische, resignative Grundeinstellung, die ihm die Fähigkeit nimmt, eigenverantwortliche Entscheidungen für sich selbst, also für die Gestaltung seines Lebens zu treffen. Der Vollzugsapparat nimmt den Gefangenen die selbstverständlichsten Obliegenheiten des täglichen Lebens ab. Diese Tatsache steht in vollem Gegensatz zum Ziel der Resozialisierung, das Leben nach der Entlassung in Freiheit eigenverantwortlich zu gestalten.[124]

5.2 Das Deprivations- und Importationsmodell

In der Prisonisierungsforschung dominieren zwei Grundvorstellungen, die man als Deprivationsmodell und Importationsmodell bezeichnet.

Das Deprivationsmodell fokussiert dabei die Belastungen der Insassen, die aus Lebensbedingungen resultieren und primär durch den Verlust an Freiheit, Autonomie und Einschränkung von sozialen Beziehungen, Mangel an Sicherheiten und Entzug von materiellen Gütern gekennzeichnet sind. Allgemein gesprochen, geht das Deprivationsmodell davon aus, das der Haupteffekt des Strafvollzuges sich in einer Identifikation der Gefangenen mit der Gefangenensubkultur äußert, welche sich wiederum durch Insassensolidarität, oppositioneller Einstellung zur Anstalt und den Resozialisierungszielen oder positiver Einstellung zur Kriminalität wieder spiegelt.[125] Das Modell der Deprivation konzentriert sich auf den „Leidensdruck" und die Probleme, die innerhalb des Strafvollzuges durch die Hafterfahrung entstehen. Dabei wird die Prisionierung als Folge einer „Depersonalisation" und einer Stigmatisierung durch die Einweisung in die Haft angesehen. Die Haftanstalt wird dabei als ein totalitärer Machtapparat betrachtet, indem Gefängnisbeamte versuchen, Ordnung und Sicherheit aufrechtzuerhalten.[126]

Das Importationsmodell postuliert dagegen eine Wechselwirkung zwischen dem Haupteffekt `"Strafvollzug" und dem Haupteffekt „Person", indem die Bedeutung krimineller Vorerfahrungen und Wertorientierungen für die Prisionierung hervorgehoben wird (siehe dazu Punkt 5.5. Subkultur im Strafvollzug).

Beide Perspektiven legen den Fokus auf die Ursachen- oder Bedingungsseite der Institution Strafvollzug. Also was bewirkt Haft (bei wem)? [127]

Die Deprivationstheorie wird auch zu Rate gezogen, wenn es um die vielfältigen Erklärungsmuster von Kriminalität geht.

---

[124] vgl. Menil, 1994, S. 39f
[125] vgl. Greve, Hosser, Pfeiffer, 2001, S. 12
[126] vgl. Kette, 1991, S.20
[127] vgl. Greve, Hosser, Pfeiffer, 2001, S. 12

Diese Theorie macht relativen sozioökonomischen Mangel (Deprivation) und psychisches Versagung (Frustration) enttäuschter Erwartungen für die Entstehung von kriminellen Handlungen verantwortlich. Dabei spielen Ängste hinsichtlich steigender Konkurrenz um knappe Güter, Arbeitsplätze, Wohnraum und gesellschaftliche Positionen eine Rolle.

Die Opfer stellen dabei die Sündenböcke dar, die die Verursacher der ökonomischen Probleme darstellen. Das Recht des Stärkeren wird durch eine „Wir-Sie Mentalität" betont, das andere Denken des Schwächeren abgewertet.[128]

5.3 Veränderungen der Persönlichkeit als Folge von Strafhaft

Der Verlust an Freiheit stellt den sichtbarsten und gravierendsten Einschnitt für den Insassen dar. Dabei wird zunehmend „Einsperrung" mit „Absperrung" gleichgesetzt. Soziale Kontakte gehen zwangsläufig verloren, der Betroffene verliert seine soziale Rolle, die er vor Haftantritt eingenommen hat und somit auch den durch sie bestätigten Selbstwert. Oft verliert das Leben des Inhaftierten an Sinn. Besonders bei der Einlieferung und im Umgang mit den Angestellten der Haftanstalt durchläuft der Betroffene Degradierungs- und Objektivierungszeremonien, die ihm verdeutlichen, dass er seinen Status als „anständiger Mitbürger" verloren hat.[129] Der Bremer Kriminologe Karl F. Schuhmann äußerte sich zu dieser Problematik mit den folgenden Worten:

„ Die Gefangenen werden zu gut funktionierenden Insassen, verlieren aber für die Gesellschaft an Lebenstüchtigkeit, Autonomie geht verloren, Selbstbewusstsein sinkt, Selbstmitleid steigt, Interesse an der eigenen Person wächst, das Denken kreist mehr und mehr um das Gefängnisleben,... Später fühlt sich der Entlassene als Außenseiter."[130]

Kritiker der Haft weisen auf die Entmündigung und Entpersonalisierung der Insassen hin, die dazu führen können, dass die Individualität und Identität der Gefangenen langfristig untergraben wird. Für jugendliche Straftäter hätte dies prekäre Folgen, da in dieser Entwicklungsphase der Erwerb von Autonomie und Entscheidungskompetenz sowie die Festigung der eigenen Identität wichtige Entwicklungsaufgaben darstellen, die so nicht leicht zu bewältigen sind. Einige Studien stellten fest, dass der Selbstwert durch die Haft in Mitleidenschaft gezogen wurde, eine Abnahme an Selbstvertrauen bzw. ein geringes Selbstwertgefühl war die Folge. Dennoch berichten einige Autoren von gegenteiligen Effekten. Einbußen des Selbstwertes vollziehen sich vor allem im letzten Drittel der Haftzeit. Zuvor würden die Identifikation mit der Insassenkultur und die damit verbundene Abwertung der Resozialisierungsziele die selbstwertbedrohliche Informationen kompensieren.

---

128 vgl. Schneider, 2001, S. 82
129 vgl. Schwind, Blau, 1988, S. 244
130 zit. Schuhmann, 1988, S. 20 in Riekenbrauck, 2004, S. 134

Die eingeschränkte Freiheit- und Entscheidungsmöglichkeit der Insassen bewirkt vermutlich einen Verlust an subjektiver generalisierter Autonomie und Handlungskompetenz. Auch hier gibt es unterschiedliche Studien, die verschiedene Ergebnisse liefern.

Eine Studie nach Zamble und Porporino (1988)[131] zeigte, dass viele Insassen bereits vor Haftantritt über geringe Flexibilität und Bewältigungsfähigkeiten verfügten, die während der Haftzeit weitgehend unverändert blieben. Auch sprachen sich einige empirische Studien dagegen aus, dass die kognitiven Fähigkeiten der Insassen während der Haft abnehmen würden. Wenn man diesen Aspekt nun auf Jugendliche und Heranwachsende in Haft bezieht, müsste im positiven Fall von einer Steigerung der kognitiven Fähigkeiten ausgegangen werden (wenn z. B. dementsprechende Angebote zur Ausbildung/Weiterbildung in der Haft vorliegen würden).

Schlussfolgernd würden für diese Altersgruppe Benachteiligungen entstehen (wenn man positive Ansätze, wie angebotene Lehrausbildungen, Abschlusserlangung etc. außer Acht lässt). Als gesicherte Aussage gilt, dass schwerwiegende Beeinträchtigungen der Persönlichkeit infolge von krankhaften psychischen Veränderungen bei Inhaftierten häufiger vorkommen, als in der Normalbevölkerung. Ein erhöhtes Suizidrisiko besonders bei jugendlichen Insassen kann angenommen werden. Die Ursachen für das Vorkommen solcher psychischen Beeinträchtigungen sind vielfältig. Einige Autoren gehen davon aus, dass diese Störungen durch die stresserzeugende Haftsituation zustande kommen, andere vertreten den Standpunkt, dass nicht die Straftat an sich als Auslöser gilt, sondern dass es sich vielmehr bei der Häftlingspopulation um eine selektive Inhaftierung psychisch Kranker oder Gefährdeter handelt.[132]

Im Anschluss möchte ich mich nochmals präziser mit den Veränderungen der Identität des Insassen beschäftigen.

Nach Goffmann ist unter Identität nicht nur das über die Einschätzung durch Interaktionspartner vermittelte Selbstbild eines Handelnden zu verstehen, sondern auch seine Fähigkeit, soziale Interaktionen durchzuführen, also in der Lage sein, gemeinsam zu handeln. Dies schließt die folgenden Befähigungen ein:

- die Fähigkeit der Rollenübernahme *(Empathie)*,
- der Distanzierung von Rollenverpflichtungen und der veränderlichen Abwendung von Verhaltensnormen und Werten *(Rollendistanz)*
- sowie die Fähigkeit, Konflikte mit Interaktionspartnern zu lösen, indem man bereit ist, eigene Erwartungen und Bedürfnisse zurückzustellen *(Ambiguitätstoleranz)*.

[131] vgl. Zamble, Porporino: Coping, Behavior, and Adaption in Prison Inmates. New York: Springer in Greve, Hosser, Pfeiffer, 2001, S. 12ff

[132] vgl. Greve, Hosser, Pfeiffer, 2001, S. 13f

Totale Institutionen wie Gefängnisse, psychiatrische Krankenhäuser, Asyle usw. verhindern die Übung und Entfaltung dieser Fähigkeiten. Auf die Fähigkeiten: Empathie, Rollendistanz und Ambiguitätstoleranz möchte ich nochmals genauer eingehen.

5.3.1 Rollendistanz

Die Verhaltensanforderungen an die Insassen haben „Vollzugscharakter", d. h. sie müssen ohne jede Abweichung eingehalten werden.

Die Interpretation durch das Personal ist verbindlich. Die Einhaltung der Normen wird dabei intensiver überwacht als außerhalb von Vollzugsanstalten.

Diese Bedingungen machen eine Konformität unmöglich, denn Normen sollten immer vom Individuum selbst interpretiert werden. Divergenzen und Abweichungen sind nicht zu vermeiden. Es muss beachtet werden, dass die Anforderungen an die Gefangenen vielzählig und widersprüchlich sind. Abweichungen hervorgerufen durch die Struktur der Gefangenenrolle sind somit unabwendbar. Der Betroffene wird dadurch jederzeit sanktionierbar. Dieser Widersinn erschwert für ihn die Einschätzung der Erwartungen, die an ihn gestellt werden. Je länger diese Unsicherheit andauert, desto eher wird seine Fähigkeit zur Rollenübernahme und Rollendistanz beeinträchtigt werden.

5.3.2 Ambiguitätstoleranz

Handeln, welches auf andere bezogen ist, setzt gegenseitige Verständigung voraus. Wenn zwischen zwei Menschen während einer Interaktion ein Konsensus ausgehandelt werden soll, impliziert dies den Verzicht auf eine komplette Durchsetzung der eigenen Ansprüche, auch unter der Voraussetzung, dass die Interaktionsbeteiligten von einer gleichen Machtposition ausgehen.

Im Hinblick auf die Situation der Gefangenen muss man sich allerdings fragen, wo der eigentliche Verzicht liegen soll. Verzicht, um Konflikte zu vermeiden oder zu lösen?

Die Freiheit, positiv bewertete soziale Beziehungen und Chancen der Befriedigung relevanter Bedürfnisse wurden entzogen und können so gar nicht mehr als eine Verzichtsleistung eingebracht werden. Strafgefangene haben somit keine „Verhandlungsbasis". Diese ist auch gar nicht erforderlich, da die Bediensteten der Organisation ihnen vorwiegend mit Ansprüchen gegenüber treten, ohne die Bereitschaft zur Verständigung. Ihr Ziel ist nicht Solidarität, sondern Kontrolle. Die umfängliche Fremdbestimmung begünstigt eine aggressiv-ablehnende Haltung der Insassen gegenüber den Angestellten. Diese nehmen die Gefangenen zunehmend in Stereotypen wahr.

Die Gelegenheit, gemeinsam mit ihnen zu handeln, ihre Erwartungen vorwegzunehmen und das eigene Handeln schon vorab darauf einzustellen, wird durch die Institution verhindert.[133]

5.3.3 Empathie

Die als typisch erachteten Verhaltensweisen von Kriminellen sollen einmal unter dieser Perspektive betrachtet werden. Der sozialisationstheoretisch orientierte Autor McCord schrieb 1964 dazu:

„Der Psychopath (die typische Persönlichkeitsstruktur von Kriminellen, d. Verf.) ist asozial. Sein Verhalten bringt ihn oft in Konflikte mit der Gesellschaft.

Einen Psychopathen treiben primitive Wünsche und eine übertriebene Gier nach Erregung. In seiner auf sich selbst bezogenen Suche nach Lust ignoriert er die Einschränkungen seiner Kultur. Der Psychopath ist hochimpulsiv. Er ist ein Mensch, für den der Augenblick ein von allen anderen abgetrennter Zeitabschnitt ist. Seine Handlungen sind ungeplant und von seinen Launen gesteuert. Der Psychopath ist aggressiv. Er hat nur wenige sozialisierte Weisen des Umgangs mit Frustrationen. Der Psychopath empfindet wenig oder überhaupt keine Schuld. Er kann die erschreckendsten Taten begehen und sie ohne Gewissensbisse betrachten. Der Psychopath hat eine verstümmelte Fähigkeit zu lieben. Seine emotionalen Beziehungen sind, soweit es sie gibt, dünn, fließend und nur bestimmt, seine eigenen Bedürfnisse zu befriedigen. Diese beiden letzten Züge, das Fehlen von Schuldgefühlen und von Liebe, kennzeichnen den Psychopathen so auffallend als von anderen Menschen verschieden".[134]

Die interaktionistische Devianztheorie würde diesen Entwurf von Kriminalität als eine innere Reproduktion der sozialen Umwelt und als eine normale Reaktion auf Fremdbestimmung und Stigmatisierung interpretieren. Hinsichtlich der Interaktionsbedingungen in totalen Institutionen, der Verhaltensunsicherheit der Insassen durch strukturell notwendige Abweichungen bei gleichzeitiger intensiver Kontrolle und Sanktionierung und den minimalen Chancen der Gefangenen, Erwartungen und Bedürfnisse durchzusetzen, wird nachvollziehbar, warum Handlungen von Insassen als „ungeplant" erscheinen, sie keine „sozialisierten Weisen des Umgangs mit Frustrationen" haben, und sie keine „Schuld empfinden". Nach Glaser (1964) sowie Hirsch, Leirer und Steinert (1973) haben starre und repressive Interaktionen ihre Folgen im Verhalten derjenigen, die sie erfuhren.[135]

---

[133] vgl. Cremer-Schäfer, 1975, S. 4 in Brusten, Hohmeier, 1975. S. 129 - 143
[134] zit. Moser, 1970, S. 185 in Cremer- Schäfer, 1975, S. 5
[135] vgl. Cremer-Schäfer, 1975, S. 4f

5.3.4 Soziale Folgen von Strafhaft

Der Eintritt in die Vollzugsanstalt bedeutet für die Betroffenen oftmals einen fühlbaren Einschnitt in ihre Lebensgewohnheiten, einen Verlust von als selbstverständlich erlebten Verhaltensmöglichkeiten, einen tiefen Schock. Sie werden in eine totale Institution aufgenommen, die sie vollständig versorgt und in der sie einer jeden Lebensbereich erfassender Ordnung unterworfen sind.[136]

Im folgendem sollen einige soziale Wirkungen von Haft auf die Gefangenen untersucht werden.

5.3.5 Der Verlust materieller Habe und Hilfe

Strafgefangene sind vorerst mit dem existenziell Nötigsten ausgestattet, so dass ein Überleben in Haft gesichert ist. Dieses geringfügige Entgegenkommen bildet allerdings kein Ausgleich zu einer Gesellschaft, die gesteigerten Wert auf Besitz und Eigentum legt.

5.3.6 Entwicklungsstörungen und der Verlust an heterosexuellen Beziehungen

Der Vollzug der Freiheitsstrafe wirkt sich negativ auf die Familie des Insassen aus, seine Familie leidet unter der Haft.

Der Insasse wird aus seiner prosozialen Gemeinschaft gezogen und ausgeschlossen, die ihn nach Entlassung aus der Strafvollzugsanstalt nur unter großen Schwierigkeiten wieder aufnimmt.[137] Defizite in der sozialen Handlungsfähigkeit und Handlungskompetenz können durch das Fehlen gegengeschlechtlicher Sozialpartner besonders unter Freiheitsentzug entstehen, die Mehrheit der Insassen ist männlich. Somit stehen wichtige Sozialpartner als Projektionsfläche für die Entwicklung einer Geschlechtsidentität der Jugendlichen und Heranwachsenden und für das Erlernen und Üben adäquaten Sozialverhaltens nicht zur Verfügung. Der „Anteil der normalen Entwicklung" im Jugendalter, (gegen das bestehende System) zu rebellieren, wird unter Haftbedingungen stark eingeschränkt und empfindlich sanktioniert.

Folglich verfestigt sich die Einstellung der Insassen zunehmend, dass sich der Stärkere (die Institution) ohne Berücksichtigung der Belange des Schwächeren durchsetzen kann. Der Verlust und das Nichtvorhandensein von intimen Bindungen beeinträchtigt nicht nur das Selbstkonzept, den Selbstwert, sondern kann zu einer generellen Unsicherheit darüber führen, wie die eigene Rolle nach der Entlassung definiert wird und aussehen soll. Die Gefahr der Entwicklung eines fragmentierten, einseitigen Selbstbildes wird durch die Einwirkung von Subkulturen noch verstärkt.

---

[136] vgl. Böhm, 2003, S. 92
[137] vgl. Schneider, 2001, S.382

2/3 der Insassen machen Erfahrungen mit homosexuellen Kontakten, diese wirken häufig selbstbildbedrohend und erzeugen Angst und Schuldgefühle.[138]

Dazu ein Insasse:

"Anstatt eine notwendige Station auf dem Weg der Rehabilitation zu sein, zerstört das Gefängnis nur. Die Demütigungen erzeugen Hass".[139]

Durch limitierte Besuchs- und Ausgangszeiten, die häufig beträchtliche Entfernung zum Elternhaus und Heimatort, lässt den Kontakt zu Familie und Freunden oft abbrechen. Fehlende Unterstützung und Zuwendung durch relevante Personen begünstigen die Entstehung von Einsamkeits- und Trauergefühlen, welche innerhalb der Haft zu sozialem Rückzug führen können. Die Reduktion sozialer Interaktionspartner kann sich vor allem im Jugendalter negativ auf die Entwicklung der Betroffenen auswirken. Diese Phase (auch Phase der individuellen und sozialen Konsolidierung genannt) ist durch das Erlernen und Erproben verschiedener sozialer Rollen gekennzeichnet. Durch mangelnde Gelegenheiten, dies zu verwirklichen, können Defizite entstehen oder bereits bestehende Mängel an sozialen Kompetenzen verstärkt werden.

Die Rollenübernahme in Haft ist zwar möglich, aber die betreffenden Rollen sind sehr einseitig und selektiv, sozial uneffektiv. Die Mitinsassen gewinnen, resultierend aus den fehlenden alternativen Kontaktmöglichkeiten, an sozialer Bedeutung. Der hohe Stellenwert, den die Mitgefangenen bezüglich Verstärkung und emotionale Unterstützung einnehmen, führt dazu, dass vor allem sie als Modelle beim Erlernen von Verhalten fungieren. Das führt oft dazu, dass das Brechen von Verhaltensregeln, Kritik am Personal, Aggressivität positiv verstärkt werden und normgerechtes Verhalten sanktioniert wird. Delinquentes Verhalten wird unter Freiheitsentzug eher erlernt und aufrecht gehalten, da positive Lernmodelle und Vorbilder nicht vorhanden sind.[140]

5.3.7 Der Verlust an Selbstbestimmung

Die Haftanstalt als totalitäre Institution verhindert, dass der Insasse sein eigenes Leben behält. Die gewohnte Verantwortung für sich selbst geht verloren und kann nicht mehr wahrgenommen werden. Der Inhaftierte wird somit auf den Status eines unmündigen Kindes zurückgestuft (Infantilisierung). Die totale Überreglementierung führt zum Selbstwertbruch und zu zunehmender Unselbstständigkeit.[141] Der institutionelle Eingriff in die eigene Handlungsökonomie ist schmerzlich und bedrohlich.

[138] vgl. Greve, Hosser, Pfeiffer, 2001, S.15f
[139] zit. Meyer-Falk, 2004, S. 2
[140] vgl. Greve, Hosser, Pfeiffer, 2001, S.16f, 27ff
[141] vgl. Schwind, Blau, 1988, S. 245

Der enorme Autonomieverlust, der einen Freiheitsentzug kennzeichnet, wird als erniedrigend erlebt. Aus der Sicht vieler Insassen sind die Regeln des Strafvollzugs eine autoritäre Provokation.[142]

5.3.8 Verlust der eigenen Sicherheit

Die Isolierung der Gefangenen schützt zwar die Gesellschaft, aber nicht diese voreinander und vor eventuellen Übergriffen durch andere.

Die üblichen Wege, Rangordnungen und Macht aufzubauen sind in Haft verschlossen, so dass die Anwendung einer handgreiflichen „Hackordnung" (Rangordnung) manchmal unabdingbar erscheint. Auseinandersetzungen zwischen den Gefangenen werden oft übersehen. Rollenkonflikte und Deprivationsprozesse führen wiederum zu erneuten Rechtsverletzungen.[143]

5.4 Die Subkultur im Strafvollzug

Nach Cohen sind Subkulturen (lat. „Unter-Kultur"), kollektive Reaktionen auf Anpassungsprobleme, die aus gesellschaftlich ungleichen Lagen entstehen und für die eine bestehende Kultur keine zureichenden Lösungen zur Verfügung stellen kann bzw. stellt.[144]

Unter Kultur ist ein Satz von Werten, Einstellungen, Normen und Verhaltensmustern zu verstehen, der sich als gemeinsames Gut einer gesellschaftlichen Gruppe darstellt. Kulturen enthalten gesamtgesellschaftliche Momente, weisen aber auch Anteile auf, die nur einer gesellschaftlichen Untergruppe (Subgruppe) eigen sind. Normativ betrachtet meint dies das Vorhandensein von verbindlichen Verhaltensmustern für Gefangene gegenüber den Vollzugsbeamten, Aufsehern oder Vorgesetzten. Dies schließt eine strikte Abstinenz gegenüber den Resozialisierungsbemühungen der Anstalt nicht aus. Unter den Mitgliedern einer Subkultur bildet sich eine Rangordnung aus, in der je nach Charakterzug „geherrscht und beherrscht" wird. Des Weiteren hat die Subkultur ihre eigene Sprache, welche sich allerdings auch den Veränderungen der Ausdrucksgewohnheiten der Gesellschaft anpasst.[145] Diese Gefangenengruppen weisen eine mehr oder weniger feste Rangordnung und Abschottungstendenzen gegenüber anderen Gruppen auf, die dem Resozialisierungsgedanken zuwiderlaufen können und eine Einflussnahme von außen erschwert. Nicht zuletzt bietet die Zugehörigkeit zur Gruppe einen Schutz vor An- oder Übergriffen durch andere Gefangene.[146]

---

[142] vgl. Berewill, 2005, S.5
[143] vgl. Schwind, Blau, 1988, S. 246
[144] vgl. Cohen, 1972, S.30
[145] vgl. Menil, 1994, S.39-40
[146] vgl. Hosser, 2000, S. 67ff

Zwischen Subkulturen, im Sinne von „Teil der offiziellen Kultur“ bis zur bewusst und gegebenenfalls aggressiv von der „offiziellen“ Kultur abweichenden Subkulturen liegt ein weites Spektrum an Möglichkeiten. Diese unterscheiden sich hinsichtlich:

- des Abweichungsgrads der Inhalte und „Stile“ von der dominanten Kultur (Kleidung, Verhaltensweisen, Akzeptanz von Werten usw.),
- der Größe der Gruppe, ihrer Aktions-Bereitschaft,
- latenter und manifester Aggressivität;
- ihrer alters- und schichtspezifischen Eigenheiten.[147]

"Subkultur ist eine Stellungsnahme gegen die Gesellschaft und ein Lösungsversuch."[148] "Von Subkultur kann gesprochen werden, wenn ein Interaktionssystem in einer der folgenden Hinsichten von anderen Interaktionssystemen der gleichen Gesellschaft abweicht: in der Symbolwelt, Interaktionsformen, Normen, Werthaltungen, Zielsetzungen, Verhaltensmuster, Prüfkriterien für Wahrheit und Realität."[149] Harbordt nennt als Merkmale einer Subkultur die folgenden Kriterien: Solidarität der Gefangenen und Opposition gegen das Wachpersonal (Stab), Macht und Unabhängigkeit, Darstellung von Ruhe (in Ruhe lassen und Ruhe bewahren), Männlichkeit, Schonung der Mitinsassen, Kameradschaft und Individualität und Persönlichkeit.[150] Ähnliche Eigenschaften zeigt auch Miller auf: „...Härte und Maskulinität, geistige Wendigkeit und Manipulationsbereitschaft in Abgrenzung zur Intellektualität, Erregung und Abenteuerbereitschaft, Fatalismus in Abgrenzung zu langfristigem, zielgerichtetem Handeln, Autonomie bei gleichzeitiger Ablehnung der Verantwortung für Konsequenzen des eigenen Handelns, Statuserlangung usw.“[151]

Es existieren verschiedene Theorien der Entstehung krimineller Subkulturen in Haftanstalten, welche im folgendem erläutert werden sollen.

5.4.1 Das Deprivationsmodell

Deprivation bedeutet im Allgemeinen eine Mangelerscheinung oder einen Zustand der Entbehrung, welcher durch eine unzureichende Bedürfnisbefriedigung entstanden ist.[152] Sykes konnte belegen, dass die Anpassung an das Haftleben zu Desillusionierung und Beeinträchtigung des Selbstwertgefühls führt. Als Quellen der Deprivation kommen der Verlust der Freiheit, der Entzug materieller, immaterieller Güter und heterosexueller Beziehungen, die Einschränkung der Handlungsautonomie und der Mangel an Sicherheit vor kriminellen Mithäftlingen in Frage.

---

147 vgl. Schäfers, a.a.O., S.162 in Hosser, 2000, S. 67ff
148 zit. Mohr-Rohr, 1992, S. 891 auf http://www.lssfb.ch/download/Jugend_Subkultur.pdf
149 zit. Mohr-Rohr, 1992, S. 890 auf http://www.lssfb.ch/download/Jugend_Subkultur.pdf
150 vgl. Harbordt, 1967, S. 21ff
151 zit. http://www.uni-heidelberg.de/institute/fak2/krimi/Hermann/Kriminalitaetstheorien1.pdf
152 vgl, www.krimi.uni-hd.de/Hermann/PP%20Materialien/Subkultur.PPT

Der Versuch der Insassen mit diesen Deprivationen umzugehen führt nach dieser Theorie zur Entstehung von Subkulturen. Die Deprivationstheorie beruht auf der Vorstellung vom Strafvollzug als ein geschlossenes System.[153]

Die Entstehung von Subkulturen wird von der Deprivationstheorie als Reaktion auf den Entzug an Autonomie, den engen Gestaltungsspielraum und den Verlust sozialer Bindungen und sozialer Verankerung erklärt.[154] „In einer solchen Situation sind die Gefangenen in ihrer eigenen Welt, die zudem durch ein eigenes Norm- und Wertesystem den Abbau von Schuldgefühlen ermöglicht“[155].

5.4.2 Die kulturelle Übertragungstheorie

Dieser Ansatz ist in der Gefängnisforschung entstanden und geht auf Clarence Schrag (1962), John Irwin und Donald Cressey (1964) zurück. Die zentrale Aussage hier ist, dass jeder Inhaftierte seine bereits vor Haftantritt vorhandenen subkulturellen Normen und Werte in die Strafanstalt importiert und so zur Ausbildung einer Subkultur in der Vollzugsanstalt beiträgt. Die Entwicklung von Insassensubkulturen wird als Selektionsphänomen gedeutet. Diese Theorie (Importtheorie) geht von dem Standpunkt aus, dass Strafvollzug ein, wenn auch nicht repräsentatives Abbild der gesellschaftlichen Verhältnisse außerhalb der Anstalt darstellt.

Kriminelle Subkulturen stellen somit Mitbringsel eines bereits außerhalb bestehenden kriminellen Codes dar. Es kommt zur Vernetzung von informellen Beziehungsstrukturen bei den Gefangenengruppen, die wiederum verknüpft mit „eingefahrenen“ Abläufen der Anstalt zu ihrer Verfestigung führen.[156]

---

[153] vgl. Sykes, G.M., 1964 auf http://www.fhvr-berlin.de/fhvr/fileadmin/Inhalte/Dateien /Allg_Forschung/foko/abschlussbericht_kuehnel.pdf

[154] vgl. Hosser, 2000, S. 60ff

[155] zit. Hermann ,Berger, 1997, S. 370

[156] vgl. Otto, Weiermann, 2000 in Otto, 2002, S.23

6 Die „Behandlung“ des Insassen

Der abstrakte Begriff der Behandlung stellt einen „unbestimmten Rechtsbegriff“ im juristischen Sinne dar, der im Folgenden näher erläutert werden soll.[157] Da der Behandlungsbegriff im Gesetz undefiniert (also offen) bleibt, wird eine inhaltliche Präzision ausgeschlossen.[158]

In § 2 StVollzG liegt lediglich eine Umschreibung des Behandlungsziels vor.

§ 4 StVollzG setzt wiederum den Behandlungsbegriff voraus.[159] Auch liefert uns das Gesetz keinen abgeschlossenen Katalog von Behandlungsmaßnahmen, sondern lediglich die in § 7 StVollzG aufgezählten Maßnahmen, deren Anwendungen in jedem einzelnen Fall im Rahmen der Vollzugsplanung überprüft werden müssen. Über die inhaltliche Gestaltung dieser Maßnahmen bezieht der Gesetzgeber keine Stellung. So wird die Teilnahme an Weiterbildungen als Maßnahme genannt, aber keine Aussage darüber getroffen, welcher Art diese Veranstaltung sein soll. Die in § 7 Abs. 2 Nr. 6 StVollzG erwähnten „besonderen Hilfs- und Behandlungsmaßnahmen“ werden, was ihre Bedeutung angeht, auch offen gelassen. Dass der Gesetzgeber von „Behandlungsmaßnahmen“ spricht, bedeutet in diesem Sinne auch, dass dieser Vorschrift zwangsläufig eine Indikatorfunktion für die Auslegung des Behandlungsbegriffes zukommt. Zur Behandlung gehört dementsprechend das, was in § 7 Abs. 2 StVollzG aufgelistet ist (Vollzugsplan), z. B.die Teilnahme an Aus- und Weiterbildungen, Unterbringung im geschlossenen oder offenen Vollzug, eventuelle Verlegung in sozialtherapeutische Anstalt, Vollzugslockerungen, Arbeitseinsatz, Entlassungsvorbereitungen usw.[160] Im Kontext mit §§ 2 Satz 1, 3 Abs. 3 und 6 Abs. 2 StVollzG bildet er das Fundament, auf dem jede Interpretation des Behandlungsbegriffs aufbauen muss. Die Behandlung des Insassen kann als das Hinwirken auf eine Verhaltensänderung gedeutet werden, dabei ist sie nichts Punktuelles, nichts Statisches, sondern ein dynamischer, zielorientierter Vorgang.

Behandeln stellt mehr als bloßes Sicherstellen und Verwahren dar: es verpflichtet zu einem aktiven Zu- und Eingehen auf jeden einzelnen Strafgefangenen.[161]

Der Behandlungsbegriff im Strafvollzug muss sehr weit gefasst werden, da alle Bemühungen einfließen, die das Ziel haben, den Gefangenen auf die Zeit nach der Entlassung aus der Haft vorzubereiten und die Fähigkeiten und Fertigkeiten zu stärken, nach der Entlassung ein Leben ohne Straftaten zu führen.

---

[157] vgl. Stock, 1993, S.11

[158] vgl. Laubenthal, 2003, S.73

[159] vgl. Kaiser, Kerner, Schöch, 1991, S. 25-26

[160] Behandlung umfasst demnach sowohl die besonderen therapeutischen Maßnahmen als auch die Maßnahmen allgemeiner Art, die den Gefangenen durch Ausbildung und Unterricht, Beratung bei der Lösung persönlicher und wirtschaftlicher Probleme und Beteiligung an gemeinschaftlichen Aufgaben der Anstalt in das Sozial- und Wirtschaftsleben einbeziehen und der Behebung krimineller Neigungen dienen sollen.

[161] vgl. Stock, 1993, S.13-14, 20

Man kann also von dem gesamten Feld der sozialen Interaktion und Kommunikation zwischen Vollzugsbediensteten und Insassen sprechen, dass durch die soziale Struktur des Systems Strafvollzug vermittelt und auf das Vollzugsziel bezogen ist.[162]

Diese Auslegung des Begriffs Behandlung finden wir auch in den Mindestgrundsätzen der Vereinten Nationen für die Behandlung von Gefangenen von 1955 wieder. Auch hier wurden Komponenten wie Arbeit,- Aus- und Weiterbildung, die Unterbringung, das Freizeitangebot, Lockerungen, die Förderung von Außenkontakten und Entlassungsvorbereitungen, soziales Training, Therapieangebote, die auf die individuelle Wiederentdeckung und Rehabilitation der verschütteten emotionalen und ethischen Qualitäten des Gefangenen ausgerichtet sein sollen, sowie die medizinische Behandlung, um die Gesundheit des Insassen zu sichern, aufgenommen.[163]

Rahmenbedingungen zur Verwirklichung des Behandlungsprozesses sind dementsprechend:

- auf der vertikalen Ebene das Vollzugssystem,
- auf der horizontalen Ebene die Differenzierung nach verschiedenen Anstaltsarten,
- und auf der personellen Ebene die Schaffung geeigneter Kommunikationsstrukturen[164]

Wie soll nun die Behandlung im Strafvollzug aussehen? Um dies genauer zu betrachten, soll auf die unterschiedlichen Behandlungskonzepte zur Interpretation des Behandlungsbegriffes eingegangen werden.

6.1 Die Behandlung als Form menschlichen Umgangs

Im allgemeinen Sprachgebrauch wird der Begriff der Behandlung für die Umschreibung des Miteinanderumgehens von Menschen und dessen Formen bezeichnet. Das Recht, „anständig behandelt“ zu werden, liegt u. a. schon der Dienst– und Vollzugsordnung (DVollzO) von 1961 zugrunde.

Die dort aufgeführte Nr. 61 Abs. 1 besagt, dass der Gefangene gerecht und menschlich behandelt werden soll und die Bediensteten zu einem gleichmäßigen, ausgeglichenen Verhalten gegenüber den Insassen angehalten werden sollen. Dieser Appell verdeutlicht uns, dass auch Strafgefangene Menschen sind, und auch als solche zu behandeln sind.[165]

---

[162] vgl. Stock, 1993, S.20
[163] vgl. Stock, 1993, S.20
[164] vgl. Laubenthal, 2003, S.73
[165] vgl. Stock, 1993, S.15-16

6.2 Die Behandlung als medizinischer Vorgang

Das pseudo-medizinische Behandlungsmodell basiert auf der Annahme, dass eine in der Psyche oder in der Person des Straftäters angelegte defizitäre Eigenschaft das abweichende delinquente Verhalten mit verursacht habe.

Durch fachliche Intervention könne diese Eigenschaft, die nicht unbedingt biologisch bedingt oder erblich sein muss, sondern durch Sozialisation erworben ist, beeinflusst werden. Das medizinische Modell zum Verständnis von Behandlung im Strafvollzug ist allerdings aus verschiedenen Gründen im Strafvollzug nur eingeschränkt brauchbar.

Delinquentes Verhalten kann nicht als „Krankheit“ diagnostiziert werden, welche durch eine Behandlung geheilt werden kann (Ausnahmen stellen in einigen Fällen höchstens psychisch kranke Straftäter dar). Da Heilung hier in dem Sinne verstanden werden kann, dass eine Veränderung beim Betroffenen erzielt werden soll, sich zukünftig sozial angepasst zu verhalten, liegt auf der Hand, dass dies nur zum Erfolg führen kann, wenn der Betroffene selbst Einsicht in sein Verhalten zeigt, und den Willen hat, sich zu verändern. Das würde gleichzeitig bedeuten, dass er sich freiwillig in eine entsprechende Behandlung begibt und Vertrauen in die Kompetenz des Behandelnden hat. Diese Voraussetzungen finden wir aber im Strafvollzug aufgrund des bestehenden Zwangscharakters nur bedingt vor. Das wiederum hat zur Folge, dass ein ausschließliches Verständnis von Behandlung im Strafvollzug im medizinischen Sinne kaum angebracht ist. Es ist davon auszugehen, dass das pseudo-medizinische Behandlungsmodell die Komplexität der Kriminalitätsentstehung auf die vorwiegend täterbezogene Dimension reduziert und damit die Gesellschaft von einer Mitverantwortung entlastet.[166]

6.3 Der Behandlungsbegriff in der Sozialtherapie

Für die Sozialtherapie stellt Behandlung die Erweiterung sozialer Kompetenzen durch Rehabilitationsmaßnahmen, also durch berufliche Bildung, durch Hilfestellung bei der Stabilisierung oder dem Herstellen von Lebensbedingungen, die ein menschenwürdiges Dasein nach der Entlassung ermöglichen sollen, dar. Sozialtherapie, als eine Art „Fitness-Training zur Bewältigung sozialer Realität“. Bei der Schaffung des StVollzG ging der Gesetzgeber vorwiegend von den Vorstellungen der Sozialtherapie aus. Die §§ 2-4 StVollzG umreißen dabei die Grundsätze der „Behandlung“. Amtlich begründet versteht man unter Behandlung sowohl die besonderen therapeutischen Maßnahmen als auch die Maßnahmen allgemeiner Art (Ausbildung, Unterricht, Beratung etc.), welche der Behebung krimineller Neigungen dienen sollen.[167]

[166] vgl. Stock,. 1993, S. 17
[167] vgl. Stock, 1993, S. 17ff

Zusammenfassend kann man festhalten, dass auch nach Inkrafttreten des Strafvollzugsgesetzes vor 29 Jahren (1977) noch keine sicheren Erkenntnisse darüber vorliegen, wie Behandlung im Strafvollzug konzipiert sein muss, damit sie am ehesten Rückfall verhindernd wirkt.

Kann es „das schlüssige Behandlungskonzept“ überhaupt geben, wenn die Behandlungsbedürfnisse der Insassen von Fall zu Fall unterschiedlich sind? Der Anspruch des Strafvollzugsgesetzes und die Vollzugswirklichkeit klaffen auseinander. Das Sicherheitsdenken und nicht der Behandlungsgedanke ist zur dominierenden Verwaltungsmaxime im Vollzug geworden.[168]

Die gegenwärtige Situation der Straftäterbehandlung ist wie folgt festzuhalten: Eine Rückfall verhindernde Wirkung von „Täter- Behandlung“ im Strafvollzug konnte bis heute nicht empirisch nachgewiesen werden. Das medizinische Modell wurde abgelehnt. Die heutige Situation ist durch eine Entpathologisierung des Straftäters gekennzeichnet. Hinsichtlich der Rückfallvorbeugung gibt es zur Straftäterbehandlung noch keine Alternative. Speziell bei Gewalt- und Sexualstraftätern wird weiterhin von einer hohen Rückfallwahrscheinlichkeit ausgegangen. Dementsprechend geht man hier von einem mäßigen „Behandlungserfolg“ aus.

Dabei wird sich vermehrt den Wiedergutmachungsinteressen des Opfers und den Sicherheitsinteressen der Gesellschaft zugewandt. Erkannt hat man auch, dass soziale Lernprogramme (Kriminalität durch fehlerhaftes soziales Lernen erklärt, volle Eigenverantwortlichkeit des Täters für seine Handlungen), wie z. B. kognitives Verhaltenstraining und die Entwicklung von Interaktionsfähigkeiten effektiver sind als tiefenpsychologische orientierte Psychotherapien, da sich hier die Suche nach den Problemursachen in der Kindheit vollzieht. Der Betroffene fühlt sich so nicht selbst verantwortlich für sein Handeln.[169]

Entsprechend einer Studie des Home Office und des National Institute of Justice im Jahre 1998[170] wurden folgende Prinzipien erfolgreicher Behandlungsstrategien hervorgehoben:

- **Risk classification** (Risikoklassifikation):

  Die Einschätzung des Risikos und die dazugehörige Intervention sollten entsprechend unterschiedlicher Risikogruppen stattfinden (intensivere Programme für stärker gefährdete Insassen).

- **Targeting criminogenic needs** (Täterbedürfnisse):

  Die Behandlung sollte sich an den direkt die Straftatbegehung begünstigenden Faktoren orientieren (z. B. anti-soziale Einstellungen, geringe soziale Handlungskompetenz);

---

[168] vgl. Stock, 1993, S.23
[169] vgl. Schneider, 2001, S.379ff
[170] vgl. Goldblatt/Lewis, 1998, Sherman u. a. 1998; Studie von MacKenzie/Hickman 1998 zu den Programmen im Bundesstaat Washington in Dünkel, 2002, S.38

- **Programme integrity** (Vollständigkeit und Integrität): Behandlungsdefinition und gute Implementation des Behandlungsprogramms;
- **Responsivity** (Ansprechbarkeit/Entgegenkommen):

  Die Ansprechbarkeit der Gefangenen, d. h. die Methoden der Behandlung müssen der Lernkompetenz und -form der Probanden angepasst werden.
- **Treatment modality** (Behandlungsmodalitäten):

  Das Behandlungsprogramms sollte sich an der Vermittlung beruflicher Fähigkeiten, sowie sozialer Handlungs- und Problemlösungskompetenz einschließlich der Stärkung positiver Einstellungen und Werthaltungen (verstärkte Anwendung von verhaltenstherapeutischen Formen des sozialen Trainings, anstatt unstrukturierte psychotherapeutische Verfahren) orientieren.
- **Community base** (Gemeinschaft und Öffentlichkeit als Grundlage):

  Die Behandlungsprogramme sollen sich an der Gesellschaft orientieren.[171]

In diesem Zusammenhang zeigte die Meta-Analyse[172] von Lipton überwiegend positive Effekte ambulanter und stationärer Behandlungsmaßnahmen in der Sozialtherapie, die umso stärker ausfielen, je mehr die Maßnahmen den oben genannten Prinzipien folgen.[173]

[171] vgl. Vennard/Hedderman 1998, S. 103; Goldblatt 1998, S. 132 ff in Dünkel, 2002, S. 36
[172] Studie von Lipton/Martinson/Wilks 1975
[173] vgl. Lipton 1998, in Dünkel, 2002, S. 38

7 Wirkung von Sanktionen

In diesem Kapitel sollen die Strafzwecke klassifiziert und deren Wirksamkeit kurz erläutert werden.

7.1 Vergeltung und Sühne als Absolute Strafzwecke

Die Annahme, man könne eine Straftat durch staatliches Zufügen von weiteren Übels (Strafleidens) ausgleichen, ist ungewiss. Durch eine bloße Sanktionierung wird nur selten eine Besserung des Straftäters erreicht. Die Inhaftierung von Menschen ohne einen zukunftsgerichteten Schutzzweck ist zudem menschenrechtlich nicht zu verantworten.[174]

7.2 Relative Strafzwecke

7.2.1 Abschreckung als Negative Spezialprävention

Die Abschreckungstheorie geht davon aus, dass sich die Mehrheit der Menschen nicht an Regeln und Gesetze halten will, sondern dies nur tut, weil der Regelbruch verfolgt wird und sich somit nicht lohnt. Durch die Befolgung von Regeln wird also Triebverzicht oder Triebaufschub geleistet. In der Realisierung der Strafe besteht eine Normbekräftigung, die auch den Grund dafür darstellt, warum im Alltag davon ausgegangen wird, dass Strafe abschreckt. Die Annahme dieser abschreckenden Wirkung unterstützt den Rechtsgetreuen ihre Rechtstreue aufrecht zu erhalten.[175]

Es ist bis heute nicht gelungen, die abschreckende Wirkung von Strafen zu belegen. Die Theorie der Abschreckung muss somit als gescheitert betrachtet werden. Um dies näher zu erläutern, stellt sich die Frage, wie Strafe abschreckend wirken kann.

Dies kann durch die Höhe der Strafe und durch die Wahrscheinlichkeit der Entdeckung der Fall sein. Die Härte der Strafe stellt keinen Zusammenhang zum Kriminalitätsvorkommen dar. Kaiser äußert sich hierzu wie folgt:

„Es lassen sich...verbrechensmindernde Wirkungen selbst bei der schwersten Gewaltkriminalität aus einer bestimmten Art der Sanktionspraxis, geschweige denn der Sanktionsandrohung, nicht herleiten."[176]

Auch die negative Spezialprävention bietet keinen Ansatz für das Strafmaß. Bezüglich der Sanktionsschwere liegen keine wissenschaftlichen Belege vor, dass harte Sanktionen spezialpräventiv besser wirken würden als weniger eingreifende Reaktionen auf Straftaten.

---

[174] vgl. http://userpage.fu-berlin.de/~theissen/proseminar/pdf/Straftheorien.PDF
[175] vgl. Niggli, 1997, S. 14-15
[176] zit. Kaiser, 1996, S. 260 in Niggli, 1997/98, S.8

Die Überzeugung, härtere Strafen würden die objektive Sicherheit erhöhen und zur Kriminalitätsverminderung beitragen ist dementsprechend nicht tragfähig. Hinsichtlich der Entdeckungswahrscheinlichkeit, lässt sich ein geringer Einfluss von Sanktionen nachweisen, dennoch bleibt dieser nur beschränkt wirksam.

Die Wirkungslosigkeit der Abschreckungstheorie lässt sich auch durch folgende Punkte untermauern:

- Straftaten werden zum übermäßigen Teil nicht rational geplant.
- Wo dennoch eine Planung vorhanden ist, sind die Folgen wie Entdeckungswahrscheinlichkeit, Haftwahrscheinlichkeit, Strafhöhe meist nicht einzusehen.
- Wenn die Folgen der Straftat dennoch einleuchtend sind, die Folgen im Vergleich zu den möglichen Vorteilen des delinquenten Verhaltens unvergleichbar sind. Strafe lässt sich nicht in finanziellen Mitteln aufwiegen, es gibt keine „Umrechnung".
- Der Zeithorizont von straffälligen Menschen wird im Gegensatz zur restlichen Bevölkerung verkürzt wahrgenommen. Langfristige Folgen von Straftaten werden nicht so stark wahrgenommen.[177]

7.2.2 Die Positive Spezialprävention

Bevor näher auf diesen Punkt eingegangen werden kann, muss darauf verwiesen werden, dass es äußerst schwierig ist, einen Erfolg (unterlassene Handlung/ Delinquenz/ Straftat) einer zuvor durchgeführten Sanktion zuzurechnen. Nicht jede konforme Handlung kann als Erfolg von strafrechtlicher oder disziplinärer Abschreckung ausgegeben werden. Denkbar ist auch, dass individualpräventiv gedachte Sanktionen zukünftige Verstöße gegen die Legalordnung noch wahrscheinlicher machen (z. B. durch stigmatisierende Strafen).[178]

In den 70er Jahren gab es Untersuchungen[179], die keine oder nur eine geringe Wirkung von Maßnahmen in Haft aufzeigten, so das postuliert wurde: „nothing works". Trotzdem rechtfertigt dieser Nachweis der Unwirksamkeit nicht, das gesamte Konzept der Spezialprävention abzulehnen. Durch eine Verbesserung der Behandlungsmethodik kam die Evaluationsforschung mittlerweile zu dem Ergebnis: „something works", also dass Behandlungsmaßnahmen positiv bewertet wurden.[180]

Spezialprävention wird oft als Synonym für Resozialisierung verstanden.[181] Das Konzept der positiven Spezialprävention gerät häufig in Argumentationsnotstand, wenn sich Rückfälle nach Haftaufenthalten häufen.

---

177 vgl. Niggli, 1997/98, S. 8-9
178 vgl. Walter, 1998, S. 193f
179 vgl. Martison, 1974, Lipton, Martison, Wilks, 1975 in Hermann, 2003, S.320
180 vgl. Hermann, 2003, S.320
181 vgl. Kerner, 1992, S.212-216 in Hermann, 2003, S.320

Um die dazugehörige Problematik näher zu verdeutlichen, möchte ich vorerst folgende Fragen in den Raum stellen:

- Kann man die Effizienz des Vollzugs überhaupt messen?
- Was wird eigentlich genau gemessen? Welche messbaren Wirkungen haben die verschiedenen Behandlungen im Vollzug?
- Was versteht man genau hinter Rückfall und Bewährung?

Stellt es nicht schon einen Erfolg dar, wenn der Entlassene nicht mehr einschlägig straffällig auffällt, also eine regredierende Rezidivität vorliegt?

Oder geht man von einer gänzlichen strafrechtlichen Enthaltsamkeit aus? Es ist festzustellen, in wie weit ein offizieller Rückfall durch verstärktes Kontrollverhalten seitens der Strafverfolgung bedingt ist.[182] Darf man vom Strafgefangenen überhaupt selbst bei optimalen Bedingungen und Voraussetzungen erwarten, dass die Behandlungsbemühungen im Vollzug ihn derart beeinflussen und dazu bewegen, künftig ein gänzlich straffreies Leben zu führen? Stock führt in seiner Dissertation an, dass es nicht sein kann, dass vom Entlassenen ein höheres Maß an Rückfallfreiheit erwartet wird, als sie in der durchschnittlich vergleichbaren Bevölkerung vorliegt, die noch nicht verurteilt worden ist.[183] Von einer absoluten Regelkonformität der Bevölkerung kann nicht ausgegangen werden.

Nur wenn diese absolut keine Straftaten verüben würde, kann jede erneute Straftat als Rückfall erscheinen.[184]

Die Schwierigkeiten hinsichtlich der Definitionen von Rückfall und Bewährung sind dabei von grundsätzlicher Natur und lassen sich auch nicht entkräften, da sie grundsätzlich unterschiedliche Positionen innehaben, welche mehrere richtige Interpretationen zulassen. Man geht von der Annahme aus, wer sich bewährt, wird nicht rückfällig oder wer rückfällig wird, bewährt sich nicht. Der Bewährungsbegriff betont dabei das Positive, die Tatsache, dass ein gewisser Prozentsatz der Gefangenen nicht wieder strafrechtlich in Erscheinung tritt. Der Rückfallbegriff hat inne, dass trotz gesellschaftlicher Bemühungen ein gewisser Protzentsatz erneut delinquiert. Der Bewährungsbegriff lässt in seiner Betonung des Positiven einen breiten Spielraum offen, innerhalb dessen eine positive Wertung möglich ist. So kann als „normal" betrachtet werden, dass eine gewisse Misserfolgsquote existiert, was bei dem Begriffs des Rückfalls nicht der Fall ist. Die Rückfallquote wirkt sich immer negativ aus, egal, wie niedrig sie auch ist. Der Begriff Rückfall beinhaltet im Kern die wirklichkeitsfremde Vorstellung einer vollkommenen kriminalitätsfreien Menschheit. Beide Begriffe stehen in einem asymmetrischen Verhältnis zueinander.[185]

---

[182] vgl. Stock, 1993, S. 22
[183] vgl. Stock, 1993, S.25
[184] vgl. Niggli, 1997/98, S.11f
[185] vgl. Niggli, 1997/98, S.10

Abbildung 4 im Anhang zeigt nochmals deutlich, welche Aspekte in den Rückfallsbegriff einfließen können (Delikttypus, Deliktschwere, staatliche Reaktion, soziale Integration etc.). Dies scheint zum ersten die Deliktschwere zu sein, wobei sich die Frage stellt, ob jede Straftat als Rückfall zählt oder nur die Begehung gleichwertiger oder schwerwiegender Vergehen? Und ob ein erhöhter Abstand (zeitlich gesehen) zwischen begangenen Straftaten als Resozialisierungserfolg gewertet werden kann oder nicht? Welcher Zeitraum soll gelten, innerhalb dessen ein Rückfall vorkommt? Ausgehend von einer regelkonformen Gesellschaft, müsste jeder Regelbruch als Misserfolg der Resozialisierung gewertet werden, egal wann er passiert ist. Wenn man diese wiederum realistisch betrachtet, wäre diese Ansicht nicht vertretbar. Ein Rückfall nach einer längeren Zeit dürfte somit nicht als Misserfolg der Resozialisierung definiert werden, sondern müsste auf andere Gründe zurückgeführt werden, also als „Erstdelikt" behandelt werden. Des Weiteren ist es wichtig, den Aspekt der staatlichen Reaktion anzusprechen.

Hier wiederum stellt sich die Frage, ob primär die Straftat maßgeblich sein soll oder die formelle Sozialkontrolle, also die staatliche Reaktion auf eine erneute Delinquenz. Wird also jeder Kontakt mit den staatlichen Strafrechtsorganen berücksichtigt (auch Kontakte, die nicht zwangsläufig zu einer Verurteilung führen, z. B. polizeiliche Befragung)? Denn diese könnten durchaus auch eine erzieherische Wirkung auf den Delinquenten haben (Warnfunktion).

Der Aspekt der sozialen Integration spielt eine zusätzliche Rolle bei der Rückfallproblematik. Hier geht es um die Fragestellung, ob primär die Begehung einer Straftat relevant sein soll oder die Verbindung des Täters zur Tat? Wenn Resozialisierung die Wiedereingliederung in das alltägliche Leben bedeutet, dann schließt dies u. a. auch die Familiensituation, Arbeitsbewährung, das Freizeit- und Suchtverhalten, die Wohnsituation, den sozialen Status, persönliche Stabilität, die Kontaktfähigkeit etc. mit ein. Fraglich ist hierbei, ob ein Delinquenter, der in diesen Bereichen integriert erscheint, aber erneut straffällig wird, als rückfällig zu betrachten ist oder nicht. Und die Kehrseite, ob ein Straftäter, der in keinen dieser Bereiche integriert scheint, als resozialisiert gelten soll?[186]

Die Erkenntnis liegt vor, dass es mit Blick auf das Ziel der Rückfallverhinderung eine realistische Alternative zum Strafvollzug derzeit noch nicht gibt. Es scheint realistisch, wenn man davon ausgeht, dass der Behandlungsvollzug zweifellos nach wie vor zunächst ein <u>Straf</u>vollzug ist, lediglich mit <u>etwas</u> Behandlung. Eine Erfolgsbilanz, aus der eine Verringerung der Rückfallquantität und -qualität in Folge von einer behandlungsorientierten Ausrichtung des Strafvollzugs hervorgeht, liegt bis heute nicht vor. Es liegt jedoch die Vermutung nahe, dass die Behandlungsbemühungen im Vollzug die Rückfallwahrscheinlichkeit wenigstens teilweise leicht verringern.[187]

---

[186] vgl. Niggli, 1997/98, S. 10ff
[187] vgl. Stock, 1993, S. 21-22

7.2.3 Die Normbekräftigung als positive Generalprävention

Die positive Generalprävention oder Integrationsprävention zielt darauf ab, dass einerseits die der Straftat zugrunde liegende Norm verdeutlicht wird, diese Norm sichtbar gemacht wird und die Gesellschaft in ihrem Rechtsbewusstsein gestärkt wird und damit animiert wird, die Normbefolgungsbereitschaft zu stärken.[188]

Diese Integrationswirkung tritt vermutlich auch durch schwach punitiv orientierte Sanktionen ein. Forschungsergebnisse zeigen aber eindeutig, dass eher die Entdeckungs- und Sanktionswahrscheinlichkeit einen Abschreckungseffekt beim Betroffenen auslöst, als generalpräventive Aspekte. Heinz fasst die generalpräventive Wirksamkeitsforschung wie folgt zusammen: „Jede strafrechtliche Reaktion, die den Normbruch deutlich macht und nicht verharmlost, ist im Prinzip geeignet, die generalpräventive Aufgabe des Strafrechts zu erfüllen".[189] Je größer die Normakzeptanz ist und je höher das Entdeckungsrisiko, desto geringer ist die Bereitschaft, delinquent zu werden.[190]

Durch die Verhängung langfristiger Freiheitsstrafen als den härtesten zulässigen Sanktionsformen wird der besondere Rang des Rechtsgutes dokumentiert und damit das Wertgefüge zum Schutz dieses Rechtsgutes stabilisiert.[191] Auch für die positive Generalprävention liegen keine empirischen Daten vor, die Aufschluss über die Wirksamkeit zulassen. Das lässt sich darauf zurückführen, dass keine Versuchsanordnung geschaffen werden konnte, in welcher die Betroffenen nicht selbstverständlich von der Existenz des Strafrechts ausgegangen sind.[192]

Ausgehend von der These der positiven Generalprävention ist bekannt, dass informelle Kontrollen, also die Reaktionen durch die Familie, Freunde, Kollegen oder auch durch die Medien einen weitaus größeren Einfluss auf das Verhalten des Straffälligen zeigen als formelle Kontrollen durch Polizei und Strafjustiz.

Die moralische Verbindlichkeit von Normen und dessen Befolgung ist so wesentlich stärker gesichert als durch andere Faktoren. So stabilisiert das bestehende Strafrecht die gesamtgesellschaftlichen Normerwartungen.[193]

Generalpräventiv gesehen, kann man festhalten, dass für den Bereich der mittleren und leichten Kriminalität die Tatsache zutrifft, dass hier gleichgültig ist, auf welche Weise sanktioniert wird. Die subjektive Einschätzung des Entdeckungsrisikos beim Delinquenten könnte vereinzelt eine Präventionswirkung entfalten. Eine Reduzierung von Kriminalität durch besonders harte Sanktionen und deren Verschärfung kann weder spezial- noch generalpräventiv befürwortet werden.

---

[188] vgl. Niggli, 1997, S.13f
[189] zit. Walter, 1998, S. 196
[190] vgl.Hermann, 2003, S.313
[191] vgl. Jung, 1994, S.36
[192] vgl. Niggli, 1997, S.13f
[193] vgl. Niggli, 1997, S.16

Der Erfolg einer Sanktionsform misst sich am Vergleich mit dem Erfolg einer alternativen Maßnahme. Schlussfolgernd sollte sich mehr mit „milderen Mitteln" begnügt werden.[194]

[194] vgl. Walter, 1998, S.197

8 Legitimationsansätze für den Strafvollzug

Nachdem im Kapitel 7 die Ziele des Strafvollzuges untersucht wurden, soll dieses Kapitel weitere Aspekte des Strafvollzuges beleuchten. Nach Heike Jung hat der Strafvollzug verschiedene Berechtigungsfunktionen inne, welche im Folgenden dargestellt werden sollen.

8.1 Die Sicherungsfunktion

Die Sicherungsfunktion des Vollzugs steht bezogen auf das Strafrechtssystem im Vordergrund. Sie basiert auf vermeintlichen Ängsten der Gesellschaft vor „gefährlichen Straftätern". Der Vollzug der Freiheitsstrafe soll einen vorübergehenden Schutz vor Straftaten gewähren.[195] Nimmt man an, dass Straftäter eine Gefahr für die Gesellschaft darstellen, ist es nachvollziehbar, dass der Täter zur Vermeidung künftiger Schädigungen isoliert werden muss. Man geht davon aus, dass durch diese Isolierung vorerst weitere Rechtsverletzungen verhindert werden. Allerdings muss hier erwähnt werden, dass das Konstrukt der Gefährlichkeit, also eine Aussage über die zukünftige Gefährlichkeit eines Täters nicht gemacht werden kann und dadurch auch die daraus resultierende Schutzfunktion zweifelhaft bleibt.[196] Dennoch gibt es zahlreiche Gewalt- und Sexualstraftäter, die einen starken Hang zum Rückfall haben oder „behandlungsresistent" sind, so dass ihr Wegsperren durchaus dem gängigen Sicherheitsempfinden der Gesellschaft entsprechen kann.[197]

Schöch und Kaiser machen kritisch geltend, dass der Sicherungsgedanke eine Ersatzfunktion für den im Strafvollzugsgesetz außen vorgelassenen Vergeltungsgedanken und für die Generalprävention übernommen hätte. Umso mehr „gesichert" würde, umso gefährlicher erscheint die jeweilige Kriminalitätsform auf die so reagiert wurde (z. B. bei Sexualstraftaten, Menschenhandel, organisiertes Verbrechen etc.).[198]

8.2 Die symbolische Funktion

Der Strafvollzug als Element des Strafsystems ist auf die Herausbildung und Bestätigung der Kategorien der sozialen Ordnung angelegt. Dies entspricht einem Grundmuster, das für Strafen als einer von der Gesellschaft ausgehenden Reaktion von jeher gegolten hat. Der Strafvollzug stellt auch heute eine Reaktionsform dar, in der sich die staatliche Ordnungsmacht am stärksten wieder spiegelt. Somit steht die Haftanstalt als Ausdrucksform des Strafsystems einer komplexen staatlich organisierten Gesellschaft gegenüber. Der Strafvollzug und dessen Mauern symbolisieren aber gleichermaßen Sicherheit. Unter dem Gesichtspunkt der Kriminalitätsfurcht sollen Mauern als Schutz gegen Gefahren gelten.

---

[195] vgl. Jung, 1994, S. 37
[196] vgl. Kette, 1991, S. 36f
[197] vgl. Jung, 1994, S.38-39
[198] vgl. Schöch, Kaiser, 2003, S. 19

Die Mauer selbst erlangt somit eine Ein- oder Ausgrenzungsfunktion. Die Strafvollzugsanstalt vermittelt so den Eindruck, man habe das Verbrechen im Griff.[199]

8.3 Die „backdrop"- Funktion (Die Hintergrundfunktion)

Diese Funktion lässt sich mit der symbolischen Funktion verknüpfen. Sie geht von der These aus, dass die Gesellschaft sich ein relativ breites Repertoire ambulanter und sozialkonstruktiver Reaktionsformen nur erlauben kann, weil sich das punitive Verhalten im Strafvollzug „verdinglicht" und von der Freiheitsstrafe gewissermaßen aufgefangen wird. Es geht hierbei um die Annahme, dass alle Alternativen zur Freiheitsstrafe auf deren Existenz beruhen, dass das System immer noch auf die Freiheitsstrafe als „eigentliche Sanktion" fixiert ist. Ohne diese nachdruckverleihenden Vollstreckungsmittel würde die Gesellschaft wohl das Vertrauen in die Rechtsordnung verlieren. Dennoch schafft die Freiheitsstrafe dadurch Raum für andere alternative Sanktionsformen, die sich irgendwann soweit entwickeln können, dass die Freiheitsstrafe eines Tages vielleicht „ausgelöscht" wird.[200]

[199] vgl. Jung, 1994, S.38-39
[200] vgl. Jung, 1994, S.39

9 Rückfallforschung und Auswertung der Statistiken 2003

Unter dem Aspekt der Rückfallproblematik muss auf folgendes aufmerksam gemacht werden: Es gibt keine Aussage über eine verbindliche Rückfallquote nach Entlassung aus dem Vollzug. Angaben über Rückfallquoten beziehen sich häufig auf verschiedene Zeiträume. Auch kann man die Dunkelziffer von Kriminalität nicht schätzen, genauso wenig, wie man die Ursachen für eine Rückfälligkeit genau erfassen kann. Bevor Rückschlüsse möglich sind, muss erwähnt werden, dass die für eine erfolgreiche rückfallpräventive Behandlung erforderliche Zeit länger oder kürzer sein kann, als die im Einzelfall verhängte Sanktion. Die Einweisung von Straftätern in den Vollzug erfolgt keineswegs unter dem Gesichtspunkt der Resozialisierungsbedürftigkeit. Dies geschieht hauptsächlich aus Gründen des Schuldenausgleichs und der Generalprävention.[201]

In meiner Diplomarbeit sollen im Folgenden die Rückfallstatistiken der Jahre 1994 bis 1998 einfließen, welche die derzeit aktuellsten Ergebnisse beinhalten. Ich möchte dennoch einiges Grundsätzliches voranstellen:

Als Rückfall gilt jede neue Entscheidung, also jede behördlich registrierte Straftat. Es wurden alle im Basisjahr 1994 strafrechtlich Sanktionierten und aus der Haft Entlassene (insgesamt 947.090 Personen in Deutschland) während eines vierjährigen Rückfallzeitraums, also bis 1998 weiterverfolgt, um eine erneute Delinquenz festzustellen. Man bezog sich hierbei auf Eintragungen der Zentral- und Erziehungsregister, welche fünf Jahre gespeichert werden. In das Basisjahr wurden 947.090 Probanden miteinbezogen. Die Grundgesamtheit der verzeichneten Fälle bilden hierbei die so genannten *Bezugsentscheidungen.* Sie liegen also vor dem vierjährigen Rückfallzeitraum. Alle im BZR (Bundeszentralregister) eingetragenen Sanktionierten werden hier aufgenommen. Dabei werden u. a. alle ambulanten Sanktionen registriert, dessen Entscheidungsdatum in 1994 lag. Dazu zählen wir auch zur Bewährung ausgesetzte Freiheits - oder Jugendstrafen, Strafarreste, Maßregeln, isolierte, ambulante Maßregeln, Geldstrafen, Verwarnungen mit Strafvorbehalt, Absehen von der Strafverfolgung, Einstellungen nach §§ 45 und 47 JGG, Erziehungsmaßregeln oder Zuchtmittel.

Voll verbüßte Freiheitsentziehungen werden registriert, wenn die Entlassung in 1994 stattgefunden hat. Restaussetzungen bei Freiheits- und Jugendstrafen und Maßregeln werden nach dem Datum der Strafrestaussetzung in 1994 aufgezeichnet, welches sich an den Beschlüssen des BZR orientiert. Die so genannten Folgeentscheidungen, also jede erneute Straftatregistrierung finden wir innerhalb des vierjährigen Rückfallzeitraums vor, falls diese amtlich bekannt geworden ist. Bei mehreren zeitlich aufeinander folgenden Eintragungen wurde stets die schwerste Straftatsregistrierung - gemessen an der Sanktions- Folgeentscheidung mit einbezogen.

[201] vgl. Menil, 1994, S. 15ff und S. 43ff

Es wurden zwei Großgruppen der Folgeentscheidung gebildet. Als „ambulante Folgeentscheidung" werden alle Reaktionen gewertet, die keine vollstreckbare Jugend- oder Freiheitsstrafe darstellen, also zur Bewährung ausgesetzt sind. Als „stationäre Folgeentscheidungen" gelten die unbedingten Sanktionierungen, also die Verurteilungen zu Jugend- oder Freiheitsstrafen.

9.1 Folge- und Bezugsentscheidungen

Als erstes möchte ich differenziert auf die Verteilung der Folgeentscheidungen eingehen. Im Untersuchungszeitraum ist deutlich geworden, dass die leichteren Formen von Sanktionierungen häufiger vorkamen als die schwereren, d. h. ambulante Sanktionen häufiger als stationäre, kurze Freiheitsentziehungen häufiger als lange. Bei 64% der untersuchten Fälle kam es zu keiner Folgeentscheidung, 17% erhielt eine Geldstrafe, 4% eine Freiheitsstrafe ohne Bewährung, 7% mit Bewährung, nur 1% erhielt eine Jugendstrafe ohne Bewährung. In 3% der Fälle wurden jugendrichterliche Erziehungsmaßregeln und Zuchtmittel verhängt.

Bei 2% der 947.093 Personen wurde von einer weiteren Verfolgung abgesehen und das Verfahren nach §§ 45, 47 JGG (Diversion) eingestellt. (Abb. 3 und 5). Die meisten Rückfälle waren also nicht von so großem Gewicht, dass die Strafjustiz Freiheitsentzug anordnen musste.[202]

Die Rückfallquote in Abhängigkeit von der Bezugsentscheidung ist wie folgt nachzuvollziehen. Die Sanktionsart der Bezugsentscheidung wurde in drei Teile unterteilt:

- nach allgemeinen Strafrecht und
- nach Jugendstrafrecht sowie
- nach sonstige jugendstrafrechtliche Reaktion.

Die Ergebnisse zeigen deutlich, je schwerer die Bezugsentscheidung ausfiel, desto geringer war auch die Legalbewährung der Betroffenen. Die höchste Rückfallquote mit **78%** verzeichnete die Jugendstrafe ohne Bewährung. Die geringste Rückfallquote findet sich bei der Geldstrafe wieder, sie liegt bei 30% (siehe auch Abbildung 5: „Folgeentscheidungen"). Untersucht man nun weiterhin nach Sanktionsart der Folgeentscheidung, so fällt auf, dass die schwereren Bezugsentscheidungen größere Anteile an stationären Folgeentscheidungen (Freiheitsentzug) aufwiesen. Nach Verbüßung einer Jugend- oder Freiheitsstrafe kehrten 45% bzw. 29% der Betroffenen in die Haft zurück.[203]

Der Spielraum für Wirkungen des Strafvollzugs ist unterschiedlich limitiert. Die offiziell registrierte Rückfallwahrscheinlichkeit ist auf verschiedene Variablen zurückzuführen, wie z. B. Deliktsart, Deliktshäufigkeit oder strafrechtliche Vorbelastung.

[202] vgl. Jehle, Heinz, 2003, S. 34ff
[203] vgl. Jehle, Heinz, 2003, S. 37f

Der verbleibende Rest der Varianz hängt zu einem großen Teil von Entwicklungen der Lebensbedingungen und des sozialen Umfeldes sowie von all den Zufällen, die menschliches Leben mitgestalten, ab.[204]

9.2 Persönliche Merkmale

9.2.1 Alter

Die Differenz zwischen dem Geburtsdatum und dem Zeitpunkt der letzten Straftat (Bezugsentscheidung) stellt das Alter im Sinne dieser Rückfallstatistik dar.

Es stellt sich die Frage, ob die Rückfallquote im starken Maße altersabhängig ist?

Die Auswertung der Tabelle 6: „Schwerste Folgeentscheidung und Altersgruppen bei der Bezugsentscheidung in Prozent" bestätigt dies. Die Folgeentscheidungsquote (eine erneute Verurteilung oder Sanktionierung) für die 14-bis 17-Jährigen (Jugendliche) ist mit 45% ähnlich hoch wie die der 18- bis 20-Jährigen (Heranwachsende). Die Quote nimmt bei den 21-bis 24-Jährigen und 25-bis 29-Jährigen mit 40% bzw. 36% leicht ab, um sich dann auf 14% bei den über 60-Jährigen ein zu bändeln.

Zusätzlich treten zwei Effekte auf, der erste Effekt, der mit der Schwere der Bezugsentscheidung verbunden ist und der altersabhängige Effekt. Bei den Heranwachsenden, die eine Jugendstrafe absitzen müssen ist die Rückfallrate mit 79% (!) am höchsten. Am niedrigsten fällt sie bei der verhängten Geldstrafe aus (ca. 30%). Die Rückfallrate nimmt kontinuierlich mit dem Alter ab, dies betrifft alle Sanktionsarten der Bezugsentscheidungen. Bei den 50-bis 59-Jährigen finden wir dennoch eine erhöhte Rückfallrate nach Verbüßung der Freiheitsstrafe ohne Bewährung vor. Das Rückfallniveau ist dementsprechend höher, wenn Freiheitsstrafen vollstreckt wurden, im Vergleich zu Strafaussetzungen oder Verhängung von Geldstrafen. Es bewegt sich zwischen 59% bei den unter 30-Jährigen, bis 36% bei den über 60-Jährigen (Abbildung 7: „Verteilung der Folgeentscheidungen für alle Bezugsentscheidungen").

9.2.2 Geschlecht

Die Rückfallquote von Frauen liegt mit ca. 24% deutlich unter derjenigen der Männer mit 38% (siehe auch Abbildung 9). Dieser Unterschied bleibt durchgehend erhalten, wenn man die unterschiedlichen Sanktionsarten der Bezugsentscheidungen untersucht. Frauen stellen mit 3% allerdings den geringeren Anteil der zu Jugendstrafen ohne Bewährung Verurteilten dar. Die Kriminalitätsbelastung weiblicher Personen erscheint so sehr viel geringer, als die der Männer. Aus dieser Statistik kann man entnehmen, dass nur 17% der Betroffenen weiblich sind.

---

[204] vgl. Gratz, 2006, S.4

9.2.3 Nationalität

Bezüglich der Rückfallrate gibt es im Vergleich zu den Deutschen keinerlei gravierende Unterschiede.

Nur 25% (239.020) der im Betrachtungszeitraum untersuchten Fälle stellen Nichtdeutsche dar. Eine große Besonderheit findet sich bei der Einbeziehung der Bezugsentscheidung wieder, wenn eine Freiheitsstrafe ohne Bewährung zugrunde liegt. Die Rate der Rückfälle ist hier bei den Nichtdeutschen bedeutend niedriger (27%) als die der Deutschen (siehe Abbildung 10). Eine mögliche Ursache kann darin bestehen, dass Nichtdeutsche, nach einer Verurteilung gegebenenfalls ausgewiesen oder abgeschoben werden und somit nicht mehr in Deutschland registriert werden.

9.3 Sanktionsgruppen

Abbildung 11 vergleicht die Rückfallraten nach Sanktionsart der Bezugsentscheidung. Vollstreckte Jugend- und Freiheitsstrafen ziehen am häufigsten weitere Folgeentscheidung nach sich. Geldstrafen und sonstige jugendstrafrechtliche Entscheidungen dagegen am geringsten. Abbildung 18 geht nun differenzierter auf die Rückfallraten der einzelnen Sanktionen ein. Die Rückfallrate nach einer verhängten Geldstrafe ist somit mit gut 30% nicht hoch, nur 2,7% werden daraufhin zu einer vollstreckbaren Freiheitsstrafe verurteilt. Umso höher die Tagesätze dabei ausfielen, desto höher war die Rückfallrate. Die Rückfallquote nach Straftaten, die nach dem Jugendstrafrecht geahndet worden sind, ist höher als bei den Fällen, die nach allgemeinem Strafrecht sanktioniert wurden.

Mehr als die Hälfte wird jedoch nicht wieder auffällig, nur 5% der Jugendlichen wird zu einer Freiheitsstrafe verurteilt.

Die positivsten Ergebnisse brachten Diversionsentscheidungen ohne Verurteilung nach §§ 45 und 47. Dennoch wurden 40% derer, die diese Chance der Wiedergutmachung nutzten, wieder auffällig, was auch auf die erhöhte strafrechtliche Gefährdung dieser Altersgruppe hindeuten könnte. Alarmierend hoch ist die Rückfallbelastung der nach einer verbüßten Jugendstrafe Entlassenen. **78%** delinquieren erneut. **45%** kehren in den Strafvollzug zurück. Der Jugendarrest nach § 16 JGG schneidet somit mit seiner zweithöchsten Rückfallrate extrem negativ ab.

Die Abbildung 12 vergleicht die Rückfallzahlen zwischen Jugend- und Freiheitsstrafen. Auch wenn man die Dauer der Freiheitsentziehung analysiert, kommt man zu dem Resultat, dass die Rückfälle nach vollzogenen Jugendstrafen höher sind, als nach Freihcitsstrafen. Die Häufigkeit der Rückfälle war nach einer Haftdauer von 6 bis 12 Monaten und 1 bis 2 Jahren am höchsten. Diese Zahl nimmt mit zunehmender Aufenthaltsdauer im Vollzug ab, und sinkt bei lebenslanger Freiheitsstrafe auf einen Wert von ca. 20%.

Werden Jugend- oder Freiheitsstrafen zur Bewährung ausgesetzt, kommt es im Anschluss weniger häufig zu Folgeentscheidungen, als bei verbüßten bzw. verhängten Haftstrafen.

Dieses Resultat ergibt sich auch bei dem Vergleich von Haftentlassungen nach Strafrestaussetzungen und Vollverbüßungen. Bei Jugendlichen existiert dieser genannte Unterschied nicht. Jugendliche, die ihre Strafe voll abgesessen haben, werden in der Folge wesentlich häufiger zu einer unbedingten Jugend- bzw. Freiheitsstrafe verurteilt als Jugendliche, die vorzeitig entlassen wurden (siehe Abbildung 13).

9.4 Bewährung

Die Abbildung 19 belegt, wider Erwarten, dass unter Bewährung stehende Täter häufiger erneut straffällig wurden, als diejenigen, ohne Bewährungshelfer. Eine Bewährung wird allerdings nur in den risikoreichen Fällen angeordnet. Im Fall des § 56d StGB, also bei der Verurteilung von unter 27- Jährigen und bei Freiheitsstrafen über 9 Monaten ist ohnehin eine Bewährungsunterstellung gesetzlich vorgesehen. Dennoch ist die Rückfälligkeit der unter Bewährung gestellten Personen noch deutlich niedriger als bei Probanden, die ihre Freiheitsstrafe voll verbüßen.[205]

9.5 Ausgewählte Deliktsgruppen

Die Abbildung 14 zeigt die schwersten 10 Deliktgruppen in der Bezugsentscheidung auf, welche zahlenmäßig 2/3 der Fälle einnehmen. Spezielle Deliktgruppen sollen einzeln analysiert werden.

Die höchsten Belastungsraten finden wir unter den Eigentumsdelikten der §§ 243, 244 StGB (schwerer Diebstahl) und den §§ 249-252, 255, 316a StGB (räuberische Handlungen). Hier liegen Daten über erneute Straftaten zu 60% der Fälle vor. Delikte wie „Verstoß gegen das BtMG", „Vergewaltigung" und „sexuelle Nötigung" (§§ 177, 178 StGB) folgen. Hier liegt die Rückfallrate bei über 40%.[206]

Die Gruppe der Verkehrsdelikte (§§ 315 c I Nr.1 a, 316, 315c- Rest, 142 StGB) verzeichnen eine niedrige Rückfallrate. Mit 22% bzw. 24% liegen sie weit unter den allgemeinen Rückfallraten. Die „Verkehrstäter" sind häufig Einmaltäter, die eher aufgrund der „potenziellen Deliktsituation" des Straßenverkehrs gegen das Gesetz verstoßen als aus zielgerichteter krimineller Intention heraus. Die Rückfallquote der Alkoholtäter im Straßenverkehr ist relativ gering, obwohl hier oft das Gegenteil erwartet wird. Das Fahren ohne Fahrerlaubnis ist nach § 21 StVG dagegen sehr mit Rückfälligkeit behaftet, vermutlich wieder hinsichtlich der Straftatbestände des § 21 StVG (45%).[207]

---

[205] vgl. Jehle, Heinz, 2003, S. 51ff
[206] vgl. Jehle, Heinz, 2003, S. 69-70
[207] vgl. Jehle, Heinz, 2003, S. 70

9.6 Voreintragungen

Die Abbildung 15 gibt Aufschluss über Folgeentscheidungen in Abhängigkeit von Voreintragungen ins BZR bei Jugendlichen und Heranwachsenden.

Mit zunehmender Anzahl an Voreintragungen, steigt auch die Wahrscheinlichkeit einer erneuten Verurteilung. Diejenigen Jugendlichen und Heranwachsenden, für die die Bezugsentscheidung die erste Sanktion ist, erhalten 64% keine Folgeentscheidung. Bei 5 oder mehr Eintragungen stieg die Wahrscheinlichkeit auf ca. **40%**.

Zusammenfassend kann man auch für die Erwachsen festhalten: Umso schwerer und häufiger die Voreintragungen waren, umso häufiger kann also von einer erneuten Auffälligkeit und stationären Sanktionierung gesprochen werden (so genannte „Wiederholungstäter").

9.7 Typen von Sanktionskarrieren

Bei einer relativen großen Anzahl von straffällig gewordenen Menschen erfolgen nach begangenen Straftaten weitere Sanktionen, so dass man mit Blick auf eine lange Liste von Strafen schon von einer Straf- oder Sanktionskarriere sprechen kann. Diese Sanktionskarrieren werfen ein bedenkliches Licht auf die Effizienz von schweren Sanktionierungen. Um solche Sanktionskarrieren genauer zu untersuchen, haben Jehle und Heinz 4 Typen entworfen und diese statistisch analysiert. Dabei wurde besonders auf die Rolle von jugendlichen Straftätern eingegangen. Die Abbildungen 16 und 17 zeigen die Ergebnisse.

Abbildung 15: „Art der Folgeentscheidung nach Anzahl der Voreintragungen bei Jugendlichen und Heranwachsenden" zeigt die Klassifizierungen nach Art der Folgeentscheidung nach Typen von „Sanktionskarrieren" bei Erwachsenen. Personen, die erstmalig auffällig wurden, weisen die niedrigste Rückfallrate auf (etwas über 20%). Nur in seltenen Fällen werden sie zu einer stationären Freiheitsstrafe verurteilt.

Nach wiederholter Sanktionierung mit Freiheitsentzug kommt es bei den „wiederholt Inhaftierten" wesentlich häufiger zu Rückfällen, **68%** werden wieder straffällig. Dementsprechend wird im stärkeren Maße Freiheitsentzug als Sanktionierung verhängt. Die Typen 2 und 3 unterscheiden sich nicht gravierend hinsichtlich ihres Rückfallrisikos, dennoch liegt dieses um einiges höher als dem von den Ersttätern. Als Ergebnis kann man festhalten: Wurde einmal Freiheitsstrafe verhängt, besteht eine wesentlich höhere Gefahr einer kriminellen Karriere und der weiteren stationären Sanktionierung durch die Justiz.

Bei den Jugendlichen und Heranwachsenden zeigen sich ähnliche Ergebnisse (siehe Abbildung 15). Die Typen 2 bis 4 weisen eine ca. **80%** Rückfallrate auf.

Der höchste Anteil an stationären Folgeentscheidungen erfolgte nach einer wiederholten Verurteilung zu stationären Sanktionen (über **50%** bei den Ersttätern).[208]

Interessant erscheint dabei auch die Einteilung in drei Gruppen von Risikofaktoren, die das Scheitern der Legalbewährung erklären sollen:

1. Die vorangegangene familiäre Situation in der Herkunftsfamilie („broken home“) oder deren völliges Nichtvorhandensein (Heimaufenthalte), und die darüber hinausgehenden fehlenden sozialen Bezüge des Gefangenen,
2. Das Fehlen einer beruflichen und schulischen Ausbildung stellen Indikatoren dar, die Rückfälle begünstigen.
3. Mehrfache und besonders früh einsetzende Straferfahrung, mehrfach Verurteilte oder mehrfach Betroffene sind stärker gefährdet, an der Legalbewährung zu scheitern. (Die Selektivität der Sanktionierung mit ihrer Notwendigkeit spielt hierbei eine nicht unbedeutende Rolle).

Man erkennt, dass schwere Sanktionierungen häufiger zu weiteren Straftaten führen. Hier sehe ich eine große Notwendigkeit, durch Resozialisierungsmaßnahmen diesem verhängnisvollen Trend entgegenzuwirken.

Dennoch stellt Greve kritisch fest: Es lässt sich nicht genau feststellen, ob erst die Sanktionierung oder ihr Anlass, also die Straftat, oder schon die Ursachen für das sanktionierte Verhalten die Erklärung für einen Rückfall liefern.[209]

9.8 Zusammenfassung der Ergebnisse:

Die o. g. Zahlen und Ergebnisse zeigen, dass Freiheitsentzug in den überwiegenden Fällen kontraproduktiv wirkt. Der Strafvollzug ist in seinem Ganzen, selbst in seinen aufgeklärtesten Formen kein effizienter Weg der Rückfallverhinderung.

Er verstärkt vorhandene Defizite und trägt zur Herausbildung unsozialen Verhaltens bei. Diese Untersuchung zeigte auch: Härtere Sanktionen haben weniger oder denselben Einfluss, wie niedrigere angesetzte strafrechtliche Maßnahmen. Eingriffsintensive Sanktionen nach schweren Delikten erhöhen nach Heinz die Wahrscheinlichkeit eines Rückfalls, wobei hier kritisch zu bemerken ist, dass ein höheres Strafmaß die Folge einer stärkeren kriminellen Neigung und gefährlicheren Straftat sein kann, und so der Rückfall auch als eine Folge der höheren Kriminalitätsneigung des Straftäters gewertet werden kann.[210]

In diesem Zusammenhang möchte ich auch auf einige Zahlen der folgenden Übersicht verweisen, welche sich auf Rückfälle bzw. Missbrauchsquoten bei Lockerungen in Haft (Deutschland 1998-2002) beziehen.

---

[208] vgl. Jehle, Heinz, 2003, S.39ff
[209] vgl. Greve, Hosser, Pfeiffer, 2001, S. 20
[210] vgl. Heinz, W., 2004, S. 35-48 in Entdorf, Meyer, Möbert, u.a., 2005, S. 14

Das tatsächliche Risiko, welches durch Lockerungen oder Beurlaubungen entsteht, ist sehr gering. Es liegt **unter 1%.**

Strafvollzug ist somit ohne Lockerungen viel gefährlicher für die Gesellschaft als ohne, da der Rückfall danach wahrscheinlicher ist. Dennoch besteht hier ein großer Mangel an Information und Kenntnis in der Bevölkerung. Die gegenteiligen Ansichten sind in der Gesellschaft vertreten.[211]

Beurlaubungen	**2002**	**2001**	**2000**	**1999**	**1998**
Gesamt	294.148	297.040	302.243	325.831	295.142
nicht zurückgekehrt	834	932	1101	1539	1489
Missbrauchsquote	0,30%	0,31%	0,36%	0,47%	0,50%

Tabelle 1: Missbrauchsquote bei Beurlaubungen 1998-2002

Ein sparsamer Einsatz von Freiheitsstrafen als strafrechtliche Sanktion ist somit in weiten Bereichen der Kriminalität trotzdem ohne Sicherheitsverlust möglich. Für die meisten strafrechtlich in Erscheinung getretenen Menschen bleibt die Straffälligkeit ein einmaliges Vorkommen. Entgegen aller Alltagsvorstellungen – einmal kriminell, immer kriminell – ist Rückfälligkeit die Ausnahme, nicht die Regel.

Die wenigsten kehren nach Entlassung erneut in den Strafvollzug zurück. Nur jede dritte Person (ca. 35%) wird innerhalb des Untersuchungszeitraums erneut auffällig (Es kommt also bei 2/3 der Probanden zu keiner Folgeentscheidung). Diese Rückfälle werden meist milder geahndet.

Personen, die eine freiheitsentziehende Sanktion erhielten, wiesen ein höheres Rückfallrisiko als milder Sanktionierte auf. Die Rückfallraten nehmen in der Tendenz mit der Schwere der Sanktion zu, dass heißt also: Je härter die verhängte Sanktion, desto höher die Rückfallraten. Die Rückfallraten sind – ebenso wie die Kriminalitätsbelastung – altersabhängig recht unterschiedlich verteilt. Junge Menschen weisen eine deutlich höhere Kriminalitätsbelastung auf, als Erwachsene. Erfahrungsgemäß sind auch die Rückfallraten junger Menschen deutlich höher als die von Erwachsenen. Bewährungsstrafen belegen dabei gegenüber vollzogenen Freiheitsstrafen ein positiveres Ergebnis.[212] Die Rückfallquoten steigen erwartungsgemäß mit der Deliktschwere an. Die Entlassung in stabile soziale Verhältnisse, in intakte familiäre Bindungen wirkt sich dementsprechend protektiv aus. Die Qualität der Entlassens- und Bewährungshilfe, als eine systematische, staatliche Intervention ist zusätzlich ausschlaggebend, ob der Betroffene erfolgreich in die Gesellschaft integriert werden kann.[213]

[211] vgl. Preusker, 2004, S. 10
[212] vgl. Jehle, Heinz, u.a., 2003, S.7
[213] vgl. Greve, Hosser, Pfeiffer, 2001, S.19-20

Die beobachteten Zahlen zur Rückfälligkeit liegen dennoch unter der tatsächlichen Rückfallquote, da wegen der nicht aufgedeckten Delikte die tatsächliche Anzahl der Fälle unbekannt bleibt (Dunkelfeld). So kann man meines Erachtens davon ausgehen, dass sämtliche o. g. Zahlen um einiges höher liegen.

Mit Blick auf die hier vorliegenden Ergebnisse schließe ich mich der Meinung von Heinz an: "Dem Glauben an die instrumentelle Nützlichkeit eines „harten" Strafrechts fehlt heute mehr denn je die erfahrungswissenschaftliche Basis. Der Forschungsstand spricht folglich dafür, im Zweifel weniger, nicht mehr zu tun."[214]

[214] zit. Heinz, 2005, Kap. 2.3.

10 Aktuelle Probleme des Strafvollzuges in Deutschland

Die Abwendung vom reinen Verwahrvollzug und die konzeptionelle Hinwendung zu einem auf Resozialisierung zielenden Behandlungsvollzug kann nach der Schaffung des StVollzG als Erfolg gewertet werden, es lässt Möglichkeiten der Reform und Erprobung neuer Vollzugsformen zu. Die Vollzugsrealität zeigt sich trotz dieser Gestaltungsfreiheiten in einem bedauerlichen Zustand.[215]

Derzeit existieren 197 Haftanstalten in Deutschland, welche am Stichtag des 31. März 2006 80.183 Gefangene verwahrten. Davon verbüßten 31.486 Personen eine Freiheitsstrafe von mehr als einem Jahr. 6.680 Jugendliche waren inhaftiert.[216] Der offene Vollzug, nach dem StVollzG als Regelvollzugsform vorgesehen, beherbergte am Stichtag des 01. März 2003 insgesamt 11.476 Personen (Entsprechend sind dies nur 9,8% der Gefangenen in den alten Bundesländern) im Vergleich zu den 51.118 Insassen des geschlossenen Vollzugs.[217]

10.1 Kosten

Die Freiheitsstrafe ist der teuerste sanktionierende Eingriff unserer Gesellschaft. Es sollen hierbei nicht nur die Kosten des Strafvollzugs untersucht werden, sondern alle Kosten, die der Gesellschaft durch Straftaten erwachsen.

Die Kosten für jeden Insassen liegen pro Tag bei mindestens 70 Euro, je nach Ausstattung der Vollzugsanstalten.[218] Abbildung 25 zeigt nochmals die durchschnittlichen Tageshaftkosten[219] der einzelnen Bundesländer von 2001 bis 2003.

Tabelle 7 zeigt die geplanten Neuvorhaben im Justizvollzug und deren zu erwartenden Kosten zum Zeitpunkt Mai/Juni 2000. Zusätzlich macht Abbildung 26 deutlich, wie hoch die jährlichen Ausgaben pro Inhaftierten zum Stichtag des 31.März 2004 waren. Der Mittelwert über alle Bundesländer betrug 32.863 Euro pro inhaftierten Strafgefangenen. Im Norden beliefen sich die durchschnittlichen Gesamtausgaben pro Inhaftierten auf 36.482 Euro, im Süden auf 29.244 Euro, im Osten auf 32.413 Euro und im Westen waren sie 33.067 Euro hoch. Die Gesamtausgaben pro Inhaftierten waren im Westen um 654 Euro höher als im Osten von Deutschland.[220] Die Personalstellen im höheren, gehobenen, mittleren und einfachen Dienst im deutschen Justizvollzug verursachten im Jahr 2003 Kosten in Höhe von 1,23 Milliarden Euro (79. 441 Haftplätze).[221]

---

[215] vgl. Dünkel, Kunkat, 1997, S. 24 in Riekenbrauk, 2004, S. 145
[216] vgl. Statisches Bundesamt, 2006, S. 2ff
[217] vgl. Riekenbrauck, 2004, S. 145
[218] vgl. Aos, 2003, S. 413-442 in Kury, 2004, S. 60
[219] Die Tageshaftkosten berechnen sich als Haushaltsausgaben minus Haushaltseinnahmen relativ zu der Zahl der Inhaftiertentage des entsprechenden Bezugsjahres
[220] vgl. Entorf, Meyer u.a., 2006, S. 159
[221] vgl. Entorf, Meyer u.a., 2006, S. 193

Das Ziel des Strafvollzugs sollte sein, jene zu erwartenden gesellschaftlichen Kosten zu reduzieren, die durch Straftaten entstehen und entstehen können. Die anfallenden Kosten lassen sich in mind. drei Komponenten zerlegen:

- Kosten nach Strafverbüßung: Soziale Kosten entstehen vor allem durch Rückfälle. Resozialisierung würde das Entstehen dieser Kosten verhindern.
- Der Effekt der Neutralisierung ist die vermiedene Kriminalität während der Haftzeit. Neutralisierung würde die Entstehung weiterer Kriminalitätskosten hemmen.
- Durch Haft- und Resozialisierungsmaßnahmen entstehen direkte Kosten (incl. Kosten, aus „Errichtungsausgaben" einer Strafmaßnahme und den laufenden Ausgaben (Betreuung, Versorgung))

Kosten sollten unter den Aspekten der Rückfallwahrscheinlichkeit, Neutralisierung krimineller Aktivität, Reintegrations- bzw. (Wieder-) Beschäftigungswahrscheinlichkeit und der Generalprävention betrachtet werden.[222]

Paul Brenzikofer vertritt den Standpunkt: Die Kürzung langer Freiheitsstrafen, die Verkürzung der Aufenthaltsdauer im geschlossenen Vollzug, die Erweiterung der Phasen im offenen und halb offenen Anstalten (Hier wird weniger Personal benötigt), die Verlängerung des Freigangs oder die Einführung begleitendenden Wohnens würden kostensparend wirken.[223]

10.2 Die Überbelegung der Haftanstalten

Viele Haftanstalten in Deutschland sind drastisch überfüllt. Im geschlossenen Vollzug sind die Anstalten mit 21% überbelegt (Thüringen), wogegen die Plätze im offenen Vollzug zum Teil leer stehen. Zum Stichtag des 31. März. 2003 waren 49% der Insassen in Deutschland (ausgenommen Bayern und Bremen) entgegen der gesetzlichen Vorschriften des § 18 Abs. 1 StVollzG (Unterbringung in Einzelzellen) in Gemeinschaftszellen untergebracht. Besonders hoch ist dieser Anteil in Sachsen, Sachsen-Anhalt und Thüringen (66-77%).[224]

Eine Studie von Entorf, Meyer u.a. im April 2006 wies nach, dass der Anteil der zu 100% oder mehr ausgelasteten Anstalten in deren Stichprobe[225] 62,3 % betrug, was die angespannte Lage deutscher Haftanstalten untermauert.[226]

---

[222] vgl. Entorf, 2004, S. 4
[223] vgl. Brenzikofer in Jung, Müller-Dietz, 1994, S. 98
[224] vgl. Dünkel, Geng, 2003, S. 146f in Riekenbrauck, 2004, S. 145f
[225] Es wurden 25 Haftanstalten in Deutschland evaluiert.
[226] vgl. Entorf, Meyer u.a. 2006, S. 138

Die Abbildung 23 im Anhang zeigt zusätzlich die Einteilung der untersuchten Vollzugsanstalten nach der räumlichen Ausstattung. Bei fast jeder der untersuchten Anstalten ist der Anteil der Mehrfachbelegungen von Zellen höher als die Doppel- und Einzelbelegungen.[227]

In den Jahren 1991 bis 2001 hat sich die Zahl der Gefangenen in den Haftanstalten der alten Bundesländer um gut ein Drittel erhöht (von 37.500 auf 50.300). Sie ist dabei viermal so stark angestiegen wie die Zahl der polizeilich registrierten Straftaten.[228] Die Summe der Haftjahre hat sich pro 100 Angeklagter von 6,2 auf 9 Jahr erhöht, wodurch die Anzahl der angeordneten Haftjahre um mehr als 174.000 angestiegen ist.[229]

Bereits im Jahr 2000 waren die Haftanstalten im gesamten Bundesgebiet mit 20,7% überbelegt, das waren beispielsweise in Thüringen 13,7%, in Sachsen 43,2%. Die neuen Bundesländer schlugen zum Zeitpunkt des 31.03.2000 mit 28,7% Überbelegung zu Buche.[230]

Nach internationalen Erkenntnissen gilt eine Haftanstalt bereits bei einer Auslastung von 85 – 90 % als voll belegt. Der Anstieg der Insassenzahlen bedingt eine Verschlechterung der Haftbedingungen, des Klimas in den Justizanstalten und auch der Möglichkeiten von sozialer Rehabilitation: Mit dieser Überbelegung können Gefangenengruppen nicht wie in einigen Fällen notwendig voneinander getrennt werden. Die Überbelegung von Hafträumlichkeiten führt zu gesteigertem Stress, Aggressionen und Kurzschlusshandlungen der Insassen. Die Gefahr von größeren Zwischenfällen im Strafvollzug steigt aufgrund des erhöhten Drucks, unter dem die Insassen stehen.[231]

Zum Stichtag des 31. März 2006 hat die Zahl der Strafgefangenen in Deutschland nun einen neuen Höchststand erreicht: 64.512 Personen verbüßten eine Freiheits- oder Jugendstrafe in einer deutschen Justizvollzugsanstalt oder befanden sich in der Sicherungsverwahrung. Ende März 2005 waren es noch 979 Gefangene weniger (63. 533).[232]

---

[227] vgl. Entorf, Meyer u.a. 2006, S. 88
[228] vgl. Suhling, Schott, 2001/2, S. 25-83
[229] vgl. Enzmann, 2004, S. 31
[230] vgl. Nickolai, Reindl, 2001, S. 98
[231] vgl. http://www.fbz-strafvollzug.at/aktuell/Kriminalpolitische_Initiative_Kurzfassung.pdf
[232] vgl. www.faz.net, 09.01.2007

Abbildung 2: Gefangene in Deutschland[233]

Die Überbelegung der Anstalten lässt somit oft nur eine Massenabfertigung zu, der Einzelfall erfährt nicht die ihm nötige Betreuung.[234]

10.3 Die Personalstruktur

Bundesdurchschnittlich beträgt die Personalausstattung **52,5** Stellen auf **100** Insassen, die Stellenbesetzung des Sozialdienstes ist dagegen alarmierend niedrig. Beispielsweise kommen in Bayern auf 100 Gefangene eine Stelle als Sozialarbeiter, in Berlin knapp vier Stellen. Die Betreuungsdichte schwankt zwischen 25,9 Insassen pro Sozialarbeiter in Berlin, 103,5 in Bayern und 109 in Sachsen. Dieses Gefälle wird noch deutlicher, was die Stellenbesetzung im psychologischen Dienst angeht (Bsp. Bayern und Saarland, ein Psychologe auf ca. 300 Gefangene).[235] Abbildung 24 im Anhang zeigt die Personalausstattung der untersuchten Haftanstalten nach einer Studie von Entorf, Meyer und Möbert. 14 von 27 deutschen evaluierten Strafvollzügen wiesen eine Differenz in der Personalausstattung aus.[236]

Eine angemessene Ausstattung der Haftanstalten mit Fachpersonal wird immer weniger ernsthaft betrieben. Zusätzliche Neueinstellungen erfolgen nicht, allenfalls werden Umschichtungen vorgenommen. Auch die im Gesetz verankerte Eigenverantwortlichkeit des Anstaltsleiters „für den gesamten Vollzug" (§ 156 Abs. 2 S. 2 StVollzG) ist in diesem Zusammenhang zu hinterfragen.[237]

Der Strafvollzug ist mit zu wenig Personal ausgestattet, so dass ein Behandlungsvollzug nicht mehr oder kaum noch gewährleistet werden kann.[238]

[233] www.faz.net, 09.01.2007
[234] vgl. Rosenfeld, 2003, S.19
[235] vgl. Dünkel/Kunkat, 1997, S. 31 in Riekenbrauck, 2004, S. 146
[236] vgl. Entorf, Meyer, Möbert. 2006, S.104
[237] vgl. Winchenbach, 2004, S. 39
[238] vgl. Menil, 1994, S. 37

10.4 Die Sucht und Drogenproblematik in den Haftanstalten

Eine wesentliche Belastung für den Strafvollzug stellt die Gruppe der drogen- und alkoholabhängigen Täter dar. In der Praxis ist häufig schon das Wissen um die Abhängigkeit in vielen Fällen nicht gegeben. Abhängige Straftäter sind keineswegs mit den wegen Verstößen gegen das BtMG Verurteilten gleichzusetzen. Vielmehr geht es in erster Linie um behandlungsbedürftige Gefangene, die über die bloße Entziehung hinaus einer besonderen Therapie bedürfen. Darüber hinaus wirft die Existenz dieser Tätergruppe im Vollzug auch Sicherheitsfragen auf, wie etwa das Einschleusen von Drogen und der illegale Handel mit ihnen in den Justizvollzugsanstalten.[239]

Die Zahlen der sucht- und drogenabhängigen Insassen scheinen kontinuierlich anzusteigen. Zum Zeitpunkt des 31. März. 2003 verzeichnete man einen Anteil von **14,4%** in deutschen Haftanstalten, die auch dementsprechend wegen Verstößen gegen das BtMG zu Freiheitsstrafen verurteilt wurden. Die Rate der Abhängigen mit Drogenproblemen wird jedoch auf mehr als 30% geschätzt. In einigen geschlossenen Anstalten liegt dieser Wert sogar bei mehr als **50%**.[240] Eine Drogentherapie ist unter Vollzugsbedingungen nicht möglich.

Angesichts der Tatsache, dass - je nach Schätzung - 30 bis 70% der Inhaftierten intensivere Erfahrungen mit dem Konsum illegaler Drogen haben, kann leicht geschlussfolgert werden, wie wichtig es ist, die Haftanstalten hinsichtlich dieses Aspekts zu entlasten.[241]

Eine Untersuchung im Jugendstrafvollzug von Enzmann und Greve konnte 2001 (siehe Abbildung 20) zeigen, dass weniger als 5% der Alkohol missbrauchenden Jugendlichen und Heranwachsenden[242] in Haft eine diesbezügliche therapeutische Maßnahme erhalten haben. 8% der Gesamtstichprobe waren alkohol- sowie Heroin- oder kokainabhängig. Diese 8% erhielten zu ¾ keine drogentherapeutische Behandlung.[243] Auch steigen die Zahlen der psychisch kranken Insassen stets an. Die Arbeit im Strafvollzug wird somit für die Angestellten zu einer reinen Kriseninterventions- Reaktions- und Mangelverwaltungsarbeit.[244]

10.5 Die derzeitige Entwicklung der Freiheitsstrafe

Die Resozialisierungsproblematik der Freiheitsstrafe, der mit dem Vollzug verbundene, als besonders einschneidend empfundene Rechtseingriff, und ihre hohen Kosten, führen dazu, ihre Vollstreckung weitestgehend einzuschränken. Schlussfolgernd sind folgende Entwicklungen zu verzeichnen: Leichte bis mittelschwere Straftaten werden mit Geldstrafe geahndet.

---

239 vgl. Müller-Diez, 1998, S.29
240 vgl. Dünkel/Kunkat, 1997, S.29 in Riekenbrauck, 2004, S. 146
241 vgl. Pontifex, Sieffert, 2006 auf http://www.zakk.de/ulmerecho/
242 20% aus der Gesamtstichprobe waren alkoholabhängig, ca. 38% der Befragten Heroin/Kokain abhängig
243 vgl. Enzmann, Greve, 2001, S. 109-145 in Enzmann, 2004, S. 33
244 vgl. Winchenbach, 2004, S. 40

Verurteilten Personen wird gestattet, die Vollstreckung von Geld- und geringen Freiheitsstrafen durch Schadenswiedergutmachung, Leistung gemeinnütziger Arbeit oder durch das Absolvieren einer stationären Suchttherapie abzuwenden.

Freiheitsstrafen bis zu einer gewissen Höhe oder Strafreste nach Teilverbüßungen sollen in Zukunft ganz zur Bewährung ausgesetzt werden, wenn die Sicherheit der Allgemeinheit nicht in Mitleidenschaft gezogen wird.[245]

Vor dem Hintergrund der großen Verunsicherung in der Bevölkerung hinsichtlich Kriminalität und der damit verbundenen gestiegenen Sensibilität gegenüber Rückfalltaten (speziell bei Sexualstraftätern) ist es nachvollziehbar, dass nicht nur härtere Sanktionen verhängt werden (mit wachsender Verunsicherung wächst auch die Punitivität[246] der Bevölkerung), sondern auch eine größere Zurückhaltung gegenüber Vollzugslockerung und vorzeitiger Entlassung praktiziert wird. Das bedeutet einerseits, dass die vollzogenen Freiheitsstrafen länger werden (die Belegungszahlen steigen) und sich anderseits die Entlassungsvorbereitungen (Vollzugslockerungen) rückläufig entwickeln. Viele Insassen werden ohne ausreichende Vorbereitung in ein Leben in Freiheit entlassen, was sich wiederum nicht gut auf die Rückfallquote auswirken dürfte.

Die Wiedereingliederung (Resozialisierung) des Straftäters als vordergründiges Vollzugsziel wird zunehmend vom Schutz- und Abschreckungsgedanken abgelöst.[247]

---

[245] vgl. Böhm, 2003, S. 18
[246] Punitivität: Sanktionseinstellung
[247] vgl. Kury, 2004, S. 57

11 Öffentlichkeit und Strafvollzug

Dieses Kapitel soll sich mit der Öffentlichkeit und deren Einstellungen, Erwartungen und Sichtweisen zum Strafvollzug befassen. Basierend darauf wurde in Kapitel 12 eine empirische Untersuchung anhand 30 schriftlicher Interviews durchgeführt.

11.1 Erwartungen der Öffentlichkeit und gesellschaftliche Sichtweise auf den Strafvollzug

Bei der Beurteilung der Erwartungen der Öffentlichkeit an den Strafvollzug kommt man nicht ohne eine Differenzierung des Begriffes der Öffentlichkeit aus. Bei der Analyse von Einstellungen und Meinungen müssen soziale Stellung, Bildungsgrad und der Bezug des Befragten zum Untersuchungsgegenstand des Strafvollzugs beachtet werden.

Es wird ersichtlich, dass man es zwar mit einem Einstellungsobjekt, also dem Strafvollzug, aber mit unterschiedlichen Einstellungsträgern (Öffentlichkeit) zu tun hat.

Unter dem Begriff der Öffentlichkeit lassen sich mind. drei Öffentlichkeiten unterscheiden:

- die allgemeine Bevölkerung,
- die informierte Fachöffentlichkeit (Juristen, Sozialarbeiter, Polizei etc.),
- die öffentlich agierenden Repräsentanten der Bevölkerung (Politik)[248]

Diese drei Teile der Öffentlichkeit haben nicht nur unterschiedliche Ansichten und Meinungen bezüglich des Strafvollzuges, sie beeinflussen sich auch wechselseitig. Wenn man sich nun die Frage stellt, was die Öffentlichkeit vom Strafvollzug erwartet, fällt der Hauptvermerk vorerst auf die allgemeine Öffentlichkeit. Diese allgemeine Bevölkerung hat oft keine spezielle Einstellung zum Strafvollzug. Die wenigsten haben mit dem Strafvollzug selbst zu tun gehabt oder Erfahrungen damit gemacht. So werden Begriffe wie: Sicherungsverwahrung, Sozialtherapie, offener und geschlossener Vollzug wenig oder gar nicht verstanden, man kann also nicht davon ausgehen, dass die Bürger/innen wissen, was sich tatsächlich dahinter verbirgt. Erst recht tritt dieser Fakt ein, wenn es um Elemente wie z. B. Vollzugsplan bzw. Behandlungsmaßnahmen in Haft, Entlassungsvorbereitung, Strafunterbrechung, vorzeitige Entlassung geht. Dennoch existieren trotz Kenntnismangel in der Bevölkerung Erwartungen an den Strafvollzug, die durchaus ernst zu nehmen sind.

[248] vgl. Enzmann, 2004, S. 27

Die primären Erwartungen der Menschen richten sich nicht an den Strafvollzug speziell sondern besonders an die Kriminalpolitik. In der Bevölkerung herrscht der Wunsch vor, dass es keine Straftaten mehr geben soll, was bedeuten würde, dass Strafvollzug nicht nötig wäre, und dass man keine Angst vor Kriminalität haben möchte. Im Falle von erfolgten Straftaten sollen diese, wenn möglich nicht wiederholt werden, d. h. dass Straftäter gehindert werden sollen, erneut straffällig zu werden.

Die Motive, einen Straftäter zu Freiheitsentzug zu verurteilen sind bei den meisten eher egoistischer Natur („Freiheitsentzug für Täter, damit ich nicht Opfer werden kann“).[249] Erwartungen an den Strafvollzug werden dabei oft in Zusammenhang mit Strafbedürfnissen der Bevölkerung (speziell Opfern) gebracht.

Studien der Arbeitsgruppe Sessar[250] in den 90er Jahren verglichen die Bestrafungswünsche zwischen Opfern und Nichtopfern. Das Ergebnis: Die Opfer hatten keineswegs ein höheres Bedürfnis nach Strafe und Vergeltung als die Nichtopfer. Das Strafbedürfnis war bei den Nichtopfern stets höher als bei den echten Opfern. Diese hatten eher ein Interesse an Schadenswiedergutmachung und Schmerzensgeld (Ausgleich des erlittenen Schadens).[251]

Dr. Enzmann vertritt den Standpunkt, dass die Gesellschaft nicht wirklich irrational in ihren Strafvorstellungen ist. Je informierter sie über eine Straftat ist, desto weniger rational denkt sie.[252]

Die öffentliche Meinung über Strafe und Strafvollzug lässt sich demnach als feste Größe nicht festlegen. Sie wird verstanden als eine pauschalierte Zusammenfassung bestimmter Grundeinstellungen, Erwartungen und Forderungen der Gesellschaft. Diese öffentliche Meinung ist dabei Partner in der öffentlichen Debatte über Kriminalität und Strafe und ist oft Gegenstand gezielter Beeinflussung. Auch versteht sich die öffentliche Meinung als Vertreterin der Allgemeinheit, die vor Straftaten geschützt werden möchte. Aus diesem Grund äußert sie sich fast immer aus der Sicht potenzieller Opfer. Während das Gesetz die Strafe als gerechten Schuldausgleich unter Berücksichtigung der Tatschwere, der Folgen für das Opfer und der individuellen Schuld des Täters versteht und mit dem Strafvollzug die Resozialisierung des Täters bezweckt, hat die Öffentlichkeit eine fundamentale andere Auffassung von Strafe und Strafvollzug: Sie hegt Wünsche nach härteren Strafen, kritisiert unangemessene Vergünstigungen des Strafvollzuges wie Lockerungen, Freizeitangebote etc.[253]

---

[249] vgl. Enzmann, 2004, S. 28

[250] vgl. Sessar, 1992: Wiedergutmachung oder Strafen? Einstellungen in der Bevölkerung und der Justiz in Enzmann, 2004, S. 28

[251] vgl. Pfeiffer, 1993, S. 53-80

[252] vgl. Enzmann, 2004, S. 28

[253] vgl. Cornel, Maelicke, u.a., 2003, S. 545f

Die für die Absonderung der „Gesetzesbrecher“ vorgesehenen Haftanstalten zeigen in ihrem Auftrag, ihrer Organisation und Architektur und dem daraus entstehenden sozialen Klima die Grundhaltung der Gesellschaft gegenüber ihren abweichenden Mitgliedern: Angst, Aggressionen, Vernichtungs- aber auch Behandlungswünsche. Diese Grundhaltung wird dem Täter wiederum in jeder Einzelheit des Vollzuges der Strafe bewusst. Die Insassen sind eingeschlossen, die Gesellschaft ist ausgeschlossen. Die Strafanstalt gilt im Allgemeinen als eine angemessene Konsequenz für eine Reihe schwerer Verbrechen.[254]

Heute wie damals wird das Thema Strafgefangener, Strafe und Strafvollzug in der Öffentlichkeit wenig differenziert behandelt. So erscheint es oft grell beleuchtet und verzerrt in den Medien. Die Diskussionen über Kriminalität sind nicht selten von gegenseitigen Vorwürfen der Verharmlosung oder der Skandalisierung geprägt.[255]

Nach einer Untersuchung von Pfeiffer im Jahre 2004[256] wurde zudem deutlich, dass die Bevölkerung die Entwicklung von Kriminalität völlig falsch einschätzt. Die Befragten gingen von einer drastisch erhöhten Zunahme von Straftaten aus. Diese verzerrte Wahrnehmung erfolgte deliktspezifisch. Straftaten, die sehr selten und gravierend sind (und im Brennpunkt des medialen Geschehens stehen, z. B. Sexualstraftaten) wurden besonders stark überbewertet. Umso intensiver der Medienkonsum war, umso gravierender waren die Überschätzungen der Befragten. Diese veröffentliche Meinung von Kriminalität verstärkt somit die Kriminalitätsfurcht und die Strafbedürfnisse der Gesellschaft. Gleichermaßen übt sie einen direkten Druck auf die Politik aus, indem dann Einzelfälle zum Anlass der Diskreditierung[257] von Entscheidungsträgern verwendet werden.[258]

„Das System "Gefängnis" stellt keine Gegenwelt zum "draußen" dar, vielmehr ist darunter eine Verdichtung dessen, was viele als Normalität ansehen, zu verstehen. Das System "Gefängnis" stützt sich auf die Eigenlogik derer, die unsere gesellschaftliche Realität bestimmen.“[259] Das heißt, im Verbrechen begegnet eine Gesellschaft sich selbst.

Der Soziologe R. Merton äußerte sich dazu wie folgt: Abweichendes Verhalten bricht die vorherrschenden Normen einer Gesellschaft nicht, sondern es verstärkt sie oft noch.[260] Ein Beispiel wäre das Erstreben von materiellem Reichtum durch Betrüger und Einbrecher.

---

[254] vgl. Kette, 1991, S. 35
[255] vgl. Ulrich, Kämper, Weyrauch, 2002/03, S. 8
[256] vgl. Pfeiffer, 2004: „Das Böse, die Medien und wir“ in Enzmann, 2004, S. 29
[257] Hell, Kaufmann, Liebke u.a., 2002, S. 250, Diskreditierung: gezielte Untergraben des in eine Person oder Sache gesetzten Vertrauens, Verleumdung, Indiskretionen,Verbreiten von Gerüchten)
[258] vgl. Enzmann, 2004, S. 29
[259] zit. Müllner, Graeber , 1998, S. 77
[260] vgl. Hartmann, 2003, S.10 in Geiger, 2004, S. 24

Dieses Ziel oder diesen Wunsch, sich an materiellen Reichtum bereichern zu wollen, verfolgen und akzeptieren auch jene, die diese „Abweichler“ verachten und bestrafen wollen. Geiger vertritt aus diesem Grund den Standpunkt, dass man Straftäter nicht pauschal als krank bezeichnen dürfte.[261]

Die Öffentlichkeit als inhomogenes Gebilde bewertet den Strafvollzug sehr unterschiedlich. Die Auswertung der Ergebnisse der Befragung (siehe Punkt 12) zeigte vielerlei Detailkritik und unterschiedlichste Meinungen zum Strafvollzug. Wie diese empirische Untersuchung zeigte, korrespondiert das Bedürfnis der Bevölkerung (bei Resozialisierungsgegnern), mehr zu bestrafen mit der negativen Meinung der Öffentlichkeit zum Strafvollzug. Der Strafvollzug wird teilweise als zu lasch, zu teuer, zu unsicher und als zu wenig erfolgreich bewertet.[262]

Dennoch ergab eine Befragung (siehe Abbildung 21 im Anhang) von Horst Entorf, Susanne Meyer und Jochen Möbert im April 2006 bei 1146 befragten Menschen in der Bevölkerung, dass ca. **34%** eher nicht an eine Abschreckung durch Freiheitsentzug glaubten. **26%** waren der Ansicht, Haft hätte gar keine Abschreckungswirkung. Insgesamt waren also knapp **60%** der Befragten nicht der Überzeugung, das Strafvollzug ein Exempel statuieren könnte. Inwiefern Abschreckung wirkt, wurde also von den beiden Befragungsgruppen unterschiedlich eingeschätzt. Im Vergleich dazu wurden 1611 Insassen befragt, welche zu fast **47%** der Meinung waren, Haft würde überhaupt nicht oder eher nicht abschrecken. Fast **27%** vertraten den Standpunkt, dass Strafvollzug eine große Abschreckungswirkung hätte.[263]

Schlussfolgernd fiel paradoxerweise auf, dass Inhaftierte eher an die Wirkung von Generalprävention aber nicht an die Wirkung von Spezialprävention glaubten, während die Bevölkerung eher an die Wirkung von Spezialprävention aber nicht an die Wirkung von Generalprävention glaubte.[264] Die Abbildung 22 befasst sich zusätzlich mit der Zustimmung zur Rehabilitationswirkung von Haft. Hier gaben **42%** der Insassen an, Haft sei für sie uneffektiv (1617 Befragte). Ca. **35%** aus der allgemeinen Bevölkerung waren der Überzeugung, dass eine Resozialisierung von Tätern unter Freiheitsentzug gar nicht oder nur wenig eintritt. **41%** meinten, Haft hätte nur „wenig“ Wiedereingliederungswirkung. Nur **22%** waren der Ansicht, Strafvollzug könnte eine „volle“ Resozialisierung von Tätern leisten.[265]

---

[261] vgl. Geiger, 2004, S. 24
[262] vgl. Preusker, 2004, S. 7
[263] vgl. Entdorf, Meyer, Möbert, 2006, S. 58
[264] vgl. Entdorf, Meyer, Möbert, 2006, S. 198
[265] vgl. Entdorf, Meyer, Möbert, 2006, S. 57

11.2 Kriminalitätsfurcht in der Öffentlichkeit

Als Kriminalitätsfurcht werden heute zunehmend Einstellungen von Menschen zur Kriminalität verstanden. In dem von Schwind (1989) und später vor allem von Boers (1991) entwickelten Einstellungskonzepts wird zwischen der sozialen und personalen Dimension von Kriminalitätseinstellungen unterschieden. Hierbei geht es zum einen um die persönliche Betroffenheit von allgemeinen oder spezifischen Kriminalitätsereignissen und andererseits um die gesellschaftliche Dimension von Kriminalität. Kriminalitätsfurcht stellt somit eine emotionale Reaktion gegenüber Kriminalitätsereignissen dar, die als persönliche Bedrohung empfunden werden kann. Neben der emotionalen Komponente gehört zur personalen Kriminalitätseinstellung eine kognitive und eine konative Komponente, wobei die kognitive Dimension auf Risikoeinschätzungen gegenüber Opferwerdungen abstellt, während sich die konative Ebene auf das Verhalten, insbesondere auf das individuelle Schutz- und Vermeideverhalten konzentriert.[266]

In der wissenschaftlichen Diskussion haben sich drei Ansätze zur Erklärung von Kriminalitätsfurcht in der Gesellschaft herausgebildet:

- auf der personalen Ebene die **Viktimisierungsperspektive.** d. h. die rationale Einschätzung des Risikos, selber Opfer zu werden
- auf der gesellschaftlichen Mikroebene die **Soziale-Kontroll-Perspektive** (Nahraumperspektive)
- auf der gesellschaftlichen Makroebene die **Soziale-Problem-Perspektive**
- (z. B. Prägung durch Massenmedien)[267]

Wenn von Sicherheitsgefühl und Kriminalitätsfurcht die Rede ist, dann ist es bedeutsam, die soziale Kriminalitätsfurcht, d. h. die subjektive Einschätzung der Bedrohung der Gesellschaft durch Kriminalität, zu unterscheiden von der personalen Kriminalitätsfurcht, d. h. der Sorge und Angst, selbst persönlich bedroht zu sein, ein Opfer von Kriminalität werden zu können.

Alle bis jetzt vorliegenden Studien zeigen, dass die Bürger in Deutschland sich etwa seit der zweiten Hälfte der 1990er Jahre zunehmend sicherer fühlen. Die Kriminalitätsfurcht hat deutlich abgenommen und befand sich im Jahr 2005 auf einem Tiefpunkt. Im Vordergrund der Sorgen standen eher soziale Probleme wie Arbeitslosigkeit, Gesundheitsversorgung oder Alterssicherung. Auch der Stellenwert der Bekämpfung und Vermeidung von Kriminalität als staatliche Aufgabe und gesellschaftliches Problem hat aus der Sicht der Menschen eindeutig abgenommen. In Deutschland ist der Anteil der Bürger, die Kriminalitätsbekämpfung als eine der wichtigsten Aufgaben des Staates ansehen, erheblich niedriger als in den europäischen Nachbarstaaten. Dennoch wird die Kriminalitätsentwicklung stark verzerrt wahrgenommen. Der Anteil der schweren Delikte wird extrem überbewertet.

---

[266] vgl. Dittmann, 2004, S. 5
[267] vgl. http://www.uni-koeln.de/phil-fak/fs-psych/serv_pro/skripte/kriminologie/skriptkrim.rtf

Die Mehrheit der Bürger nimmt selbst dann eine Steigerung der Kriminalität an, wenn die tatsächlichen Deliktszahlen aufzeigen, dass es zu Rückgängen gekommen ist. Ältere Menschen zeigen höhere Kriminalitätsfurcht, insbesondere ein stärker ausgeprägtes Vermeidungsverhalten und höhere Vorsicht, als jüngere. Als Ursachen hierfür kommen ihre höhere Verletzlichkeit und ihre geringeren Möglichkeiten der Bewältigung von Opfererlebnissen in Frage.[268]

Frauen haben eine erheblich größere affektive Kriminalitätsfurcht als Männer (etwa **36 %** der befragten Frauen, **13 %** der Männer).

Bei einem Vergleich mehrerer Merkmale wie Geschlecht, Alter, Bildung, Berufsabschluss, Persönlichkeitsmerkmale, Opfererfahrung, Wohnortgröße und Wohnregion - hatte das Geschlecht den größten Einfluss auf die affektive Kriminalitätsfurcht.

Auch in der konativen[269] Kriminalitätsfurcht waren die Geschlechterunterschiede beachtlich. **26%** der Frauen und **7%** der Männer meiden bestimmte Straßen oder Gegenden, um eine Opferwerdung zu verhindern. In der kognitiven Kriminalitätsfurcht dagegen sind die Geschlechterunterschiede unbedeutend (deliktspezifisch). Die Geschlechterdifferenzen in der Risikoeinschätzung sind insbesondere bei Sexualdelikten hoch, bei Eigentumsdelikten sind die Unterschiede gering (Studie von Kury, Obergfell-Fuchs und Würger[270] Befragung von 5.500 Bürgerinnen und Bürgern aus fünf deutschen Städten).[271]

Forschungsergebnisse belegen, wenn überhaupt, nur eine geringe Beziehung zwischen Punitivität und Kriminalitätsfurcht. Die Verbrechensfurcht erhöht somit nicht zwingend das Strafbedürfnis der Bevölkerung. Dennoch könnte es der Fall sein, dass die „Wahrnehmung“ einer vermeintlich erhöhten Kriminalitätsangst in der Allgemeinheit von Seiten der Vertreter der Sanktionsinstanzen zu härteren Strafen beiträgt. Das hätte zur Folge, dass eine höhere Verbrechensfurcht indirekt zu härteren Strafen führen könnte, ohne das die Bevölkerung dies ausdrücklich wünscht.[272] Nach Foster und Thomas[273] wirkt Kriminalitätsangst indirekt auf die Strafeinstellungen, also auf den Glauben an die Effizienz der Bestrafung und den Wunsch, die Bestrafung angewandt zu sehen. Diese Autoren kommen so zu dem Resultat, dass eine höhere Verbrechensfurcht zu einer Steigerung der Punitivität führt. Nach Mix[274] könnte auch die immer häufiger auftretende „Sozialangst“[275] innerhalb der Bevölkerung zu einer Verhärtung der Strafeinstellungen geführt haben.

---

[268] vgl. BMI, 2. Periodischer Sicherheitsbericht, 2006, S.485

[269] Hell, Kaufmann, Liebke u.a., 2002, S. 298, Konativ: zielgerichtet, triebhaft, strebend, eifrig, anstrengend

[270] vgl. Kury, Obergfell-Fuchs und Würger, 2000, S. 770

[271] vgl. Kury/Obergfell-Fuchs/Würger 2000, S. 555-563

[272] vgl. Kury, 2004, S. 54-55

[273] vgl. Thomas, Forster, 1975, S. 654f

[274] vgl. Mix, Müller, u.a., 1998 in Kury, 2004, S. 55

[275] Sozialangst: Heute in der Bevölkerung häufig existierende Angst, wie z.B. Angst vor Arbeitslosigkeit, Wohnungslosigkeit, Statusverlust, Armut, Leistungsversagen aber auch verstärkter Konkurrenzdruck, Selbstwertprobleme, Angst, nicht zu genügen oder Angst vor der Zukunft.

Joutsen und Walmsley[276] fanden 1997 heraus, dass sich die Einstellungen der Gesellschaft gegenüber Freiheitsentzug langfristig gewandelt hätten. Die Verbrechensfurcht sei gestiegen, ein Verlust an Vertrauen in das System des Strafvollzugs war zu verzeichnen, sowie eine Desillusionierung[277] hinsichtlich des Behandlungsansatzes.[278] Die Kriminalitätsfurcht schmälert so die Lebensqualität der Bevölkerung und behindert eine freie Entwicklung der Gesellschaft. Die Politik und die Medien könnten durch eine breite öffentliche Aufklärung über die Wirkungen von Haftstrafen und die tatsächliche Bedrohung durch Kriminalität zu einer Überwindung der sich immer breiter machenden „Sozialangst" beitragen.

11.3 Sanktionseinstellungen der Öffentlichkeit

Sanktionseinstellungen drücken u. a. Erwartungen an die Art und Weise angemessenen Strafens von Verhalten, an die Ziel-Mittel-Relation von Sanktionen und Erwartungen an tolerierte Spielräume der Sanktionsgestaltung aus. Diese Strafeinstellungen lassen sich in eine materielle und in eine symbolische Ebene (Metaebene) einteilen.

- Die *materielle Ebene* beinhaltet die Reaktionen auf einzelne Verhaltensweisen, die unter Strafe gestellt sind. Diese sind abhängig von konkreten Situationen oder Anlässen sowie speziellen kriminellen Entwicklungen, die sich gerade in der Gesellschaft vollziehen.

  Auf der Metaebene wird sich mehr mit generellen Einstellungen über Sanktionen auseinandergesetzt.
- Diese *symbolische Ebene* hat ihren Ursprung eher in spezifischen Weltanschauungen, Erfahrungen oder Wertdeutungen der einzelnen Bürger.
- Eine dritte Ebene *(die sozialisationsbezogene Ebene*) befasst sich mit der Annahme, dass Strafeinstellungen der Menschen mit eigenen Sanktionserfahrungen, Lebenszielen, Wert- und Normvorstellungen, persönlichen Belastungserlebnissen und deren Bewältigung usw. zusammenhängen, welche sich im Rahmen des Sozialisationsprozess herausbilden.[279]

Die folgende Abbildung 3 zeigt unterschiedliche Einflussbereiche auf Sanktionseinstellungen der Bevölkerung. Die empirische Untersuchung unter Punkt 12 wird belegen, dass diese Faktoren in vielfältiger Art und Weise auf die Einfluss auf die Einstellungen der Öffentlichkeit zum Strafvollzug und Freiheitsstrafe nehmen.

---

276 vgl. Joutsen, Walmsley, 1997, S. 3

277 Hell, Kaufmann, Liebke u.a., 2002, S. 118, Desillusionierung: Enttäuschung, Frustration, Ernüchterung, Zerstörung einer Illusion

278 vgl. Kury, 2004, S. 54-55

279 vgl. Ludwig, Kräupl, 2000, S. 170

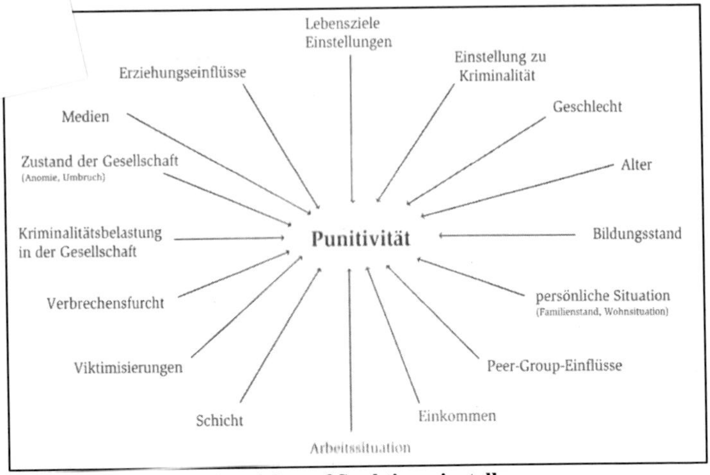

Abbildung 3: Einflussbereiche auf Sanktionseinstellungen

11.4 Die meinungsbildende Rolle der Medien

Generell ist festzuhalten, dass die breite Masse der Bevölkerung Informationen über das Kriminalitätsgeschehen und den Strafvollzug nahezu ausschließlich aus den Boulevardmedien erhält. Somit spielen die Medien eine entscheidende Rolle, was die Einstellungen der Bevölkerung zu Kriminalität und Strafvollzug angeht. Die Haftbedingungen werden als zu „angenehm" (teilweise als luxuriös) dargestellt, kurz dem Gefangenen geht es zu gut und die Strafe kommt zu kurz. Zu kurze Strafen und Strafvollzug werden als „Verhöhnung" der Opfer interpretiert. Die Täter an sich tauchen in den Medien als gefährliche und bösartige „Monster" auf. Somit produzieren diese Art von Darstellungen zunehmend Angst- und Feindbilder sowie Unsicherheit in der Bevölkerung. Eine Sicherheit vor diesen „Bestien" erscheint nur durch härtere Sanktionen und längeres Einsperren gewährleistet. Es entsteht der Eindruck, die Straftäterbelastung würde zurückgehen oder zumindest gebremst werden, wenn dementsprechend härter reagiert würde.

Vor allem Beiträge über „spektakuläre Straftaten" wie Sexual- und Gewaltstraftaten, die scheinbar einen höheren „Nachrichtenwert" haben, werden deutlich hervorgehoben (Sensationalismus als Gestaltungsprinzip).[280] Straftaten werden von den Medien als „Dramen", „Tragödien" oder „Skandale" in Szene gesetzt.

Zusätzlich wird vermehrt auf emotionalisierende Berichtserstattung zurückgegriffen, welche in besonderer Weise die Strafeinstellungen und Verbrechensfurcht der Bevölkerung beeinflusst. Über Massenkriminalität wird dagegen sehr wenig berichtet.[281]

---

[280] vgl. Preusker, 2004, S. 7-8
[281] vgl. Kury, 2004, S. 53

Durch Fernsehserien wie „Frauenknast" etc. wird der Strafvollzug völlig anders dargestellt, als er tatsächlich ist. Untypische Ereignisse im Strafvollzug von Frauen werden dramatisiert dargestellt und überbewertet. Der Unterhaltungswert steht weit über den Anspruch, ein objektives Bild über den Strafvollzug zu vermitteln.

Der Strafvollzug wird so in seiner Normalität überhaupt nicht wahrgenommen, er erscheint meist als Karikatur oder mit Negativschlagzeilen (Skandalisierungen).[282] Somit bekommt das von den Medien gezeichnete Bild von Kriminalität eine enorme Schieflage.[283] Durch diesen Medienkonsum entwickeln sich Bilder in den Köpfen der Bevölkerung, die der Wirklichkeit in keinster Weise entsprechen. Es lässt sich unglaublich schwer vermitteln, dass beispielsweise harte Sanktionen oder längere Haftstrafen nicht gleichermaßen zum Erfolg führen (siehe Ergebnisse der Rückfallforschung 2003 unter Kapitel 9).

Um ein solches unrealistisches Bild über Kriminalität und Straftäter entstehen zu lassen, brauchen die Berichterstatter nicht einmal zu lügen, es reicht aus, dass tatsächlich Geschehenes nicht berichtet wird. So entsteht durch das Berichtete, ein Teilbild, welches das Wissen der Bevölkerung besetzt und den Eindruck hervorruft, das ganze Bild zu sein.[284]

---

[282] vgl. Futter, Zimmermann u.a., 2004, S. 85
[283] vgl. Kerner, Feltes, 1980, S. 73-112 in Kury, 2004, S. 52
[284] vgl. Sessar, BMJ, 2000, S. 50f in Cornel, Maelicke, u.a., 2003, S. 543

12 Empirische Untersuchung zu Sanktionseinstellungen in der Öffentlichkeit

Die nun folgende empirische Untersuchung befasst sich mit Einstellungen, Überzeugungen und Meinungen der Bevölkerung zur Problematik des Freiheitsentzuges. Auch soll sich hier mit den Bedürfnissen der Befragten nach Strafe als Konsequenz einer Straftat auseinandergesetzt werden (Strafzwecke). Es soll dargestellt werden, inwieweit die allgemeine Bevölkerung in den Strafvollzug und dessen Aufgaben Einblick hat. Wichtig erschien dabei auch herauszufinden, ob die Resozialisierung von Straffälligen als oberste Aufgabe des Strafvollzugs erkannt und als wichtig erachtet wurde. Abweichende Ansichten der Bevölkerung über die vorrangige Aufgabe des Strafvollzuges sollten durch die Befragung ergründet werden.

12.1 Methode der Datenerfassung

Für die o. g. Untersuchung habe ich die Methode des schriftlichen Interviews (nicht - standardisierte schriftliche Befragung) gewählt, dies geschah aus den folgenden Gründen heraus:

- Durch die Befragung konnten Zusammenhänge und Hintergründe von Ansichten und Einstellungen deutlich gemacht werden.
- Die Einbettung von einzelnen Aussagen in den Zusammenhang war wesentlich stärker.
- Durch den Verzicht auf vorgegebene „multiple choice" Antworten wurden die Befragten in ihrer Meinung nicht eingeengt. Sie wurden angeregt, sich selbst eine Meinung zur Problematik zu bilden.
- Die Befragungsteilnehmer konnten nach eigener zeitlicher Disposition antworten. Die qualitativen Ergebnisse der Befragung erwiesen sich als authentisch und konsistent.
- Die Befragten mussten nicht auf vorformulierte Fragen standardisierte Antworten geben. Ihre persönlichen Sichtweisen spielten eine entscheidende Rolle.
- Zusätzlich bestand kein (starker) Konsistenzzwang[285] bei der Beantwortung der Fragen.
- Bei der qualitativen Auswertung der Befragung konnten Fehlschlüsse und Missinterpretationen weitgehend vermieden werden, da mehr Interpretationshilfen (Motive und Gründe für die Beantwortung) vorlagen.[286]
- Eine mündliche Befragung, bei der Erläuterungen zu den einzelnen Punkten gegeben werden können, war mir aufgrund des wesentlich größeren Zeitaufwands nicht möglich.

---

[285] Konsistenzzwang: Drang, alles Inhaltliche lückenlos zu erfassen
[286] vgl. Drehsing, Kuckartz u.a., 2006, S.46

12.2 Stichprobenbeschreibung

In die Analyse gingen **30** schriftliche Interviews ein. Zusätzlich wurden Fragen an einen ehemaligen Insassen gestellt.

Die Untersuchung bestand aus 11 Fragen oder Aussagen zum Thema Strafvollzug und Freiheitsstrafe, zu denen die Befragten ihre Meinung darlegen sollten.

Es wurden zum Teil offene Fragen mit freien Antwortmöglichkeiten gewählt, in denen die Sichtweisen der Befragten im Mittelpunkt standen.

Bei der Auswahl der Befragten wurde darauf Wert gelegt, dass verschiedene Altersgruppen und Berufsgruppen angesprochen wurden. Das Alter der Befragten bewegte sich zwischen 20 und 82 Jahren.

Die Variablenmatrix (siehe Tabelle 8), welche sich im Anhang dieser Arbeit befindet, zeigt nochmals die Aufschlüsselung der folgenden Daten.

Ansichten über Bestrafungen sind im hohen Maße von den Lebenserfahrungen geprägt. Es ist deshalb zu erwarten, dass Meinungen zu Strafzwecken auch vom Alter abhängen.

Tabelle 2: Alter

Altersgruppe in Jahren	20-27	27-40	40-60	> 60
Anzahl der Befragten	14	9	6	1

Tabelle 3: Geschlecht

männlich	11
weiblich	19

Ein umfangreiches und tiefgründiges Wissen ist eine wichtige Grundlage für eine fundierte Meinungsbildung zu aktuellen Fragen und Problemen des gesellschaftlichen Lebens. Bei der Analyse von Ansichten über Strafzwecke, ist eine starke Differenzierung entsprechend dem Bildungsstand zu erwarten.

Tabelle 4: Bildungsgrad

Bildungsgrad	ohne abgeschlossene Berufsausbildung	Berufs-ausbildung	in der Ausbildung
Anzahl	1	23	6

Tabelle 5: Branchen/Arbeitsfelder

Arbeitsfeld	Technik/ Wirtschaft	Verwaltung/ Öffentl. Dienst	Gesundheit und Soziales	Dienstleistung	Handel
Anzahl	4	6	9	3	1

Öffentlichkeit und Fachöffentlichkeit

Die Fachöffentlichkeit ist über die untersuchte Problematik durch ihre berufliche Tätigkeit und Ausbildung mit Wissen ausgerüstet, das bei der allgemeinen Öffentlichkeit nicht vorliegt. Zur informierten Fachöffentlichkeit gehören beispielsweise Polizei, Staatsanwaltschaft, Jugendgerichtshilfe, Jugendamt u. a., also jene Instanzen, die direkt mit Straftaten und Straftätern zu tun haben.

allgemeine Öffentlichkeit	informierte Fachöffentlichkeit
27	3

12.3 Hypothesen

Hypothesen beschreiben postulierte Bedingungen eines Sachverhalts, die in einer Untersuchung hinsichtlich ihrer Allgemeingültigkeit überprüft werden. Diese Hypothesen werden verifiziert (als wahr angesehen) oder falsifiziert (als falsch angesehen).[287]

Im Folgenden habe ich zwei Hypothesen aufgestellt, welche sich auf die Einstellungen und Meinungen der Befragten über Freiheitsentzug und Strafzwecke beziehen. Diese werden von mir anhand der Antworten der Befragten im Punkt 12.4.12 ausgewertet.

---

[287] vgl. http://kws01.uni-trier.de:8000/p/h/studies/ss05/prstss05/experim/projektHypothesen.pdf

- **Hypothese H 1:**

  In der Bevölkerung gibt es Gegner und Befürworter von Resozialisierung. Die Befragten lassen sich demnach in Resozialisierungsbefürworter oder Resozialisierungsgegner einteilen. Der Anteil der beiden Gruppen ist in der Bevölkerung gleich.

- **Hypothese H 2:**

  Die Meinungen der allgemeinen Bevölkerung über Strafe und Strafvollzug unterscheiden sich von den Ansichten der Fachöffentlichkeit. Innerhalb der informierten Fachöffentlichkeit finden sich mehr Resozialisierungsbefürworter.

Kategorien:

Jeder der Befragten konnte nach Auswertung seiner Beantwortungen zu der Hypothese H 1 oder der zugehörigen Gegenhypothese zugeordnet werden. Somit konnte jeder Teilnehmer entweder als Resozialisierungsgegner oder Befürworter der Resozialisierung identifiziert werden.

Des Weiteren konnte man die Befragten in zwei verschiedene Arten der Bevölkerung unterteilen, die allgemeine Öffentlichkeit und die (informierte) Fachöffentlichkeit (Hypothese H 2). Diese Öffentlichkeiten pflegten eine unterschiedliche Einstellung zur Resozialisierung von Straftätern.

12.4 Auswertung der empirischen Untersuchung anhand der Software MAXqda2

Dieses Kapitel soll sich nunmehr mit der Auswertung der Antworten der Befragten befassen. Die Ergebnisse der o. g. empirischen Untersuchung sollen parallel dazu anhand der Software Maxqda2 wissenschaftlich untersucht werden.

MAXqda2 ist der jüngste Spross der MAX Programme, und zählt zu der Handvoll Pionierprogrammen, die der qualitativen Forschung erstmalig ein computergestütztes Hilfsmittel an die Hand gaben. Heute ist es eines der etablierten, weit verbreiteten Programme zur Qualitativen Daten Analyse.

MAXqda2 ist eine Software, um qualitative Daten zu analysieren. Sie existiert seit September 2004 auf dem Markt und wird durch die VERBI Software Consult Sozialforschung. GmbH Marburg vertrieben. Sie unterstützt bei der systematischen Auswertung und Interpretation von Texten, wie auch bei der Herausarbeitung und Prüfung theoretischer Schlussfolgerungen.[288]

[288] vgl. www.maxqda.de/2_geschichte.htm

Dies erleichterte besonders die Auswertung von offenen Fragen, wie sie in meiner Befragung verwendet wurden.

„MAXqda2 wird in vielen Wissenschafts- und Praxisfeldern eingesetzt, u. a. in der Soziologie, der Politikwissenschaft, der Psychologie, der Erziehungswissenschaft, den Gesundheitswissenschaften, der Psychotherapie, Ethnologie, Kriminologie, Sozialarbeit, Marketing, Wirtschaftswissenschaften und Sozialplanung.“[289]

Alle Codes werden im Fenster „Liste der Codes“ verwaltet. Das Codesystem in MAXqda2 ist hierarchisch organisiert und besteht aus Codes und Subcodes. Die Hierarchie des Codesystems kann dabei aus bis zu 10 Ebenen bestehen. Im Lauf der Analyse werden Codes definiert. Codes, die anderen Codes untergeordnet werden, werden Subcodes genannt. Der Vorgang des Zuordnens von Textpassagen (oder Objekten) zu einem oder mehreren Codes nennt man Codieren. Einzelnen Codes zugeordnete Textstellen heißen Codings bzw. codierte Segmente.[290]

Die einzelnen Auswertungen der Punkte 1 bis 11 wurden anhand der dazugehörigen Codings untermauert und anschließend eingefügt. So ist es für den Leser leichter, die einzelnen Meinungen der Befragten nachzuvollziehen. Ein intensiver Vergleich mit den Anlagen ist somit nicht mehr erforderlich.

Anhang 27 zeigt das komplette Codesystem, wie es am Anfang der Auswertung von mir erstellt wurde.

12.4.1 Ist Strafe stets notwendig?

Die erste Frage befasste sich damit, ob Strafe, speziell Freiheitsentzug, für die Befragten immer notwendig erscheint. Mit dieser Frage wurde beabsichtigt, das Strafbedürfnis der einzelnen Personen näher betrachten zu können. Erkennbar war, dass eine Sanktion an sich von einigen Befragten gewollt und auch gewünscht wurde. Für **10** Befragte (siehe Übersicht der Codings) waren Aspekte wie:

- Tatmotiv,
- vorherige Verfehlungen,
- Alter des Täters,
- vorhandene Einsichtsfähigkeit des Täters,
- Deliktspezifik,
- Schwere der Tat und
- Angemessenheit der (Freiheits-)strafe (Strafmaß) oder der
- Gesundheitszustand des Täters ausschlaggebend, bevor sie sich für eine harte Sanktion aussprechen würden.

---

[289] vgl. www.maxqda.de/2_funktionen.htm
[290] vgl. www.maxqda.de, Einführungstutorial

Umso gravierender die Delikte (schwere Tatbestände) sind, desto mehr neigten die Befragten zu einer Haftstrafe und befanden auch längere Freiheitsstrafen als sinnvoll. Bei weniger schweren Delikten wurden auch alternative Maßnahmen als passend gewertet.

Im Folgenden sind die zugehörigen Codings zu sehen.

Text: **weiblich\Interview_27**

Code: **1. Ist Strafe stets notwendig? \nein, abhängig von....(Tat, Schwere, Deliktspezifik, usw.)**

Es kommt auf die Art der Strafe an.

Text: **männlich\Interview_24**

Code: **1. Ist Strafe stets notwendig? \nein, abhängig von....(Tat, Schwere, Deliktspezifik, usw.)**

Strafe sollte differenziert, zugeschnitten auf die begangene Straftat, ausgesprochen werden. Gerade bei Jugendlichen Straftätern tragen die gesetzlichen Vorschriften der Entwicklungsphase jugendlicher Menschen Rechnung, in dem Maßnahmen der Erziehung vor Strafe gehen.

Text: **weiblich\Interview_19**

Code: **1. Ist Strafe stets notwendig? \nein, abhängig von....(Tat, Schwere, Deliktspezifik, usw.)**

Um darüber zu befinden, ob eine Strafe in Form von Freiheitsentzug immer erforderlich ist, müsste man sich mit vielerlei Aspekten auseinandersetzen. So bestimmt meines Erachtens die Schwere der Tat, die Anzahl der Verfehlungen und der Charakter und geistige Zustand des Straftäters ganz entscheidend mit, ob eine Strafe in Form eines Freiheitsentzuges angemessen ist oder nicht.

Text: **weiblich\Interview_15**

Code: **1. Ist Strafe stets notwendig? \nein, abhängig von....(Tat, Schwere, Deliktspezifik, usw.)**

Ich denke, es kommt einerseits auf die Schwere des Vergehens an, anderseits auf den seelischen Gesundheitszustand des Täters und auf seinen Willen, sich zu „bessern".

Text: **weiblich\Interview_14**

Code: **1. Ist Strafe stets notwendig? \nein, abhängig von....(Tat, Schwere, Deliktspezifik, usw.)**

Nein, nicht immer, vor allem bei Ersttätern. Mit Öffentlichkeitsarbeit oder Geldbusen ist m. M. nach besser gedient. Außerdem sind dabei verschiedene Faktoren zu berücksichtigen: Tat, Schwere der Tat, Vorsatz oder nicht?

Text: **männlich\Interview_10**

Code: **1. Ist Strafe stets notwendig? \nein, abhängig von....(Tat, Schwere, Deliktspezifik, usw.)**

Nein, ist von Fall zu Fall / Täter zu Täter zu prüfen: abhängig von Tatmotiv, Täteralter, soziales Umfeld des Täters, Tatbestand, Schaden, Art und Anzahl vorheriger Straftaten → Differenzierung

Text: **weiblich\Interview_6**

Code: **1. Ist Strafe stets notwendig? /nein, abhängig von....(Tat, Schwere, Deliktspezifik, usw.)**

nein, hier ist eine differenzierte Betrachtung notwendig:

- *für Tatbestände mit massiver körperlicher Gewalt ist Freiheitsentzug notwendig*
- *für jugendliche bzw. junge erwachsene Täter eher „Rehabilitation" in Form von über längere Zeiträume angelegte Resozialisierungsmaßnahmen, wie Arbeit in sozialen Einrichtungen (mit Opferspektrum des Täters) oder sonstigen gemeinnützigen Bereichen; unbedingte Unterbringung fern des Heimatortes in kleinen Wohngemeinschaften etc. mit persönlicher Betreuung/Überwachung durch erfahrene Pädagogen; Erziehung zu politisch/menschlich korrekter Geisteshaltung (zumindest Denkanstöße geben)*
- *für Delikte ohne körperliche Gewalt besser hohe Geldstrafen, Auferlegung von Arbeitsstunden, etc.; ganz wichtig für untere soziale Schichten ist Aufklärung und Bildung*
- *psychiatrische Behandlung; Hirnuntersuchungen um festzustellen, ob erbliche Dispositionen vorliegen (wie z. B. erhöhtes Gewaltpotenzial)*
- *bei Wiederholungstätern ist Sinn/Unsinn von weiteren Sozialmaßnahmen abzuwägen; dann evtl. Freiheitsentzug*

Text: **weiblich\Interview_5**

Code: **1. Ist Strafe stets notwendig? /nein, abhängig von....(Tat, Schwere, Deliktspezifik, usw.)**

Freiheitsentzug als Strafe ist deliktsabhängig, somit also nicht grundsätzlich notwendig.

Text: männlich\Interview_4

Code: **1. Ist Strafe stets notwendig? \nein, abhängig von....(Tat, Schwere, Deliktspezifik, usw.)**

Ganz klar: NEIN. Es kommt immer auf die schwere des Deliktes an.

Text: **weiblich\Interview_3**

Code: **1. Ist Strafe stets notwendig? \nein, abhängig von....(Tat, Schwere, Deliktspezifik, usw.)**

Sicherlich nicht immer, ist individuell zu sehen; das richtige Strafmaß kann man nur erahnen.

Dennoch sprachen sich **9** der **30** Befragten für eine Sanktion (auch andere als Freiheitsentzug) in jedem Falle einer Straftat aus. Freiheitsentzug wurde somit auch als geeignetes Mittel der Sanktionierung angesehen.

Diese Befragten empfanden, dass eine Reaktion auf eine Straftat (meist durch eine Sanktion) wichtig und völlig legitim sei. In diesem Zusammenhang wurde von zwei Befragten geäußert, dass Alternativen zu Strafvollzug fehlen würden (und somit käme nur Haft in Betracht).

Text: **männlich\Interview_26**

Code: **1. Ist Strafe stets notwendig? \ja, ist immer notwendig/Strafe ist erforderlich**

Ja.

Text: **männlich\Interview_25**

Code: **1. Ist Strafe stets notwendig? \ja, ist immer notwendig/Strafe ist erforderlich**

Ja, durch die Isolation von der Umwelt ist man mit sich und der begangenen Tat allein, man ist unweigerlich gezwungen, sich mit der Straftat uns sich selbst auseinanderzusetzen.

Text: **männlich\Interview_24**

Code: **1. Ist Strafe stets notwendig? \ja, ist immer notwendig/Strafe ist erforderlich**

Sanktionierung der Tat durch Eltern Schule usw. ist stets notwendig.

Text: **männlich\Interview_22**

Code: **1. Ist Strafe stets notwendig? \ja, ist immer notwendig/Strafe ist erforderlich**

Möchte man ein bestimmtes Fehlverhalten überwinden, so muss man Gesetze schaffen, die für das Fehlverhalten Freiheitsstrafen vorsehen. Beispielsweise kann man Geschwindigkeitsüberschreitungen und Rowdytum im Straßenverkehr mit Geldstrafen nicht bekämpfen.

Text: **weiblich\Interview_20**

Code: **1. Ist Strafe stets notwendig? \ja, ist immer notwendig/Strafe ist erforderlich**

Ja, auf eine angemessene Art muss immer bestraft werden, weil man in der heutigen Gesellschaft nach bestimmten Regeln leben muss, an die man sich halten sollte, damit das Zusammenleben klappt.

Text: **weiblich\Interview_16**

Code: **1. Ist Strafe stets notwendig? \ja, ist immer notwendig/Strafe ist erforderlich**

Ja.

Text: **männlich\Interview_12**

Code: **1. Ist Strafe stets notwendig? \ja, ist immer notwendig/Strafe ist erforderlich**

Ja, meiner Meinung nach dient eine Strafe als Prozess, um über eine Handlung nachzudenken und zu erfahren, dass diese Handlung in der Gesellschaft so nicht gewünscht ist. Strafe sehe ich dem Sinne auch als Verwarnung / Sanktionierung etc.

Text: **weiblich\Interview_7**

Code: **1. Ist Strafe stets notwendig? \ja, ist immer notwendig/Strafe ist erforderlich**

ja, Strafen sind notwendige Maßnahmen (Ausmaß natürlich abhängig vom Tatbestand); Verwarnungen/ Geldbußen oder ähnliches reichen meist nicht aus, um den Täter von weiteren „Aktionen" abzuhalten

Text: **weiblich\Interview_1**

Code: **1. Ist Strafe stets notwendig? \ja, ist immer notwendig/Strafe ist erforderlich**

Ja. Durch den Freiheitsentzug hofft man auf Besserung.

Einige Interviewte differenzierten in ihren Antworten und legten sich nicht fest, ob sie der Aussage zustimmen oder nicht. So antworteten einige Personen, dass eine Strafe zwar nicht in jedem Falle notwendig wäre, aber trotzdem nicht ersetzbar ist (Bogen 23 Nr. 1: „ stets nicht, aber notwendig".) Interessant erschien mir auch die Aussage eines Interviewten, der aussagte, dass jede staatliche Sanktionierung eine Strafe für den Betroffenen darstellen würde, so dass Freiheitsentzug nicht immer nötig sei (Bsp. Bogen 22 Nr.1 „...ist jede gerichtliche Strafe ein Entzug am gesellschaftlichen Leben.").

Nur **3** Personen waren der Ansicht, dass Freiheitsentzug letztes Mittel sein sollte, um auf Straftäter einzuwirken. Erst wenn andere Sanktionen in ihrer Wirkung versagen würden, käme Freiheitsentzug in Betracht.

Text: **weiblich\Interview_13**

Code: **1. Ist Strafe stets notwendig? \Freiheitsentzug als letztes Mittel zur Einwirkung**

Sie erscheint mir nur dann als sinnvoll und notwendig, wenn sich eine andere Form der Sanktionierung als nicht ausreichend herausstellt, d. h. wenn sie wegen der Art und Schwere der Straftat verhängt werden muss und es hierbei keinen Spielraum gibt (beispielsweise bei Tötungsdelikten). Ansonsten sind ambulante Maßnahmen natürlich denen der Freiheitsentziehenden vorzuziehen.

Text: **männlich\Interview_11**

Code: **1. Ist Strafe stets notwendig? \Freiheitsentzug als letztes Mittel zur Einwirkung**

Nein! Freiheitsstrafe lässt sich sicherlich nicht generell vermeiden, aber sie sollte immer das letzte Mittel sein, welches angewendet und eingesetzt wird. Eine Verurteilung zur Bewährung ist sowohl für die Gesellschaft, als auch für den Verurteilten eine günstigere Alternative, kann er doch an der Schadenswiedergutmachung arbeiten, bzw. auch seine Persönlichkeit weiter entwickeln.

Text: **männlich\Interview_8**

Code: **1. Ist Strafe stets notwendig? \Freiheitsentzug als letztes Mittel zur Einwirkung**

Nein, Strafe (Geld- oder Freiheitsstrafe) ist dann nicht notwendig, wenn den Täter eine Schuld nicht trifft, wenngleich er eine strafbare Handlung begangen hat. Freiheitsstrafe sollte stets nur letztes Mittel sein, wenn alle anderen Sanktionen nicht ausreichen oder unverhältnismäßig erscheinen.

7 Befragte sprachen sich für Freiheitsentzug nur für schwere Straftaten oder in „besonderen Fällen“ aus.

Text: **weiblich\Interview_29**

Code: **1. Ist Strafe stets notwendig? \nein, Freiheitsentzug nur für schwere Straftaten**

Es kommt meiner Meinung nach auf den Tatbestand an. Wenn es sich um Delikte handelt, die Personen nicht gefährden, könnte man evt. andere Mittel finden.

Text: **weiblich\Interview_29**

Code: **1. Ist Strafe stets notwendig? \nein, Freiheitsentzug nur für schwere Straftaten**

Wenn es jedoch Verbrechen, wie Mord oder Vergewaltigung sind bin ich mit Freiheitsentzug wohl einverstanden.

Text: **männlich\Interview_28**

Code: **1. Ist Strafe stets notwendig? \nein, Freiheitsentzug nur für schwere Straftaten**

Ja. in besonders Fällen ist Freiheitsentzug als Form der Sanktionierung notwendig.

Text: **weiblich\Interview_18**

Code: **1. Ist Strafe stets notwendig? \nein, Freiheitsentzug nur für schwere Straftaten**

Für kleinere Taten halte ich das nicht für richtig, z. B. Autoknacken oder Ladendiebstähle.

Text: **männlich\Interview_17**

Code: **1. Ist Strafe stets notwendig? \nein, Freiheitsentzug nur für schwere Straftaten**

In dieser Überlegung sollten sicher mehrere Aspekte berücksichtigt werden. So sollten „Delikte aus Not" heraus „z. B.: Mundraub" nicht übertriebener Maßen mit Freiheitsentzug geahndet werden. Somit zeigt sich für mich, als Stellungnahme, ein klares nein auf die Fragestellung auf!

Text: **männlich\Interview_4**

Code: **1. Ist Strafe stets notwendig? \nein, Freiheitsentzug nur für schwere Straftaten**

Für Schwerverbrecher (z. B. Mörder) ist die einzige Möglichkeit die Umwelt vor ihm zu schützen ein Freiheitsentzug. Im Gegenzug sind für „leichte" Straftäter (z. B. Sprayer) andere Strafen denkbar, wie bspw. das Entfernen seiner und anderer Graffitis, damit er mal erkennt wie schlecht die Farbe abgeht.

Text: **weiblich\Interview_2**

Code: **1. Ist Strafe stets notwendig? \nein, Freiheitsentzug nur für schwere Straftaten**

Nein, Freiheitsentzug ist nur in schweren Fällen „sinnvoll" Wirksamer, sozialer und billiger ist Arbeitseinsatz.

In 7 Fällen wurden bei der Beantwortung anschließend Begründungen gegeben, warum Freiheitsentzug geeignet oder nicht geeignet wäre.

Hier wurde der Kostenaspekt angesprochen. Dennoch verwiesen zwei der Befragten auf den Schutz der Allgemeinheit, was wiederum zur Folge hätte, dass einige Straftäter unter Freiheitsentzug gestellt werden sollten. Auch wurde deutlich, dass eine Resozialisierung durch Haft kritisch betrachtet wird. Die Wirkung dessen wird hinterfragt. Die richtige Strafzumessung wird aber nicht unbedingt immer im Freiheitsentzug gesehen (siehe Interview Nr. 22).

Text: **weiblich\Interview_30**

Code: **1. Ist Strafe stets notwendig? \ Abweichende Antworten**

Stets nicht, aber wie sie verhängt wird schon, nur 6% aller Sanktionen sind Freiheitsstrafen.

Text: **männlich\Interview_22**

Code: **1. Ist Strafe stets notwendig? \ Abweichende Antworten**

Eigentlich ist jede gerichtliche Strafe ein Entzug am gesellschaftlichen Leben. Eine Geldstrafe verhindert Konsum, der ein Teil des gesellschaftlichen Lebens ist. Eine berufliche Strafversetzung in ein weniger gesellschaftlich anerkanntes Tätigkeitsfeld vermindert die gesellschaftliche Anerkennung, was mit einer Isolierung einhergeht.

Text: **weiblich\Interview_21**

Code: **1. Ist Strafe stets notwendig? \ Abweichende Antworten**

Nein, muss nicht, da dies einfach zu teuer wird. Wenn dies der Fall wäre, würde schon jeder im Knast sitzen"

Text: **weiblich\Interview_19**

Code: **1. Ist Strafe stets notwendig? \ Abweichende Antworten**

Da sich die Gesellschaft in erster Linie für die Rechte und Pflichten und auch die Sicherheit aller Mitbürger einsetzen muss, bin ich schon der Meinung, dass ein Freiheitsentzug in manchen Fällen dringend erforderlich ist.

Text: **weiblich\Interview_15**

Code: **1. Ist Strafe stets notwendig? \ Abweichende Antworten**

In anderen Fällen ist Freiheitsentzug nötig zum Schutz der Allgemeinheit. Aber ob es dem Täter hilft, sich wieder zu resozialisieren ist die Frage...

Text: **weiblich\Interview_9**

Code: **1. Ist Strafe stets notwendig? \Abweichende Antworten**

Nein, da die Probleme die zu einer Strafe geführt haben durch Freiheitsentzug nicht gelöst werden. Der Täter geht auch danach mit wahrscheinlich gleicher Persönlichkeitsstruktur wieder in die Gesellschaft hinaus, und die Probleme beginnen von neuem.

12.4.2 Freiheitsstrafen belasten den Staat, die Gesellschaft, Opfer und die Inhaftierten und deren Familien und fördern Unmenschlichkeit.

Das o. g. Zitat eines Strafvollzugsgegners sollte sich unter diesem Punkt mit den Wirkungen von Strafvollzug auseinander setzen. Punkt 2 hatte zum Ziel herauszufinden, ob die allgemeinen negativen Wirkungen durch Freiheitsentzug in der Bevölkerung erkannt und als solche gewertet werden.

Die Belastungen durch den Freiheitsentzug bezogen sich zum einen auf den finanziellen Aspekt der Kosten des Vollzugs (Staat), die Gesellschaft (die sich mit der Problematik der Resozialisierung der Täter auseinandersetzen muss) und die Opfer, die durch Freiheitsentzug keine Möglichkeit haben, sich mit dem Täter auseinanderzusetzen (Täter-Opfer-Ausgleich) und die Tat eventuell dadurch schlechter verarbeiten können. Letztendlich sind mit negativen Auswirkungen auf den Inhaftierten u. a. der Prisionierungsprozess und die soziale Entwöhnung aus der Gesellschaft gemeint. Auch wurde durch die Beantwortungen der Befragten deutlich, wie diese der Freiheitsstrafe als „geeignete" Strafe entgegenstehen. Im Folgenden wurden vier Untergliederungen vorgenommen, in welchen lange Freiheitsstrafen belastend wirken können. Zusätzlich wurde ausgewertet, ob lange Haftstrafen in den Augen der Befragten Unmenschlichkeit fördern oder nicht.

Eine direkte Zustimmung zur o. g. Aussage wurde von **11 (36,6%)** Personen verzeichnet. Im Folgenden habe ich die dazugehörigen Aussagen zitiert.

Text: **männlich\Interview_25**

Code: **2. Freiheitsstrafe als Belastung für ....\Zustimmung**

Ja, denn es gibt wenig gleichermaßen drastische und teils auch erfolgreiche Maßnahmen als, den Ausschluss von der Gesellschaft.

Text: **weiblich\Interview_23**

Code: **2. Freiheitsstrafe als Belastung für ....\Zustimmung**

Stimmt.

Text: **weiblich\Interview_19**

Code: **2. Freiheitsstrafe als Belastung für ....\Zustimmung**

Freiheitsstrafen überhaupt belasten den Staat, die Gesellschaft, die Inhaftierten und deren Familien.

Text: **weiblich\Interview_15**

Code: **2. Freiheitsstrafe als Belastung für ....\Zustimmung**

Dies stellt schon eine Belastung für alle Beteiligten dar.

Text: **weiblich\Interview_13**

Code: **2. Freiheitsstrafe als Belastung für ....\Zustimmung**

Auf den ersten Blick erscheint die Tatsache einleuchtend, dass lange Freiheitsstrafen belastend sind.

Text: **männlich\Interview_11**

Code: **2. Freiheitsstrafe als Belastung für ....\Zustimmung**

Diese Aussage ist sicherlich richtig.

Text: **weiblich\Interview_9**

Code: **2. Freiheitsstrafe als Belastung für ....\Zustimmung**

Ja in einer Hinsicht schon.

Text: **männlich\Interview_8**

Code: **2. Freiheitsstrafe als Belastung für ....\Zustimmung**

Zuzustimmen ist der Behauptung, dass lange Freiheitsstrafen die oben genannten Gruppen/Institutionen vielfältig belasten.

Text: **männlich\Interview_4**

Position: **5 - 5**

Code: **2. Freiheitsstrafe als Belastung für ....\Zustimmung**

Auf jeden Fall!

Text: **weiblich\Interview_3**

Code: **2. Freiheitsstrafe als Belastung für ....\Zustimmung**

z.T. sicherlich richtig.

Text: **weiblich\Interview_2**

Code: **2. Freiheitsstrafe als Belastung für ....\Zustimmung**

Lange Freiheitsstrafen sind mit Sicherheit in allen Bereichen problematisch

Das Problem der Finanzierung des Strafvollzugs war einer Vielzahl der Befragten **(7)** bewusst. Sie sprachen häufig Haftkosten und Steuergelder an, die lange Freiheitsstrafen mit sich bringen würden. Dazu einige Codings, in denen explizit auf die finanzielle Belastung für den Staat verwiesen wurde:

Text: **männlich\Interview_24**

Code: **2. Freiheitsstrafe als Belastung für ....\Staat**

„belasten den Staat" finanziell.

Text: **weiblich\Interview_21**

Code: **2. Freiheitsstrafe als Belastung für ....\Staat**

„Es belastet den Staat finanziell, das sehe ich genauso.

Text: **weiblich\Interview_20**

Code: **2. Freiheitsstrafe als Belastung für ....\Staat**

Auf der einen Seite ist es richtig, da lange Freiheitsstrafen viel Geld kosten, und das belastet den Staat.

Text: **männlich\Interview_17**

Code: **2. Freiheitsstrafe als Belastung für ....\Staat**

Die Problematik der Belastung des Staates trifft eindeutig für mich zu; der finanzielle Aufwand und die entsprechenden Unkosten für Unterbringung, Verpflegung, ... der Inhaftierten ist einfach zu enorm!

Text: **weiblich\Interview_14**

Code: **2. Freiheitsstrafe als Belastung für ....\Staat**

Jeder Inhaftierte kostet Geld und das belastet sicherlich den Staat

Text: **männlich\Interview_10**

Code: **2. Freiheitsstrafe als Belastung für ....\Staat**

Staatsbelastung: Ausgleich durch unbezahlte oder gering bezahlte Arbeit, je nach vorhandener Ausbildung oder körperliche Arbeit.

Text: **weiblich\Interview_1**

Code: **2. Freiheitsstrafe als Belastung für ....\Staat**

Natürlich belasten sie den Staat- die Kosten könnten für anderweitige Verbesserungen wie z. B. im Straßenverkehr genutzt werden. Die Gesellschaft wird durch die Steuerzahlungen belastet.

Hinsichtlich der Belastung der Gesellschaft wurde folgendes ausgesagt:

Der Sicherungsaspekt, den der Strafvollzug für diese Befragten einnimmt stand hier im Vordergrund (z. B. Interview Nr. 27, 18, 10). Auch wurde auf die Abschreckungsfunktion des Strafvollzuges verwiesen.

Die Belastung durch potenzielle Straftäter scheint ein größeres Gewicht einzunehmen, als Belastungen, die rein finanzieller Natur sind. Aussagen, wie man im Interview 21 vorfand („Die Gesellschaft interessiert das glaube ich nicht".) zeigen, dass der Strafvollzug in den Augen der Öffentlichkeit teilweise kaum existiert. Die Bevölkerung setzt sich nur wenig mit dieser Problematik auseinander. Es herrscht somit eine Art Verdrängungsmechanismus vor.

Nur **3** der Befragten sahen keine Belastung für die Gesellschaft durch Freiheitsentzug, da durch die Inhaftierung des Straftäters schädliche Auswirkungen verhindert würden. Eine zu schnelle Entlassung würde laut dieser Befragten eher eine Belastung für die Gesellschaft darstellen.

Die dazugehörigen Codings sind jeweils:

Text: **weiblich\Interview_27**

Code: **2. Freiheitsstrafe als Belastung für ....\Gesellschaft**

Je nach Delikt wird die Gesellschaft durch zu schnelle Entlassung viel mehr belastet.

Text: **weiblich\Interview_21**

Code: **2. Freiheitsstrafe als Belastung für ....\Gesellschaft**

Die Gesellschaft interessiert das glaub ich nicht.

Text: **weiblich\Interview_18**

Code: **2. Freiheitsstrafe als Belastung für ....\Gesellschaft**

Die Gesellschaft wird, glaube ich nicht durch lange Freiheitsstrafen belastet, weil sie sicher vor dem Täter ist, wenn er inhaftiert ist. Die Gesellschaft wird so vor dem Täter gesichert, und so ist es keine Belastung für sie.

16% (5) stimmten der Annahme zu, dass Freiheitsentzug die Gesellschaft belastet.

Text: **weiblich\Interview_5**

Code: **2. Freiheitsstrafe als Belastung für ....\Inhaftierte und deren Familien**

Straftäter belasten auch den Staat, die Gesellschaft, die Opfer und deren Familien.

Text: **männlich\Interview_17**

Code: **2. Freiheitsstrafe als Belastung für ....\Gesellschaft**

Entsprechend wird somit indirekt die Gesellschaft belastet und somit auch die Allgemeinbevölkerung.

Text: **männlich\Interview_10**

Code: **2. Freiheitsstrafe als Belastung für ....\Gesellschaft**

Gesellschaft: Inhaftierung ist auch eine Funktion des Schutzes der Gesellschaft, Teil der gesetzlichen Rahmensbildung und deren Konsequenz bei Missachtung (Abschreckfunktion)

Text: **weiblich\Interview_6**

Code: **2. Freiheitsstrafe als Belastung für ....\Gesellschaft**

Wenn Gewaltverbrecher nicht inhaftiert werden, belastet das die friedliche Allgemeinheit mehr, als wenn sie Steuern für deren Freiheitsentzug zahlt.

Text: **weiblich\Interview_5**

Code: **2. Freiheitsstrafe als Belastung für ....\Gesellschaft**

Straftäter belasten auch den Staat, die Gesellschaft, die Opfer und deren Familien.

Schließlich stimmten **16% (5)** der Annahme zu, dass Freiheitsentzug die Inhaftierten und deren Familien belastet.

Text: **weiblich\Interview_18**

Code: **2. Freiheitsstrafe als Belastung für ....\Inhaftierte und deren Familien**

Natürlich kann ich mir es vorstellen, dass es die Familien belastet.

Text: **männlich\Interview_24**

Code: **2. Freiheitsstrafe als Belastung für ....\Inhaftierte und deren Familien**

die Inhaftierten und deren Familien ja

Text: **weiblich\Interview_21**

Code: **2. Freiheitsstrafe als Belastung für ....\Inhaftierte und deren Familien**

Denke, den Täter belastet das schon, aber er ist letztendlich selber dran schuld.

Text: **männlich\Interview_10**

Code: **2. Freiheitsstrafe als Belastung für ....\Inhaftierte und deren Familien**

Inhaftierte u. Familien: für die Inhaftierten ist es nicht nur eine Strafe, sondern auch eine Möglichkeit sich über die Tat bewusst zu werden und damit auseinander zu setzen, gedanklich u. geistig reifer zu werden, Entwicklung und aktive Vorbereitung für ein neue Chance.

Für die Familien ist es sicher eine Belastung, aber sie spielen nicht eine solche Opferrolle wie das eigentliche Opfer/Geschädigte. Inhaftierung kann durchaus menschlich gestaltet werden. Frage - Was ist menschlich?-→Definitionssache Urlaub- Gefängnis→ unmittelbarer Einfluss durch den Strafvollzug

Text: **weiblich\Interview_1**

Code: **2. Freiheitsstrafe als Belastung für ....\Inhaftierte und deren Familien**

Die Familie selbst leidet eher darunter das sie von Freunden und Bekannten gemieden werden, zu Aussätzigen werden.

In diesem Zusammenhang wurde aber auch auf die Schuld des Täters verwiesen, welcher ja zu Recht in Haft verweilen würde. Wie z. B. im Interview 30 ersichtlich, wird von den Befragten klar geäußert, dass die Täter (selbst bei schädlichen Auswirkungen durch Haft) wenig Ansehen in der Gesellschaft genießen. Interessant war auch die Antwort der Interviewten in Bogen 5, welche die Aussage umkehrte und die Belastungen direkt durch den Täter, als eigentlichen Auslöser, interpretierte.

Die zwei dazugehörigen Codings waren:

Text: **weiblich\Interview_30**

Code: **2. Freiheitsstrafe als Belastung für ....\Inhaftierte und deren Familien**

Inhaftierte sind wenig wichtig im Vergleich zu den anderen betroffenen Interessen, eher Seltenheit, dann berechtigt.

Text: **männlich\Interview_17**

Code: **2. Freiheitsstrafe als Belastung für ....\Inhaftierte und deren Familien**

Die Aussage der Belastung der Angehörigen des Täters ist auch zweifelhaft. Es zeigte sich immer wieder, auch in den Medien, dass die Angehörigen häufig mit dem „Täter" familiär überlastet sind. So äußerten sich Eltern über ihre straftätigen, häufig gewalttätigen Kinder: „Sperrt Ihn/sie endlich bitte ein, bevor er/sie uns noch etwas an tut!".

Dass lange Freiheitsstrafen die Opfer belasten, wurde zu ca. **46% (14)** in den Antworten verneint. Eine Haftstrafe hätte nach Meinung der Befragten eher Vergeltungs- und Entschädigungsfunktion. Eine Gefahr oder eine Belastung für das Opfer wurde nur in dem Falle gesehen, in dem der Täter nicht „sicher verwahrt" ist, also auf freiem Fuß wäre. Die Haft hat somit auch die Funktion, das Problem aus den Augen der Opfer verschwinden zu lassen.

Es ist so keine Auseinandersetzung mit dem Täter möglich. Und wieder rum wird hier deutlich, dass der Strafvollzug vor allem eine Sicherungsfunktion („Opferschutz") für die Bevölkerung einnimmt. Sind die Straftäter im Vollzug, wiegt sich die Gesellschaft in Sicherheit .Gleichzeitig wird so dem Wunsch der Bevölkerung nach Sanktion nachgegeben („Opferbefriedigung").

Die dazugehörigen Codings sind jeweils:

Text: **weiblich\Interview_30**

Code: **2. Freiheitsstrafe als Belastung für ....\Opfer**

Opfer wird nicht belastet, sondern entschädigt. Vergeltungsfunktion

Text: **weiblich\Interview_27**

Code: **2. Freiheitsstrafe als Belastung für ....\Opfer**

Warum die Opfer?

Text: **männlich\Interview_24**

Code: **2. Freiheitsstrafe als Belastung für ....\Opfer**

Die Opfer nein.

Text: **weiblich\Interview_21**

Code: **2. Freiheitsstrafe als Belastung für ....\Opfer**

Die Opfer, glaub ich eher weniger, weil diese eher froh sind, den Täter nicht unter die Augen treten zu müssen.

Text: **weiblich\Interview_20**

Code: **2. Freiheitsstrafe als Belastung für ....\Opfer**

Ich denke, das es die Gesellschaft und die Opfer nicht wirklich belastet, denn die Opfer und die Gesellschaft sind ehr froh, wenn solche Menschen im Knast „ verschwinden".

Text: **weiblich\Interview_19**

Code: **2. Freiheitsstrafe als Belastung für ....\Opfer**

Aus der Sicht der Opfer ist eine längere Freiheitsstrafe wohl eher zu vertreten als ein kurzzeitiger Aufenthalt in einer gut ausgestatteten Strafvollzugsanstalt.

Text: **weiblich\Interview_18**

Code: **2. Freiheitsstrafe als Belastung für ....\Opfer**

Die Opfer, die der Täter geschädigt hat sind beruhigt, wenn der Täter im Strafvollzug ist. So stellt dies auch keine Belastung für sie dar.

Text: **männlich\Interview_17**

Code: **2. Freiheitsstrafe als Belastung für ....\Opfer**

Der Tatsache einer Belastung von Opfern kann ich aber auf keinen Fall entsprechen. Meines Erachtens ist es viel problematischer für ein, sagen wir mal „Sexualstraftatopfer", zu wissen, Ihr Peiniger ist auf „freien Fuß" und könnte das Opfer jeder Zeit wieder bedrängen!

Text: **weiblich\Interview_14**

Code: **2. Freiheitsstrafe als Belastung für ....\Opfer**

Egal wie lange eine Haftstrafe ausfällt, sie belastet bestimmt nicht das/die Opfer.

Text: **männlich\Interview_11**

Code: **2. Freiheitsstrafe als Belastung für ....\Opfer**

Opfer hiervon weniger berührt.

Text: **männlich\Interview_10**

Code: **2. Freiheitsstrafe als Belastung für ....\Opfer**

Opfer: Funktion der Opferbefriedigung und gleichzeitig Opferschutz

Text: **weiblich\Interview_6**

Code: **2. Freiheitsstrafe als Belastung für ....\Opfer**

Warum sollte das die Opfer belasten??

Text: **männlich\Interview_4**

Code: **2. Freiheitsstrafe als Belastung für ....\Opfer**

Den Punkt, dass sie Opfer belasten sehe ich nicht so recht gegeben. Höchstens dann, wenn das Opfer mit dem Gedanken leben muss, dass der Verurteilte irgendwann aus dem Knast kommt und ein freier Mensch ist.

Text: **weiblich\Interview_1**

Code: **2. Freiheitsstrafe als Belastung für ....\Opfer**

Die Opfer, denke ich, belasten die langen Freiheitsstrafen nicht - im Gegenteil - sie werden froh sein das die Straftäter weggeschlossen sind.

Nun möchte ich auf die Aussage näher eingehen, dass lange Freiheitsstrafen unmenschlich sind oder Unmenschlichkeit fördern.

11 der Befragten sprachen sich gegen eine existierende Unmenschlichkeit aus. Strafvollzug wird nicht als unmenschlich gewertet, Es wurde ersichtlich, dass die Straftat des Täters eher als „unmenschlich" definiert wird (Interview 19, 20). Vermutlich ist es eher unwahrscheinlich, dass die Bevölkerung negative Haftfolgen erkennt oder in ihrer Existenz akzeptiert. Als unmenschlich wird ein Haftaufenthalt also nicht gewertet.

Text: **weiblich\Interview_30**

Code: **2. Freiheitsstrafe als Belastung für ....\Unmenschlichkeit**

Keine Unmenschlichkeit im Gefängnis!

Text: **männlich\Interview_24**

Code: **2. Freiheitsstrafe als Belastung für ....\Unmenschlichkeit**

„fördern die Unmenschlichkeit" nein

Text: **männlich\Interview_22**

Code: **2. Freiheitsstrafe als Belastung für ....\Unmenschlichkeit**

Gegen unmenschliche Strafen wird es in der Gesellschaft Widerstand geben. In einer Demokratie kann kein Richter ein unmenschliches Urteil fällen.

Text: **weiblich\Interview_20**

Code: **2. Freiheitsstrafe als Belastung für ....\Unmenschlichkeit**

Fördert es Unmenschlichkeit, wenn man wegen Vergewaltigung, Mord, Kindermisshandlung usw. sitzt?- dann haben die nichts anderes verdient, als mindestens eine lange Haftstrafe!! ...das, was die Täter getan haben, ist absolut unmenschlich.

Text: **weiblich\Interview_19**

Code: **2. Freiheitsstrafe als Belastung für ....\Unmenschlichkeit**

Aus gutem Grund, denn in erster Linie ist es doch unmenschlich, eine Straftat zu begehen.

Text: **weiblich\Interview_18**

Code: **2. Freiheitsstrafe als Belastung für ....\Unmenschlichkeit**

Unmenschlichkeit würde ich das nicht nennen.

Text: **männlich\Interview_17**

Code: **2. Freiheitsstrafe als Belastung für ....\Unmenschlichkeit**

Mit dem Begriff der Unmenschlichkeit kann ich in diesem Zusammenhang leider nichts anfangen!

Text: **weiblich\Interview_13**

Code: **2. Freiheitsstrafe als Belastung für ....\Unmenschlichkeit**

Ich stimme nicht überein, wenn davon die Rede ist, dass lange Freiheitsstrafen Unmenschlichkeit fördern.

Text: **weiblich\Interview_13**

Code: **2. Freiheitsstrafe als Belastung für ....\Unmenschlichkeit**

Kein Anzeichen für eine wirkliche Unmenschlichkeit!

Text: **männlich\Interview_8**

Code: **2. Freiheitsstrafe als Belastung für ....\Unmenschlichkeit**

Der Behauptung, wonach dies auch die Unmenschlichkeit fördern soll, kann ich nur zum Teil zustimmen. Letzteres kann ich mir lediglich bei menschenunwürdigen Haftbedingungen oder fehlender Betreuung während des Vollzuges vorstellen.

Text: **weiblich\Interview_6**

Code: **2. Freiheitsstrafe als Belastung für ....\Unmenschlichkeit**

Unmenschlichkeit wird eher durch zu milde Strafen gefördert, da die Gesellschaft in sich misstrauisch wird, weniger Offenheit herrscht, soziale/zwischenmenschliche Kälte aufkommt; ausgelöst durch Unsicherheit und evtl. Unterstellungen.

Im Folgenden habe ich die Beantwortungen, die sich nicht eindeutig einer Meinung zuordnen ließen in die Kategorie: -Differenzierte Sichtweisen- (der Befragten) verschoben. Diese soll nun näher betrachtet werden. Ähnlich wie in Frage 1 äußerten sich hier die Befragten oft zur Problematik der Resozialisierung. Auch hier wurde der Sicherheitsaspekt vor einer möglichen Resozialisierungsmaßnahme betont.

Schwere Straftaten würden zu Recht mit Freiheitsentzug geahndet. Zwei der Befragten waren der Ansicht, dass in solchen Fällen auch lebenslängliche Haftstrafen angemessen wären.

Dennoch erkannten einige der Teilnehmer die Notwendigkeit von Wiedergutmachung und Wiedereingliederung und dessen schwierige Umsetzung.

Text: **weiblich\Interview_29**

Code: **2. Freiheitsstrafe als Belastung für ....\Differenzierte Sichtweise**

Wenn wie in Antwort 1 schwere Tatbestände vorliegen finde ich auch lange Freiheitsstrafen sinnvoll.

Text: **männlich\Interview_28**

Code: **2. Freiheitsstrafe als Belastung für ....\Differenzierte Sichtweise**

Deshalb sollte früh mit Resozialisierungsprogrammen begonnen werden. Bei schwer gewalttätigen Verbrechern überwiegt die Sicherheit der Bürger deren Belastung durch die Strafvollzugs-Ausgaben.

Text: **männlich\Interview_25**

Code: **2. Freiheitsstrafe als Belastung für ....\Differenzierte Sichtweise**

...denn es gibt wenig gleichermaßen drastische und teils auch erfolgreiche Maßnahmen als, der Ausschluss von der Gesellschaft.

Text: **männlich\Interview_22**

Code: **2. Freiheitsstrafe als Belastung für ....\Differenzierte Sichtweise**

Man kann eine einzelne Funktion des Staates (Strafvollzug) nicht von den gesamtgesellschaftlichen Aufgaben des Staates trennen. Die Wiedergutmachung eines Schadens (falls möglich) muss vor der Sühne stehen.

Text: **weiblich\Interview_21**

Code: **2. Freiheitsstrafe als Belastung für ....\Differenzierte Sichtweise**

Es kommt auch darauf an, was der Täter für eine Strafe erhält, ob diese angemessen ist.

Text: **weiblich\Interview_15**

Code: **2. Freiheitsstrafe als Belastung für ....\Differenzierte Sichtweise**

Bei sehr schweren Verbrechen neige ich dazu zu sagen, dass z. B. eine" lebenslängliche" Freiheitsstrafe angebracht ist, da man z. B. einen mehrfachen Mörder nicht mehr auf die Menschheit „loslassen" kann. In solch einen Fall ist der Schutz der Allgemeinheit wichtiger als die Belastung für den Staat.

Anderseits ist nach langen Freiheitsstrafen die Zeit der Resozialisierung länger als nach kürzeren.

Text: **weiblich\Interview_14**

Code: **2. Freiheitsstrafe als Belastung für ....\Differenzierte Sichtweise**

Lange Freiheitsstrafen sollten bei Vergewaltigern eingeführt werden, die meisten Opfer haben nur 2-3 Jahre Ruhe und machen sich selbst in dieser Zeit grauenhafte Vorstellungen von der Zukunft.

Text: **weiblich\Interview_13**

Code: **2. Freiheitsstrafe als Belastung für ....\Differenzierte Sichtweise**

Es sollte daher in wirklich regelmäßigen Abständen überprüft werden, inwieweit eine Wiedereingliederung in die Gesellschaft möglich wäre.

Text: **männlich\Interview_12**

Code: **2. Freiheitsstrafe als Belastung für ....\Differenzierte Sichtweise**

JA + NEIN. Diese sind im Verhältnis zu sehen. Meiner Meinung nach sind diese angemessen, wenn eine Änderung des ungewünschten Verhaltens einer Person nicht anders sichergestellt werden kann (krankhaftes Verhalten). Andererseits finde ich, dass in vielen Fällen auch lange Freiheitsstrafen ihre Wirkung verfehlen und den Täter nicht zur Reue / Änderung seines Verhaltens führen.--> Strafsystem

Text: **männlich\Interview_11**

Code: **2. Freiheitsstrafe als Belastung für ....\Differenzierte Sichtweise**

Aber wie schon bei Punkt 1 genannt, auch lange Haftstrafen lassen sich in bestimmten Einzelfällen nicht vermeiden., aber es findet in Haft kaum eine Entwicklung der Persönlichkeit statt, so dass sich die Sozialprognose kaum ändert. Selbst eine abschreckende Wirkung auf andere potenzielle Straftäter haben angedrohte lange Haftstrafen, wie im StGB beschrieben, nicht.

Text: **weiblich\Interview_7**

Code: **2. Freiheitsstrafe als Belastung für ....\Differenzierte Sichtweise**

Trotzdem sind lange Freiheitsstrafen sinnvoll und notwendig, denke ich dabei z. B. an Gewaltverbrecher, die meist ohne Freiheitsentzug von weiteren Taten nicht absehen!

Text: **weiblich\Interview_6**

Code: **2. Freiheitsstrafe als Belastung für ....\Differenzierte Sichtweise**

Der Inhaftierte war sich sicherlich der Konsequenzen bewusst.

Text: **weiblich\Interview_5**

Code: **2. Freiheitsstrafe als Belastung für ....\Differenzierte Sichtweise**

Der Straftäter ist sich doch wohl der Konsequenzen seiner Handlung bewusst.

Text: **weiblich\Interview_3**

Code: **2. Freiheitsstrafe als Belastung für ....\Differenzierte Sichtweise**

...anderseits bin ich der Meinung, dass einige Straftäter gar nicht mehr entlassen werden sollen. Lebenslänglich sollte dann auch lebenslänglich bedeuten, also nicht 30 Jahre, sondern bis zum Tod.

12.4.3 Vakuum in der Szene

Professor Michael Bock, ein Resozialisierungsbefürworter, vertrat den Standpunkt, dass die Verhängung einer Freiheitsstrafe ein Vakuum erzeuge, in welches andere potenzielle Täter nachziehen würden. Er ist somit überzeugt, dass Strafvollzug keine geeignete Maßnahme darstellt, um auf Straftäter einzuwirken.[291] Ob diese Auffassung auch bei den Befragten auf Zustimmung stoß, wurde durch die Befragung versucht zu klären. Zunächst habe ich die Antworten der Befragten in vier Kategorien eingeteilt, also Untercodes oder Subkategorien zur Frage gebildet.

Wie die folgenden Codings zeigen, konnten **12 (40%)** der Befragten dieser Aussage überhaupt nicht zustimmen.

Diese Befragten sehen andere Ursachen für das Entstehen neuer „krimineller Karrieren", teilweise wird sie sogar als normales Vorkommen gewertet (siehe Interview 30). Die Befragten nahmen an, dass es viele Kriterien gibt, die Kriminalität beeinflussen, es aber andererseits oft nicht beeinflussbar sei, wie sich diese in der Gesellschaft entwickeln. Von diesen Befragten wurde kein direkter Zusammenhang zwischen einer verhängten Freiheitsstrafe und erneuter Kriminalität gesehen.

Text: **weiblich\Interview_30**

Code: **3. Vakuum\Ablehnung**

Andere Straftäter sind sowieso da, Kriminalität ist normal, Satz ist falsch.

Text: **weiblich\Interview_27**

Code: **3. Vakuum\Ablehnung**

Aber nicht bei Einzeltätern

Text: **männlich\Interview_26**

Code: **3. Vakuum\Ablehnung**

Glaub ich nicht.

Text: **männlich\Interview_25**

Code: **3. Vakuum\Ablehnung**

Nein, wo eine Nachfrage (ein Markt) ist wird es auch, immer Menschen geben die diesen Markt bedienen und dadurch Straftaten begehen. Es liegt in der Entscheidung des Einzelnen, wie er seinen Lebensunterhalt erarbeiten will und hat meiner Meinung nach nur wenig damit zu tun das irgendwo „eine Stelle" frei wird.

---

[291] vgl. Bock, 2000, S. 7

Text: **weiblich\Interview_23**

Code: **3. Vakuum\Ablehnung**

Dem Prinzip stimme ich nicht zu. Die Szene interessiert sich nicht, ob ein Vakuum entsteht. Kriminalität richtet sich nicht danach, ob „ein Vakuum entsteht“.

Text: **weiblich\Interview_18**

Code: **3. Vakuum\Ablehnung**

Natürlich nicht.

Text: **weiblich\Interview_15**

Code: **3. Vakuum\Ablehnung**

Ich denke nicht, dass es zwangsläufig daraus folgt. Deshalb ist es für mich kein stichhaltiges Argument gegen den Strafvollzug.

Text: **weiblich\Interview_13**

Code: **3. Vakuum\Ablehnung**

Diese Aussage ist für mich nicht haltbar, da sich für mich kein Zusammenhang daraus erschließt. Es würden auch andere nachstoßen, ohne dass ein einzelner Täter plötzlich von der Bildfläche verschwindet! Warum sollte also ein Ausüben einer Straftat in einer bestimmten Gruppierung von anderen Personen abhängig sein?

Text: **männlich\Interview_11**

Code: **3. Vakuum\Ablehnung**

Ob dies so stimmt, bezweifele ich. Wer zum Zuge kommen will, macht dies auch so, denke ich. Das Wegschließen erfolgt auf Grund des Repressionsgedanken im Strafrecht und könnte auch auf solche Gedanken keine Rücksicht nehmen.

Text: **männlich\Interview_8**

Code: **3. Vakuum\Ablehnung**

Diesen Ansatz kann ich nicht nachvollziehen. Es muss dann Ziel und Aufgabe der Polizei- und Ordnungsbehörden, dieses „Vakuum“ zu schließen, z. B. durch Auflösung bestimmter Gruppierungen und Verflechtungen im BtMG - Bereich, indem gezielt weitere Ermittlungen bzgl. der anderen Szenemitglieder angestellt werden und für potenzielle Konsumenten soziale Ausweichangebote (Treffpunkte zwecks Betreuung o.ä.) eingerichtet werden.

Text: **weiblich\Interview_7**

Code: **3. Vakuum\Ablehnung**

Würden die Menschen, welche in dieses Vakuum nachstoßen nicht sowieso irgendwann ein Verbrechen begehen? Ich denke, dass hat nichts damit zu tun.

Text: **männlich\Interview_4**

Code: **3. Vakuum\Ablehnung**

Sehe ich als eher unproblematisch. Wenn jemand neu in der Szene ist, weil ein anderer „weg vom Fenster" ist, hat dieser es erst einmal schwerer sich zu etablieren und der kriminelle Fluss wird somit zunächst verlangsamt. Vielleicht wurde aber auch durch GENAU diesen Straftäter das gesamte System zerstört und es bekommt kein anderer die Möglichkeit in dieses System nachzustoßen.

Der Kategorie Zustimmung konnte ich **40% (12)** der Aussagen zuordnen. Hier stimmten die Befragten der Aussage von Herrn Bock zu. Die Abschreckungsfunktion auf potenzielle neue Straftäter wurde angesprochen, aber auch die Notwendigkeit, genau diese Straftäter festzunehmen zu können, also an dieser Stelle spezielle Präventionsarbeit zu leisten.

Text: **männlich\Interview_28**

Code: **3. Vakuum\Zustimmung**

Daher sollten zusätzlich umfassende Straf-Präventions-Programme durchgeführt werde - diese sind auf lange Sicht hin billiger als Strafvollzug.

Text: **weiblich\Interview_27**

Code: **3. Vakuum\Zustimmung**

Sicher nur bei Banden der Fall,...

Text: **männlich\Interview_24**

Code: **3. Vakuum\Zustimmung**

Die Aussage ist teilweise zutreffend.

Text: **weiblich\Interview_21**

Code: **3. Vakuum\Zustimmung**

Sehe ich genauso.

Text: **weiblich\Interview_19**

Code: **3. Vakuum\Zustimmung**

Möglicherweise hinterlassen Straftäter in der Szene Lücken, die von Nachfolgekandidaten geschlossen werden. Denkbar ist aber auch, dass durch eine hohe Aufklärungsrate der Straftaten solche potenziellen Straftäter davon abgeschreckt werden, ihre strafbaren Handlungen auszuführen.

Text: **männlich\Interview_17**

Code: **3. Vakuum\Zustimmung**

Diese Aussage ist auf jeden Fall korrekt. Es zeigte sich immer wieder, dass, nehmen wir beispielsweise die „Rechte Szene", nach Inhaftierung eines Täters, sofort der Nächste an seiner Stelle statt, trat. Interessant wird aber der Aspekt, wenn Führungspersönlichkeiten aus der Szene „weggesperrt" werden. So dauerte es häufig länger bis entsprechende Nachfolger gefunden wurden.

Text: **weiblich\Interview_15**

Code: **3. Vakuum\Zustimmung**

Das kann eventl. in einem oder anderen Fall mal so sein,...

Text: **weiblich\Interview_14**

Code: **3. Vakuum\Zustimmung**

Umso leichter sollte es doch sein diesen „Vakuumfüller" festzunehmen. Schließlich wird über neue „Straftäter" in bestimmten Milieus viel gesprochen(= Beweise). Zum anderen ist das der beste Weg der Person den richtigen Weg zu weisen!

Text: **männlich\Interview_12**

Code: **3. Vakuum\Zustimmung**

Dies kann nicht verneint werden, ist aber eine Begleiterscheinung. Wichtiger ist der Sinn der Strafe und deren Wirkung auf den Täter. Dies gilt auch für die Abschreckung auf andere potenzielle Täter. Die Gründe für Straftaten sind entscheidend, nicht die Folgen für die Szene.

Text: **männlich\Interview_10**

Code: **3. Vakuum\Zustimmung**

Diese Aussage ist richtig, drückt aber weder was positives oder negatives aus. Es wird dadurch nicht gerechtfertigt, dass Straftaten nicht verfolgt und geahndet werden. Diese Straftäter können zum einen als wichtige Informationsquelle über die Szene dienen, damit diese noch gezielter untersucht und verfolgt werden kann, andererseits wird ersichtlich für die Nachfolger, dass diese Positionen in der Szene nicht sicher vor Strafverfolgung sind und die Konsequenzen könnten auch eine abschreckende Wirkung haben. Eine nicht Strafverfolgung würde mit einer Legalisierung gleich kommen. Außerdem dient diese Vakuumbildung als Störfaktor für die Szene.

Text: **weiblich\Interview_3**

Code: **3. Vakuum\Zustimmung**

Sicherlich. Aber sollte man deswegen denen freie Hand lassen?! Je mehr Freiheiten, desto mehr nehmen sie sich raus, werden also immer skrupelloser. Dass andere nachkommen wird man nicht verhindern können.

Text: **weiblich\Interview_1**

Code: **3. Vakuum\Zustimmung**

Da bin ich fest davon überzeugt. In der heutigen Zeit wo jeder Jugendliche in der Clique sich durchsetzen will und nicht als Weichei dastehen möchte würde den Platz des Anführers (sollte er gefasst werden) einnehmen.

Einige Befragte verstanden die Aussage Herrn Bocks als eine Delegation für die Entstehung von neuen Straftätern und somit von Kriminalität (Strafe sei somit nicht erforderlich), und reagierten dementsprechend mit Antworten wie: *„Es wird dadurch nicht gerechtfertigt, dass Straftaten nicht verfolgt und geahndet werden"* oder *„Aber sollte man deswegen denen freie Hand lassen?!", „Eine nicht Strafverfolgung würde mit einer Legalisierung gleich kommen"*, was wiederum deutlich macht, dass Straftaten in den Augen einiger Befragter immer verfolgt und sanktioniert werden sollten. Dennoch wurden in diesem Zusammenhang detaillierte Angaben über mögliche Interventionen gemacht, welche das Kriminalitätsgeschehen eindämmen könnten. Dies wurde besonders bei den folgenden drei Aussagen ersichtlich, die ich aus diesem Grund einer eigenen Kategorie zugeteilt habe.

Text: **männlich\Interview_22**

Code: **3. Vakuum\anderes**

Denkt man diese These zum Ende fertig, so kommt man zu dem Schluss, dass Fehlverhalten in einer Gesellschaft zwingend auftreten muss und nicht bekämpft werden kann. Wer Drogenhandel fatalistisch hinnimmt, lässt außer Acht, dass durch Verbesserung der Lebensverhältnisse und durch Aufklärung eine Anwendung von Drogen möglich ist.

Text: **weiblich\Interview_20**

Code: **3. Vakuum\anderes**

Sollte man aber, weil vielleicht dieses Vakuum entstehen kann, Strafen weglassen oder verringert werden? Nein, denke ich nicht, denn das sind Risiken, die sich nicht verhindern lassen.

Text: **weiblich\Interview_6**

Code: **3. Vakuum\anderes**

Was nicht bedeuten darf, dass die „bestimmten Straftäter" nicht bestraft werden müssen; vor allem diese Menschen stellen eine große potenzielle Gefahr für die Gesellschaft dar. Der eigentliche Angriffspunkt liegt natürlich im sozialen Umfeld, meist kommen die Problemfälle aus sozial schwachen Familien ohne Zukunftsaussichten; gleich dort muss interveniert werden, um Gewalt von vornherein zu verhindern; besonders hier ist es wichtig, Perspektiven zu bieten.

Bei **6** der Befragten musste ich leider feststellen, dass die Aussage von Nr. 3 nicht oder nur teilweise verstanden wurde. In die Kategorie: keine Antwort/ Nicht-verstehen ordnete ich dementsprechend Aussagen wie: „Damit habe ich mich noch nicht beschäftigt"; „weiß nicht" etc. Nur eine Befragte machte hier gar keine Angaben.

12.4.4 Die Regelungen für Gewaltverbrecher müssen sich mehr am Schutz der Gesellschaft orientieren.

Ähnlich wie unter Punkt 8 spricht diese Aussage das individuelle Schutzbedürfnis der Gesellschaft an. In den Beantwortungen konnten so zahlreiche Meinungen identifiziert werden, die darauf hindeuten, dass die Resozialisierung von Straftätern von den Befragten nicht als vorrangiges Ziel betrachtet wird.

Diese Meinungen habe ich in die Kategorie - Zustimmung – eingeordnet:

Text: **weiblich\Interview_29**

Code: **4. Vorrang des Schutzgedanken\Zustimmung**

Der Meinung bin ich auch.

Text: **männlich\Interview_28**

Code: **4. Vorrang des Schutzgedanken\Zustimmung**

Ja. Gewaltverbrecher sollten nach doppelt kontrollierten eindeutigen Gutachten sicherheitsverwahrt werden können. Die Folgen einer vorschnellen Entlassung wegen guter Führung sind in letzter Zeit anhand mehrerer Fälle rückfällig gewordener Straftäter offensichtlich geworden.

Text: **weiblich\Interview_27**

Code: **4. Vorrang des Schutzgedanken\Zustimmung**

Am Schutz der Gesellschaft, aber auch des Täters (Hintergrund des Täters, seine Vergangenheit, Umfeld)

Text: **männlich\Interview_26**

Code: **4. Vorrang des Schutzgedanken\Zustimmung**

Ja.

Text: **männlich\Interview_22**

Code: **4. Vorrang des Schutzgedanken\Zustimmung**

Das stimmt auch für Sexualverbrechen und Kindesmisshandlung. Hier ist eine Wiedergutmachung unmöglich und die Gefährdung der Gesellschaft besteht eine sehr lange Zeit.

Text: **weiblich\Interview_19**

Code: **4. Vorrang des Schutzgedanken\Zustimmung**

Mir sind die genauen Regelungen für Gewaltverbrecher unbekannt, trotzdem bin ich der Auffassung, dass sich mögliche Veränderungen in diesen Regelungen nur am Schutz der Gesellschaft und damit am Schutz der möglichen Opfer orientieren sollten. Gewaltverbrechen sollten nicht dadurch an Bedeutung gewinnen, dass man sich mehr um die spätere Wiedereingliederung der Verbrecher als um das Leben der Opfer und potenziellen Opfer bemüht.

Text: **weiblich\Interview_18**

Code: **4. Vorrang des Schutzgedanken\Zustimmung**

Ja. Der Schutz der Gesellschaft ist vorrangig. Der Täter soll weggeschlossen werden, damit der Schutz der Gesellschaft gewährleistet werden kann.

Text: **männlich\Interview_17**

Code: **4. Vorrang des Schutzgedanken\Zustimmung**

Auch dieser Aussage muss ich beipflichten. Im heutigen Strafvollzug wird immer mehr auf die Täter eingegangen. So zeigen sich immer mehr Aussagen, wie: „Er kommt aus einer zerrütteten Familie." Opfer und damit auch die Gesellschaft spielen dann häufig nur eine sekundäre Rolle. So bekommen die Gewalttäter nicht selten „strafmildernde Umstände" zugesprochen und erzielen damit ein abgemildertes Strafmaß. Bevor man sich dann versieht, sind sie wieder auf „freiem Fuß" und werden dann zu oft rückfällig! Ehe man sich versieht, ist der nächste z.B. verletzt, traumatisiert, tot. Wobei dieses Ereignis hätte vermutlich verzögert, wenn nicht sogar verhindert werden können, hätte der Täter das volle Strafmaß erhalten.

Text: **weiblich\Interview_16**

Code: **4. Vorrang des Schutzgedanken\Zustimmung**

Ja.

Text: **weiblich\Interview_15**

Code: **4. Vorrang des Schutzgedanken\Zustimmung**

Dem kann ich zustimmen, wobei außer dem Schutz der Gesellschaft auch etwas dafür getan werden muss, dass der Täter die Chance hat, sich zu bessern, aber natürlich erst einmal in einem geschützten Rahmen.

Text: **weiblich\Interview_14**

Code: **4. Vorrang des Schutzgedanken\Zustimmung**

Genau meine Meinung. Ich finde es unmenschlich, dass Kapitalverbrechen höher bestraft werden wie Gewaltverbrechen.

Text: **männlich\Interview_12**

Code: **4. Vorrang des Schutzgedanken\Zustimmung**

JA, als erster Aspekt für Strafen.

Text: **männlich\Interview_11**

Code: **4. Vorrang des Schutzgedanken\Zustimmung**

Sicherlich ist da was dran, aber auch der Knast, also die Haftbedingungen, muss menschlich bleiben. Hier muss mit den Tätern gearbeitet werden, nicht nur ein Wegschließen erfolgen, sonst wird es noch teurer für die Gesellschaft, kommt der Verurteilte erst wieder raus und wird rückfällig (wie ja leider jetzt immer noch ca 75- 80 % der Haftentlassenen).

Text: **männlich\Interview_10**

Code: **4. Vorrang des Schutzgedanken\Zustimmung**

- *erste Priorität ist der Schutz der Gesellschaft*
- *zweite Prio. Hinsichtlich Betreuung der Täter (psychologische Untersuchung, Ursachenforschung), Ziel ist gefahrlose Resozialisierung in die Gesellschaft. Im Zweifelsfall gegen den Täter, für die Gesellschaft!*

Text: **weiblich\Interview_9**

Code: **4. Vorrang des Schutzgedanken\Zustimmung**

Ja und Nein. Am Schutz der Gesellschaft richtig aber auch an Veränderung der Täter, welches durch Freiheitsentzug häufig nicht der Fall ist.

Text: **weiblich\Interview_7**

Code: **4. Vorrang des Schutzgedanken\Zustimmung**

korrekt, damit nach eventueller Resozialisierung keine erneuten Verbrechen begangen werden. Wobei ich der Ansicht bin, dass Gewaltverbrecher (Sexualstraftäter) nicht das Recht auf Strafminderung bzw. Resozialisierung erhalten sollten. Ich bin der Meinung, dass gerade diese Täter einen endgültigen Freiheitsentzug erhalten sollten, da sich schon oft (laut Medien) gezeigt hat, dass die meisten dieser Täter rückfällig werden und neue Opfer die Folge sind. Dabei ist es egal, ob es sich um Missbrauch oder Vergewaltigung mit Todesfolge handelt.

Text: **weiblich\Interview_6**

Code: **4. Vorrang des Schutzgedanken\Zustimmung**

Dem stimme ich zu.

Text: **weiblich\Interview_5**

Code: **4. Vorrang des Schutzgedanken\Zustimmung**

Geht man mehr von der Opfer-Seite aus, wird man die Aussage unterstützen.

Text: **männlich\Interview_4**

Code: **4. Vorrang des Schutzgedanken\Zustimmung**

Auf jeden Fall. Es muss immer darauf geachtet werden, dass der Straftäter seine Umwelt nicht (wieder/ weiter) schaden kann. Er bringt damit das gesellschaftliche Leben und das Leben anderer in Gefahr (siehe Terroristen).

Text: **weiblich\Interview_3**

Code: **4. Vorrang des Schutzgedanken\Zustimmung**

Finde ich auch. Die Gesellschaft muss vor den Gewaltverbrechern geschützt werden. Die meisten kommen viel zu gut davon.

Text: **weiblich\Interview_2**

Code: **4. Vorrang des Schutzgedanken\Zustimmung**

Allerdings.

Text: **weiblich\Interview_1**

Code: **4. Vorrang des Schutzgedanken\Zustimmung**

Richtig, wie z.B. die Freigänge sollten alle unter Aufsicht erfolgen. Die Straftäter müssten sich mehreren Gutachtern stellen bevor sie wegen guter Führung entlassen werden.

22 der **30** Befragten, also ca. **73%** sprachen sich für eine höhere Orientierung der Gesetze am Schutz der Gesellschaft aus. Zusammenfassend möchte ich die hieraus resultierenden Ergebnisse darstellen:

- Resozialisierungsmaßnahmen, wie Freigänge usw. sollten nicht zu früh ergriffen werden, und wenn dann unter Aufsicht.
- Eine Entlassung wird als neue Gefahr für die Gesellschaft interpretiert (und somit sollte diese nur selten praktiziert werden).
- Heutige Strafen werden als nicht hart genug eingeschätzt.
- Eine stärkere Orientierung am Opfer wird gefordert.

- Schwere Straftaten (besonders Gewalt- und Sexualverbrechen) und erneute Rückfälligkeit dieser Straftäter bieten keine Grundlage für eine Resozialisierung. Diese Straftäter sollten „endgültigen" Freiheitsentzug erhalten.
- Erst wenn der Schutz der Gesellschaft gewährleistet ist, kann eine (gefahrlose) Resozialisierung geleistet werden. Im Zweifelsfall soll sich gegen den Täter entschieden werden.

Dennoch waren einige Befragte der Ansicht, dass ein „Wegsperren" alleine nicht effektiv sei. Zusätzlich seien die Haftbedingungen, die Betreuung des Inhaftierten und die Arbeit mit dem Straffälligen von Bedeutung.

Unter der Kategorie – Ablehnung/Resozialisierungsbefürworter – habe ich die folgenden **9** Aussagen eingeordnet:

Text: **weiblich\Interview_30**

Code: **4. Vorrang des Schutzgedanken/ Ablehnung/ Resozialisierungsbefürworter**

Ist bereits sehr wichtig, aber keine quantitative bzw. qualitative Interessenabwägung, denn Interessen des einzelnen Individuums wiegen gleich.

Text: **männlich\Interview_25**

Code: **4. Vorrang des Schutzgedanken/ Ablehnung/ Resozialisierungsbefürworter**

Nein, weil es kaum möglich ist zukünftige Verbrechen/Straftaten zu verhindern. Anders gesagt, wer ein Verbrechen begehen will wird allen Schutzmaßnahmen zum trotz einen Weg finden dies zu tun. Die vorhandenen Maßnahmen sind ausreichend.

Text: **männlich\Interview_24**

Code: **4. Vorrang des Schutzgedanken/ Ablehnung/ Resozialisierungsbefürworter**

Die gegebenen gesetzlichen Regelungen reichen im Allgemeinen in vernünftiger Anwendung aus, die Gesellschaft zu schützen (Einzelfälle müssen gesondert betrachtet werden).

Text: **weiblich\Interview_23**

Code: **4. Vorrang des Schutzgedanken/ Ablehnung/ Resozialisierungsbefürworter**

Ohne Hilfe, Therapie für den Gewaltverbrecher ist auch mehr Schutz der Gesellschaft nicht möglich. Therapierte Gewaltverbrecher bilden einen Schutz für die Gesellschaft.

Text: **weiblich\Interview_13**

Code: **4. Vorrang des Schutzgedanken/ Ablehnung/ Resozialisierungsbefürworter**

Der Schutz der Gesellschaft ist ein ziemlich dehnbarer Begriff. Ich denke, es ist wichtig, dass der Gewalttäter eine Schuld- und Tataufarbeitung leistet und sich mit dem Opfer auseinandersetzt. Einen gänzlichen Schutz würde wahrscheinlich nur ein lebenslanges Wegsperren aller Täter bringen. Da dies jedoch nicht im Sinne einer Demokratie sein kann und das StVollzG auch ein anderes Anliegen hat, bleibt wohl nur der Versuch der Resozialisierung übrig. Darüber hinaus stellt sich die Frage, um welche Regelungen es sich hier handeln sollte. Ich glaube nicht, dass wir ein Stigmatisierungsverhalten an den Tag legen sollten, wie es in den USA der Fall ist (beispielsweise Straftäter im Internet öffentlich bekannt zu geben).

Ein 100% iger Schutz ist eine Illusion und ihn kann auch keine Nation herstellen.

Text: **männlich\Interview_12**

Code: **4. Vorrang des Schutzgedanken/ Ablehnung/ Resozialisierungsbefürworter**

NEIN, weil ich finde, dass zu wenig die Ursachen dieser Straftaten durch dieses Wissen bekämpft werden.

Text: **weiblich\Interview_9**

Code: **4. Vorrang des Schutzgedanken/ Ablehnung/ Resozialisierungsbefürworter**

Ja und Nein. Am Schutz der Gesellschaft richtig aber auch an Veränderung der Täter, welches durch Freiheitsentzug häufig nicht der Fall ist.

Text: **männlich\Interview_8**

Code: **4. Vorrang des Schutzgedanken/ Ablehnung/ Resozialisierungsbefürworter**

Ich denke, die Sicherungsmechanismen stimmen im Bereich des allgemeinen Strafrechts.

Text: **weiblich\Interview_5**

Code: **4. Vorrang des Schutzgedanken/ Ablehnung/ Resozialisierungsbefürworter**

Soll die Täter- Seite stärker betrachtet werden, wird man tendenziell auch zustimmen, den Ansatz aber mehr auf die Eingliederung des Täters in die Gesellschaft legen.

In dieser Kategorie wird deutlich, dass die Befragten Wert auf die Eingliederung der Straftäter in die Gesellschaft legten. Sie waren der Ansicht, dass die derzeitigen Maßnahmen zur Sicherung der Allgemeinheit vor Straftätern im Großen und Ganzen ausreichend sind. Freiheitsentzug beseitige nicht die Ursachen von Delinquenz. Die Schuld- und Tataufarbeitung waren für einige der Befragten eher von Bedeutung.

Einen absoluten Schutz vor Straftaten kann es nach Meinung einer Befragten nicht geben.

Ein gewisses Vorhandensein von Kriminalität ist in den Augen der Befragten normal. Nur resozialisierte und therapierte Straftäter stellen einen Schutz für die Gesellschaft dar. Auch wurde von einigen Interviewten geäußert, dass innerhalb der Strafrechtspflege Präventionsmaßnahmen nötig sind, die Täter oft frühere Opfer gewesen sind und Resozialisierung nur durch eine umfassende Behandlung realisiert werden könne. Nur so bestehe die Chance, eine erneute Straffälligkeit zu vermeiden. Die Gesellschaft hätte die Pflicht, dem Täter eine Möglichkeit zur Wiedereingliederung zu bieten. Der Rechtspfleger verwies in seiner Antwort dabei auf einen Handlungsbedarf speziell im Bereich des Jugendstrafrechts, welches repressiver ausgestaltet werden sollte. Es sollte im Bereich der Gewaltstraftaten weniger erzieherisch sondern eher individual-und generalpräventiv wirken.

Die Befragten glauben u. a., wenn Straftäter nicht therapier- oder resozialisierbar sind, sollten auch längere Haftzeiten in Erwägung gezogen werden.

12.4.5 Stigmatisierung und Sanktionierung sind eng miteinander verbunden.

Dieser Punkt beabsichtigt einen Zusammenhang mit dem Labeling Ansatz zu bilden, welcher besagt, dass nicht das Verhalten eines Straftäters die Ursache für das Entstehen eines „Exknasti-Stigmatas“ ist. Kriminalität wird ihm vielmehr zum einen durch den Normsetzer dadurch zugeschrieben, dass ein bestimmtes Verhalten als kriminell definiert wird. Und zum anderen durch den Normanwender, der bestimmte Menschen, die Gesetze verletzten, aus der Vielzahl der Gesetzesverletzer herausgreift und stigmatisiert. Diese Definitions- und Zuschreibungsprozesse erfolgen selektiv, sie sind bestimmt durch das sozialstrukturelle Machtgefälle. Durch diese Zuschreibungsprozesse werden Handlungsspielräume der gelabelten Individuen reduziert und die als konform definierten Verhaltensmöglichkeiten eingeschränkt. Durch den Mangel an der Erlernung konformer Verhaltensweisen flüchtet sich der Betroffene in delinquentes Verhalten, d. h. es entsteht sekundäre Devianz. Die Haftzeit stellt somit die Krönung im Drama der Etikettierung für den Insassen dar.[292]

Ob diese Gedanken auch in der Öffentlichkeit vorherrschen, sollte anhand dieser Frage näher untersucht werden. Es wurden dazu die Kategorien:

- Stigmatisierung und Sanktionierung sind eng miteinander verbunden-

  und

- Stigmatisierung und Sanktionierung sind nicht eng miteinander verbunden- gebildet.

Die überwiegende Mehrheit der Befragten (**60%**, also **18** Personen) stimmte der Aussage aus Punkt 5 zu.

Im Folgenden habe ich einige der unter der Kategorie Zustimmung eingeordneten Codings zitiert.

[292] vgl. Schäffer, 1996, S. 168

Text: **weiblich\Interview_30**

Code: **5. Stigmatisierung und Sanktionierung\Zustimmung**

Gibt es auch bei anderen Sanktionen, ist berechtigt im Interesse der Gesellschaft, muss ein Stück weit sein (früher Ehrenstrafe mit an den Pranger stellen).

Text: **weiblich\Interview_29**

Code: **5. Stigmatisierung und Sanktionierung\Zustimmung**

Es lässt sich leider nicht vermeiden, dass Menschen Vorurteile haben, jedoch sollte jede Sanktionierung individuell gehandhabt werden.

Text: **männlich\Interview_28**

Code: **5. Stigmatisierung und Sanktionierung\Zustimmung**

Ja, und zwar in beiden Richtungen. Genauso wie eine Stigmatisierung Einfluss auf die Sanktionierung hat. hat eine Sanktionierung auch eine Stigmatisierung zur folge. Daher sollten objektive Urteile gefällt und Straftätern die Möglichkeit gegeben werden, sich sozial zu reintegrieren.

Text: **männlich\Interview_25**

Code: **5. Stigmatisierung und Sanktionierung\Zustimmung**

Ja, wenn man z.B. einen bestimmten Umfeld oder Milieu zugeordnet wird kann die jeweilige Sanktion stärker ausfallen. So wie auch Wiederholungstäter weit aus drastischer bestraft werden.

Text: **weiblich\Interview_21**

Code: **5. Stigmatisierung und Sanktionierung\Zustimmung**

Nein, es kommt auf die Tat drauf an, wie ich das persönlich sehe, wie schlimm die Tat war. Da wäre ich ja auch betroffen....Mein Vater war selber im Knast, deshalb bin ich auch nicht der Meinung. Teilweise wurde er persönlich angegriffen, aber nur von Leuten, die nicht wussten, weshalb er im Knast war. Glaub, das war für ihn eine noch größere Strafe. Wobei ich es auch richtig finde, dass z.B. Vergewaltiger öffentlich dargestellt werden, aus Schutz für die anderen, und als Abschreckung für neue Täter.

Text: **weiblich\Interview_20**

Code: **5. Stigmatisierung und Sanktionierung\Zustimmung**

Ja, das ist Gesellschaftsdenken, das ist halt so... Ich persönlich finde es nicht ok, da immer unterschieden werden sollte, was es für eine Tat ist. Banale Dinge, wie Falschparker, Schwarzfahrer sollten nicht als Verbrecher abgestempelt werden, da jeder solche Taten begeht oder irgendwann mal begangen hat.

Text: **weiblich\Interview_19**

Code: **5. Stigmatisierung und Sanktionierung\Zustimmung**

Zweifellos hängen Stigmatisierung und Sanktionierung im Umgang mit Straftätern eng zusammen. Schlimm wäre allerdings, wenn eine einmalige strafbare Handlung, ein Ladendiebstahl eines Jugendlichen z. B., in jedem Falle dazu führen würde, dass dieser Mensch sein Leben lang gekennzeichnet bleibt. Ich glaube schon, dass in vielen Fällen die Gesellschaft so auf solche Fehlhandlungen reagiert, dass es dem Straftäter nach der Tat möglich ist, ein völlig normales Leben zu führen, sofern er selbst aus seinem Fehlverhalten gelernt hat.

Text: **weiblich\Interview_18**

Code: **5. Stigmatisierung und Sanktionierung\Zustimmung**

Wenn jemanden straffällig geworden ist, zieht das nach sich, das man gegen denjenigen Vorurteile hat.

Text: **weiblich\Interview_15**

Code: **5. Stigmatisierung und Sanktionierung\Zustimmung**

aber ich denke, es stimmt schon, dass wenn jemand zu einer Freiheitsstrafe verurteilt wurde, dass er dann in der Gesellschaft „unten durch" ist und es schwer hat, wieder ganz „normal" behandelt zu werden.

Text: **weiblich\Interview_14**

Code: **5. Stigmatisierung und Sanktionierung\Zustimmung**

Das stimmt, da sich ein Mensch in den Augen einer Gesellschaft nur schwer ändert. Er bleibt eben, was er ist.

Text: **weiblich\Interview_13**

Code: **5. Stigmatisierung und Sanktionierung\Zustimmung**

Durchaus. Eine Sanktionierung zu erfahren, besonders sei hier an die freiheitsentziehenden Kriminalsanktionen gedacht, ist doch ein einschneidendes Erlebnis und hinterlässt gewisse Spuren beim Täter.

Text: **männlich\Interview_11**

Code: **5. Stigmatisierung und Sanktionierung\Zustimmung**

Stigmatisieren, oder deutsch ähnlich wie „Brandmahlen" , und Sanktionierung können schon etwas miteinander zu tun haben, vor allem wenn einem einmal straffällig gewordenen Menschen dies immer wieder vorgehalten wird, auch nach Verbüßung der Strafe, also das „Vorbestraft sein", mit all seinen (Rechts-)Folgen ist schon eine Sanktionierung (Bestrafung) an sich und vom Gesetzgeber bestimmt gewollt.

Text: **weiblich\Interview_7**

Code: **5. Stigmatisierung und Sanktionierung\Zustimmung**

Dieser Aussage kann ich nur zustimmen. Man bezeichnet bestimmte Einstellungen, Aussehen, soziale Stellung, Orientierungen (sexuelle, religiöse usw.) als normal. Somit fällt es „leicht" Menschen, welche z. B vorbestraft sind oder auch nicht der sozialen Norm entsprechen vor zu verurteilen. Dies ist im Bezug auf ehemalige Straftäter gehäuft der Fall. Werden genau diese Menschen erneut straffällig erhöht sich das Strafmaß als Folge dessen. Ich denke jedoch, dass dies nicht unbedingt als negativ zu bewerten ist. Würde jedoch ein höheres Strafmaß angesetzt aufgrund anderer von der Norm abweichenden Stellungen, würde ich dies nicht für positiv beurteilen.

Text: **weiblich\Interview_5**

Code: **5. Stigmatisierung und Sanktionierung\Zustimmung**

Trifft zu, solange es bekannt ist. Wer im Gefängnis war, hat sicher ein Stigma als „Verbrecher", dem man nicht unbedingt sofort blind vertraut.

Text: **männlich\Interview_4**

Code: **5. Stigmatisierung und Sanktionierung\Zustimmung**

Ja, das Eine hat das Andere zur Folge. Ein „leichter" Gangster wird nicht oder nicht so stark stigmatisiert wie ein „schwerer Junge". Aber eine gewisse Stigmatisierung lässt sich meist nicht vermeiden.

Text: **weiblich\Interview_3**

Code: **5. Stigmatisierung und Sanktionierung\Zustimmung**

Bestimmt, sowohl negativ als auch positiv, bleibt nicht aus.

Text: **weiblich\Interview_2**

Code: **5. Stigmatisierung und Sanktionierung\Zustimmung**

Wer erstmal in der entspr. Schublade drin ist, erhält von der Gesellschaft d. entspr. Behandlung (leider).

Text: **weiblich\Interview_1**

Code: **5. Stigmatisierung und Sanktionierung\Zustimmung**

Wenn ein Diebstahl in der Nähe eines entlassenen Straftäters (Dieb) passiert, wird er als erstes überprüft bzw. verdächtigt.

Diese Befragten sahen häufig einen Zusammenhang zwischen einer Sanktionierung und einer einhergehenden Stigmatisierung des Probanden. Vorurteile gegen ehemalige Insassen werden als existenziell betrachtet.

6 Aussagen ordnete ich der Kategorie Ablehnung zu. Wie die folgenden Codings zeigen, wurden hier vielfältige Gründe genannt, warum der Aussage aus Punkt 5 nicht zugestimmt wurde.

Text: **männlich\Interview_24**

Code: **5. Stigmatisierung und Sanktionierung\Ablehnung**

Dem normalen Mitmenschen dürfte aufgrund datenschutzrechtlicher Bestimmungen der Lebenslauf eines Straftäters verborgen bleiben. Insofern erfolgt auch keine Stigmatisierung und Sanktionierung. Im Rahmen der Wiedereingliederung in Arbeitsprozesse wirkt sich sein Lebenslauf höchstwahrscheinlich nachteilig auf seine zukünftigen Chancen aus.

Text: **weiblich\Interview_19**

Code: **5. Stigmatisierung und Sanktionierung\Ablehnung**

Während einiger Gerichtsverhandlungen, die ich mit Azubis besucht habe, kamen aber auch gegensätzliche Fälle zur Verhandlung. Junge Leute, die schon mehrfach straffällig geworden waren, standen wegen anderer Delikte vor Gericht und bewiesen wenig Einsehen und lagen in ihren Äußerungen fern von jeder Reue.

Text: **weiblich\Interview_18**

Code: **5. Stigmatisierung und Sanktionierung\Ablehnung**

Ich bin nicht der Meinung, wenn ich gegen jemanden Vorurteile habe, kann das etwas Persönliches als Hintergrund haben, das hat nichts mit Inhaftierung zu tun.

Text: **männlich\Interview_17**

Code: **5. Stigmatisierung und Sanktionierung\Ablehnung**

Dies ist sehr stark übertriebene Aussage! Immerhin ist jedem selbst überlassen, was er mit der Information des Gefängnisaufenthaltes einer anderen Person anfängt. Nicht jeder generalisiert dies und trägt dies in einen negativen Aspekt an die Öffentlichkeit. Sicher haben die betroffenen Täter in gewisser Weise einen „Ruf" weg, Aber ist es nicht besser, wenn sie auch nach dem Gefängnisaufenthalt auch des Öfteren an ihre frühere Fehlentscheidung erinnert werden und erkennen müssen, dass all ihr tun auch negative Konsequenzen nach sich zieht? Sicherlich zeigt ein hoher Prozentsatz der Allgemeinbevölkerung eine gewisse Neigung zur „Stigmatisierung" gegenüber Straftätern. Dennoch fördern dieses Verhalten nicht ALLE!!!! Warum sollte ein „Verbrecher" nach vollständigem „Absitzen" seiner Strafe nicht ohne Vorurteile bewertet werden?

Text: **männlich\Interview_12**
Code: **5. Stigmatisierung und Sanktionierung\Ablehnung**

Würde ich nicht sagen. Beide klingen ähnlich und nehmen ähnliche Formen an. Haben aber andere Ursachen.

Text: **männlich\Interview_10**

Code: 5. Stigmatisierung und Sanktionierung\Ablehnung

Kann der Aussage nicht zu stimmen.

- *Täter hat eigenen Einfluss auf Stigmatisierung, inwiefern er gebrandmarkt wird.*
- *Wenn der Täter das nicht möchte, kann es durch ihn vermieden werden durch entsprechendes zurückhaltendes bzw. besserndes Verhalten.*
- *Häufig erfolgt dies auch bewusst, um sich damit zu rühmen.*
- *Behauptung: Jeder Täter kennt die Konsequenzen für sein Handeln, ggfs. Muss er damit leben.*

In den Augen dieser Befragten wird angenommen, dass der Verurteilungsprozess nach einer Sanktionierung in der Gesellschaft nicht oder kaum verhinderbar ist. Eine einmal vorhandene Stigmatisierung z. B. nach Freiheitsentzug ist laut Meinung einer Befragten schwer abwendbar. Die Befragte im Interview 30 war z. B. der Ansicht, dieser Stigmatisierungsprozess müsse auch „ein Stück weit sein" und käme durchaus auch bei anderen rechtlichen Sanktionen vor. Zwei der Befragten duldeten den Prozess der Stigmatisierung und meinten, dies wäre als eine Reaktion der Gesellschaft zu werten, welche nach einem Verbrechen „so oder so" auftreten würde. Der befragte Rechtspfleger äußerte, bei Straften unter drei Monaten (Freiheitsentzug) gebe es keinen Eintrag ins BZR. Die Betroffenen seien demnach nicht vorbestraft- also auch nicht stigmatisiert. Einer der Befragten war der Ansicht, die eigentliche Stigmatisierung könne der Täter selbst beeinflussen oder hätte diese selbst zu verantworten. Er beendete seine Antwort mit der Frage: „Warum sollte ein „Verbrecher" nach vollständigem „Absitzen" seiner Strafe nicht ohne Vorurteile bewertet werden?".

Ein Befragter entgegnete, eine Stigmatisierung hänge vor allem davon ab, was die Gesellschaft mit Informationen über eventuelle Gefängnisaufenthalte einer Person macht. Ein anderer Befragter war der Ansicht, der Lebenslauf eines Insassen sei den Bürgern nicht ersichtlich, und so erfolge auch keine Stigmatisierung. Eine Befragte (Interview 21) sah eine Stigmatisierung des Täters nur in Verbindung mit schweren Straftaten als gegeben. Ein Stigmatisierungsprozess wäre von der Tatschwere abhängig. Im Interview 7 wurde erkannt, dass erneut straffällig Gewordene auch mit einem stärkeren Strafmaß zu rechnen hätten, was somit einer Stigmatisierung gleichkäme.

Drei der Befragten machten keine Angaben zur Frage oder hatten diese (trotz vorhandener Erklärung) nicht verstanden.

Zusammenfassend kann man sagen, dass den meisten der Befragten bewusst war, dass eine strafrechtliche Verurteilung immer eine gewisse Ausgrenzung aus der Gesellschaft nach sich zieht. Straffällig Gewordene haben es nicht leicht in der Gesellschaft. Der Prozess der Stigmatisierung wurde von den Befragten als sehr starr und kaum beeinflussbar beschrieben.

Dies wurde auch aus dem Interview des ehemaligen Insassen ersichtlich, welcher mitteilte, dass er Schwierigkeiten bei der Arbeitsfindung hatte und auch hier mit Vorurteilen zu kämpfen hatte (siehe Anhang Interview 31).

12.4.6 Freiheitsstrafe ist allein durch den Entzug der Freiheit eine Strafe an sich

Diese These sollte zum Ziel haben, herauszufinden, für welche Straftaten Freiheitsentzug als Sanktion geeignet erscheint. Allgemein gesagt, konnte ich so viel über Strafeinstellungen und Strafbedürfnissen der Befragten herauskristallisieren. In Deutschland ist die Freiheitsstrafe die härteste Sanktion für eine Straftat.

Welche Personen sprachen sich dennoch für „härtere Sanktionen" aus? Welche Personen haben ein sehr stark ausgebildetes Sanktionsbedürfnis? Und welche Personen legen Wert auf Resozialisierung? Die Antworten wurden aus diesem Grund in drei Subkategorien/Subcodes eingeordnet, welche ich im Folgenden darstellen möchte:

Der Kategorie -Ablehnung- habe ich die folgenden **11 (36,6%)** Antworten zugeordnet.

Text: **männlich\Interview_22**

Code: **6. Entzug der Freiheit ist Strafe an sich\Ablehnung**

Das ist zu sehr aus dem Zusammenhang herausgerissen. Die Art und Weise des Freiheitsentzuges bleibt hier unberücksichtigt. Bringt man beispielsweise einen Straftäter, der Kinder misshandelt hat, mit Straftätern, die wegen Körperverletzung und Mord einsitzen, zusammen, so kommt eine kurze Freiheitsstrafe der Todesstrafe gleich.

Text: **weiblich\Interview_21**

Code: **6. Entzug der Freiheit ist Strafe an sich/ Ablehnung**

Für einen Mörder oder Vergewaltiger kann die Strafe glaube ich nicht hart genug sein. Solche Methoden wie damals zu Stasizeiten müssten da angewendet werden.

Text: **weiblich\Interview_20**

Code: **6. Entzug der Freiheit ist Strafe an sich/ Ablehnung**

Wie gesagt, Menschen, die „schlimme Taten" wie Mord begehen, sollten meiner Meinung nach elemeniert werden. Denn wenn jemand z. B. einen Mord begangen hat, hat er ein Leben genommen, und was gibt ihm dann das Recht, weiter leben zu dürfen?!

Text: **männlich\Interview_17**

Code: **6. Entzug der Freiheit ist Strafe an sich\Ablehnung**

Diese Aussage halte ich für sehr zweifelhaft. Was nützt es, wenn ein Straftäter zwar eingesperrt ist, aber einen Fernseher, ein Radio, 3 warme Mahlzeiten am Tag bekommt, die er zu Hause/ auf der Straße nicht hat. So erscheint für den Täter ja eher, dass seine Tat belohnt wird.

Text: **weiblich\Interview_14**

Code: **6. Entzug der Freiheit ist Strafe an sich/ Ablehnung**

Nein. Es gibt Menschen die in Freiheit weniger besitzen wie im Gefängnis, seien dies Freunde, Familie, Stand in der Gesellschaft.

Text: **weiblich\Interview_13**

Code: **6. Entzug der Freiheit ist Strafe an sich/ Ablehnung**

Das würde ich so nicht ganz befürworten. Dies mag vielleicht so in der Wahrnehmung des Gefangenen sein, aber der alleinige Umstand des Freiheitsentzuges hat noch lange nichts mit Schuldaufarbeitung, mit regelmäßigen Lebensabläufen oder mit dem Beginn einer Lehre/Arbeit in Haft zu tun.

Text: **männlich\Interview_12**

Code: **6. Entzug der Freiheit ist Strafe an sich/ Ablehnung**

NEIN. In der Praxis wirkt sich das im Strafvollzug so aus. Aber es kann auch zum Schutz eines Menschen oder aus anderen Gründen (politisch / Interessen...) die Freiheit entzogen werden.

Text: **männlich\Interview_10**

Code: **6. Entzug der Freiheit ist Strafe an sich/ Ablehnung**

Manche Menschen kommen damit aber auch gut zurecht.

Text: **weiblich\Interview_9**

Code: **6. Entzug der Freiheit ist Strafe an sich\Ablehnung**

Nicht immer, manche Täter leben davon, um sich am Leben zu erhalten und zuspüren.

Text: **männlich\Interview_4**

Code: **6. Entzug der Freiheit ist Strafe an sich/Ablehnung**

Das ist sicherlich nicht für jeden Menschen eine Strafe. Für unterschiedliche Leute dürfte dies nicht immer eine Strafe sein, oder besser gesagt nicht die verdiente Strafe.

Text: **weiblich\Interview_1**

Code: **6. Entzug der Freiheit ist Strafe an sich\Ablehnung**

Nein, denn sie haben im Gefängnis (was ich über Medien bis jetzt mitbekommen habe) doch alle Freiheiten. Sie dürfen fernsehen, haben genug zu essen und dürfen sogar eine Ausbildung machen.

In diese Kategorie ließen sich die Befragten einordnen, die Freiheitsentzug an sich als nicht ausreichend betrachten, oder Wünsche nach noch härteren Sanktionen hegen. Strafvollzug wird als „angenehm" beschrieben, dem Insassen würde es an nichts fehlen (siehe Interviews 1,17). Kritisch zu hinterfragen wäre hier, wie sich diese Befragten alternative Sanktionsformen vorstellen, ohne unmenschlich auf den Insassen einzuwirken? Auch wird bei einigen Befragten deutlich, dass die einzige wahre Sanktion nur Vergeltung sein kann (Interview 20). Für schwere Straftaten wie Mord usw. wird Haft befürwortet.

Auch wird die Meinung geäußert, dass die Insassen teilweise „gut mit dem Entzug von Freiheit umgehen könnten" und es somit nicht mit Strafe gleichzusetzen ist, wenn sie inhaftiert sind (Interview 10).

Interessant war die Meinung des Befragten im Interview Nr. 13, welcher meinte, durch den Umstand des Freiheitsentzuges würde kein Schuldaufarbeitung oder Aufbau eines geordneten Lebens stattfinden. Bei dieser Meinung standen die Resozialisierungserfordernisse im Vordergrund.

Die überwiegende Mehrheit, also **66,7%** der Befragten **(20)** stimmte der Aussage aus Nummer 6 zu. Diese Befragten sind sich der negativen Auswirkungen von (und durch den) Freiheitsentzug bewusst und schätzen die Freiheit eines Menschen sehr hoch ein. Freiheitsentzug stellt für die Befragten hier sehr wohl eine angemessene Strafe für delinquente Personen dar.

Text: **weiblich\Interview_30**

Code: **6. Entzug der Freiheit ist Strafe an sich\Zustimmung**

Satz ist unverständlich, ist Art von Strafe.

Text: **weiblich\Interview_29**

Code: **6. Entzug der Freiheit ist Strafe an sich\Zustimmung**

Stimme ich zu

Text: **männlich\Interview_28**

Code: **6. Entzug der Freiheit ist Strafe an sich\Zustimmung**

Ja. doch hinzukommen wahrend der Freiheitsstrafe Strukturen und Behandlungen durch Vollzugsbeamte und vor allem Mithäftlinge. die das Ausmaß der Strafe durch den alleinigen Entzug der Freiheit oftmals noch potenzieren.

Text: **weiblich\Interview_27**

Code: **6. Entzug der Freiheit ist Strafe an sich\Zustimmung**

Würde ich so stehen lassen.

Text: **männlich\Interview_26**

Code: **6. Entzug der Freiheit ist Strafe an sich\Zustimmung**

Ja.

Text: **männlich\Interview_25**

Code: **6. Entzug der Freiheit ist Strafe an sich\Zustimmung**

Ja, denn Freiheit ist für mich das Kostbarste was wir besitzen.

Text: **männlich\Interview_24**

Code: **6. Entzug der Freiheit ist Strafe an sich\Zustimmung**

Der Aussage wird zugestimmt.

Text: **weiblich\Interview_23**

Code: **6. Entzug der Freiheit ist Strafe an sich\Zustimmung**

Stimmt.

Text: **weiblich\Interview_21**

Code: **6. Entzug der Freiheit ist Strafe an sich\Zustimmung**

Ja, ich bin immer noch so der Meinung, einer, der wegen Labalien im Knast ist, für den ist das Strafe genug.

Text: **weiblich\Interview_19**

Code: **6. Entzug der Freiheit ist Strafe an sich\Zustimmung**

Der Freiheitsentzug ist eine Strafe an sich durch den Entzug der Freiheit, sofern man eine halbwegs realistische Vorstellung vom Begriff Freiheit besitzt. Freiheit ist dehnbar und garantiert nicht für alle Menschen gleichbedeutend. Sich an einem bestimmten Ort aufhalten zu müssen, hat zur Folge, dass sich jemand unfrei fühlt. Die Notwendigkeit bestimmter Gegebenheiten einzusehen, bedeutet für einen anderen nicht zuletzt auch Freiheit.

Text: **weiblich\Interview_18**

Code: **6. Entzug der Freiheit ist Strafe an sich\Zustimmung**

Der Meinung bin ich auch.

Text: **weiblich\Interview_16**

Code: **6. Entzug der Freiheit ist Strafe an sich\Zustimmung**

Ja.

Text: **weiblich\Interview_15**

Code: **6. Entzug der Freiheit ist Strafe an sich\Zustimmung**

Entzug der Freiheit ist schlimm, egal ob z. B. in der Psychiatrie oder in der Justizvollzugsanstalt.

Text: **männlich\Interview_11**

Code: **6. Entzug der Freiheit ist Strafe an sich\Zustimmung**

Dies ist richtig und geht auch nicht anders, wenn es heißt: „Freiheitsstrafe" ohne Bewährung. Eine andere Strafe erfolgt dann auch nicht durch den Staat, sondern was dann passiert, sind nur Folgen dieser Freiheitsstrafe und der begrenzten Möglichkeiten des Vollzuges.

Text: **männlich\Interview_10**

Code: **6. Entzug der Freiheit ist Strafe an sich\Zustimmung**

Subjektiv betrachtet stimme ich dem zu - Freiheitsentzug ist das höchste Strafmaß, was einem wiederfahren kann.

Text: **weiblich\Interview_7**

Code: **6. Entzug der Freiheit ist Strafe an sich\Zustimmung**

ja, Freiheit ist ein Grundbedürfnis eines jeden Menschen und eine Einschränkung dessen, kann verschiedene Auswirkungen mit sich bringen.

Text: **weiblich\Interview_6**

Code: **6. Entzug der Freiheit ist Strafe an sich\Zustimmung**

Natürlich ist Freiheitsentzug eine Strafe an sich, aber reicht das aus?

Text: **weiblich\Interview_5**

Code: **6. Entzug der Freiheit ist Strafe an sich\Zustimmung**

Wenn man Freiheit als Bewegungsfreiheit interpretiert, dann stimmt die Aussage wohl.

Text: **weiblich\Interview_3**

Code: **6. Entzug der Freiheit ist Strafe an sich\Zustimmung**

Bleibt nichts weiter zu sagen.

Text: **weiblich\Interview_2**

Code: **6. Entzug der Freiheit ist Strafe an sich\Zustimmung**

Auf alle Fälle. Die persönliche und räumliche Freiheit gehört zu den Grundrechten. Ohne diese sinkt das Selbstwertgefühl. In Bezug auf die Rückfallquote ist das Strafrecht mit Sicherheit keine sichere Lösung.

Zusätzlich wurden verschiedenen Anmerkungen durch die Befragten gemacht, welche ich in die Kategorie – Anmerkungen - eingeordnet habe. Diese Aussagen hatten in einigen Fällen keinen direkten Bezug zur Fragestellung. Den Beteiligten war es anscheinend dennoch sehr wichtig, dies mitzuteilen.

Text: **weiblich\Interview_15**

Code: **6. Entzug der Freiheit ist Strafe an sich\Anmerkungen**

Aber ich denke, dass es nicht nur Strafe bedeutet sondern auch eine Schutzfunktion hat und zwar nicht nur für die Gesellschaft, sondern auch für den „Täter". Er wird zunächst davor geschützt, weiter straffällig zu werden. Allerdings braucht er auch Anleitung wie er sich ändern kann, wenn er bereit dazu ist.

Text: **weiblich\Interview_14**

Code: **6. Entzug der Freiheit ist Strafe an sich\Anmerkungen**

Deshalb sollte vor jedem Urteil eine genaue Prüfung des Umfeldes dieser Person stattfinden, ggf. härtere Maßnahmen im Strafvollzug ergriffen werden.

Text: **männlich\Interview_10**

Code: **6. Entzug der Freiheit ist Strafe an sich\Anmerkungen**

Freiheitsstrafe allein ist nicht förderlich, sie muss ergänzt werden durch Betreuung in vielerlei Hinsicht (psychologisch, körperlich, beratend, intensive Auseinandersetzung mit der Tat - vor Augen führen) mit dem Ziel der erfolgreichen Reintegration in die Gesellschaft

Text: **männlich\Interview_8**

Code: **6. Entzug der Freiheit ist Strafe an sich\Anmerkungen**

Ja, aber darüber hinaus sollte die Allgemeinheit Kenntnis davon erlangen können, dass sich eine bestimmte Person eine gewisse Zeit im Vollzug befunden hat (Führungszeugnis). Dies ist nicht nur negativ. Schließlich kann sich die Allgemeinheit dann auf diesen Umstand einstellen und bestimmte Rücksichten nehmen.

Text: **weiblich\Interview_7**

Code: **6. Entzug der Freiheit ist Strafe an sich\Anmerkungen**

Zudem sehe ich auch weitere Maßnahmen während einer Inhaftierung für sinnvoll an.

Text: **weiblich\Interview_6**

Code: **6. Entzug der Freiheit ist Strafe an sich\Anmerkungen**

Das Leben im Strafvollzug sollte so effizient wie möglich gestaltet werden (durch Therapie etc.).

Diese 6 Aussagen wiesen darauf hin, dass eine sinnvolle Gestaltung des Strafvollzugs nicht alleine durch den Entzug der Freiheit erreicht werden kann. Effizientere Maßnahmen sind erforderlich. Die Situation des einzelnen und dessen Umfeld sollte vor einer Freiheitsstrafe genau geprüft werden. Der Aspekt der Sicherheit bzw. Schutz der Allgemeinheit durch Freiheitsentzug wurde erneut von einer Befragten angesprochen. Sie verwies in diesem Zusammenhang auch auf eine eventuelle Schutzfunktion für den Insassen (welcher ihn abhalten würde, weitere Straftaten zu begehen) und die Gesellschaft.

Der Täter bräuchte eine „Anleitung", um sich zum Positiven zu verändern. Ein Befragter (Fachöffentlichkeit) formulierte eine wesentliche Forderung: Wenn die Gesellschaft von möglichen Inhaftierungen der Täter wissen würden (z. B. durch Führungszeugnisse), so könnte besser auf die Besonderheiten eines Betroffenen Rücksicht genommen werden.

12.4.7 Strafrecht als letztes Mittel (Ultima Ratio) und Austauschbarkeitsthese

Diese Aussage befasste sich u. a. mit der Austauschbarkeitsthese, welche besagt, dass im Bereich der leichten und mittelschweren Kriminalität unterschiedliche Sanktionen keine feststellbar differenzierende Wirkung auf die Legalbewährung haben. Die Sanktionen sind vielmehr weitestgehend ohne messbare Konsequenzen auf die Rückfallraten austauschbar. Dies hätte zur Folge, dass nicht der Nachweis eines größeren Erfolgs weniger eingriffsintensiver Maßnahmen gegenüber den intensiveren Reaktionen zu erbringen ist, vielmehr bedürfen die eingriffsintensiveren Maßnahmen der Begründung ihrer präventiven Wirkkraft.[293]

Des Weiteren hieß es unter Punkt 7: „Strafrecht muss letztes Mittel bleiben, muss ultima ratio bleiben".

Die hier vorliegenden Antworten habe ich den Kategorien –Zustimmung– und

–Ablehnung– zugeordnet.

13 Befragte, also ca. **43%** stimmten der Austauschbarkeitsthese zu.

Text: **männlich\Interview_26**

Code: **7. Strafrecht als letztes Mittel (Austauschbarkeitsthese)/ Zustimmung**

Ja.

Text: **männlich\Interview_24**

Code: **7. Strafrecht als letztes Mittel (Austauschbarkeitsthese)/ Zustimmung**

„Strafrecht muss letztes Mittel, muss Ultima Ratio bleiben": zuvor sollten andere gesellschaftliche Mechanismen greifen. Sanktionen sind gesetzlich vorgeschrieben in ihrer Eingriffstärke gestaffelt und abgestimmt auf die begangene Straftat.

Text: **weiblich\Interview_23**

Code: **7. Strafrecht als letztes Mittel (Austauschbarkeitsthese)/ Zustimmung**

Stimmt.

[293] Heinz, 2006, These 11

Text: **männlich\Interview_22**

Code: **7. Strafrecht als letztes Mittel (Austauschbarkeitsthese)/ Zustimmung**

Genau, oft reichen Bewährungsstrafen, um einem Menschen den richtigen Weg zu zeigen.

Text: **weiblich\Interview_21**

Code: **7. Strafrecht als letztes Mittel (Austauschbarkeitsthese)/ Zustimmung**

Ja, wenn ich mal betroffen bin, möchte ich auch dass alles an Möglichkeiten ausgeschöpft wird. Nein, es ist nicht egal, wie ich jemanden bestrafe. Weil die Wirkung der Strafen bei jeden anders ist.

Text: **weiblich\Interview_19**

Code: **7. Strafrecht als letztes Mittel (Austauschbarkeitsthese)/ Zustimmung**

Ursachen aller Straftaten liegen im Wesen einer Gesellschaft. Das gesellschaftliche Umfeld, unlösbare Widersprüche und nicht zu überwindende Gegensätze führen zu einer ganzen Reihe von Verbrechen. Eine Straftat ist immer ein Ergebnis und sollte entsprechend bewertet werden. Bevor man sich mit schärferen Sanktionen auseinandersetzt, sollte man dem Übel in seiner Entstehung mehr Beachtung schenken.

Text: **weiblich\Interview_18**

Code: **7. Strafrecht als letztes Mittel (Austauschbarkeitsthese)/ Zustimmung**

Jede Straftat ist unter einen anderen Gesichtspunkt zu sehen, man kann das nicht alles über einen Leisten spannen. Genannter These kann ich zustimmen.

Text: **weiblich\Interview_15**

Code: **7. Strafrecht als letztes Mittel (Austauschbarkeitsthese)/ Zustimmung**

Das ist sicherlich in manchen Fällen richtig. Bei kleineren Straftaten tut es dem Täter sicherlich besser, wenn er zu Arbeiten in praktischen oder gemeinnützigen Bereichen gezwungen wird anstatt der Freiheit beraubt zu werden.

Text: **weiblich\Interview_13**

Code: **7. Strafrecht als letztes Mittel (Austauschbarkeitsthese)/ Zustimmung**

Ich denke eher, dass die freiheitsentziehenden Kriminalsanktionen das Ultima Ratio bleiben sollten. Das Strafrecht an sich ist ja von vornherein so ausgelegt, dass es auch die Möglichkeit einer milderen Sanktionierung, wie etwa in Form einer Weisung, bietet. Es ist der Aussage zuzustimmen, dass eingriffsstärkere Sanktionen den Rückfall nicht in deutlicherem Maße verhindern als eingriffsschwächere. Sie werden wohl je nach Art und Länge sogar dazu beitragen, dass der Gefangene erhebliche Eingliederungsprobleme bekommen wird.

Text: **männlich\Interview_11**

Code: **7. Strafrecht als letztes Mittel (Austauschbarkeitsthese)/ Zustimmung**

Dieser Aussage stimme ich zu und dies wird ja auch im Jugendstrafrecht recht gut hier in Jena angewendet, praktiziert.

Text: **männlich\Interview_10**

Code: **7. Strafrecht als letztes Mittel (Austauschbarkeitsthese)/ Zustimmung**

Eingriffsschwache Sanktionen nur bei erstmaligen Taten (2. Chance wenn es vertretbar ist), widrigen Umständen und „leichten" Straftaten ... → individuelle Entscheidung.

Text: **männlich\Interview_8**

Code: **7. Strafrecht als letztes Mittel (Austauschbarkeitsthese)/ Zustimmung**

Dem ist so zuzustimmen.

Text: **weiblich\Interview_5**

Code: **7. Strafrecht als letztes Mittel (Austauschbarkeitsthese)/ Zustimmung**

Täter-Opfer- Ausgleich ist wahrscheinlich immer erstrebenswerter, aber was soll sonst übrig bleiben?

Die Auswertung der Kategorie –Zustimmung– ergab folgende Resultate:

Die Befragten sprachen sich besonders bei Ersttätern oder „leichten Straftaten" für eingriffsschwache Strafen aus. Härtere Sanktionen würden eher zu Eingliederungsproblemen führen, mit denen der Betroffene später zu kämpfen hätte. Einige Befragte verwiesen auf das Strafrecht, welches auch mildere Sanktionen vorsehe und gestaffelt sei hinsichtlich seiner Eingriffsintensivität. Straftaten hätten ihren Ursprung oft in der Gesellschaft selbst. So wäre es wichtig, herauszufinden, wo die wahren Hintergründe und Ursachen einer Straftat liegen, bevor hart sanktioniert wird.

Die unterschiedliche Wirkung von Strafen war speziell einer Befragten deutlich bewusst (Interview 21). Für einige der Teilnehmer kam eine Verallgemeinerung der Frage nicht in Betracht (Interview 14 und 18).

Gegen die Austauschbarkeitsthese sprachen sich **57%** der Befragten **(17)** aus.

Text: **weiblich\Interview_30**

Code: **7. Strafrecht als letztes Mittel (Austauschbarkeitsthese)/ Ablehnung**

Freiheitsstrafe ultima ratio, Strafrecht ist wichtig, Austauschbarkeitsthese unzutreffend, schwächere keine gleiche Wirkung, welche Maßnahmen???

Text: **weiblich\Interview_29**

Code: **7. Strafrecht als letztes Mittel (Austauschbarkeitsthese)/ Ablehnung**

In manchen Fällen ist eine eingriffsstarke Sanktion sinnvoll, denn Tatbestände, wie Mord und Vergewaltigung verlangen hartes Durchgreifen.

Text: **männlich\Interview_28**

Code: **7. Strafrecht als letztes Mittel (Austauschbarkeitsthese)/ Ablehnung**

Dennoch sollten schwere Straftaten weiterhin mit (allerdings resozialisierungs-gestütztem) Freiheitsentzug geahndet werden - immerhin ist der abschreckende Aspekt für potenzielle zukünftige Straftäter nicht zu verachten.

Text: **männlich\Interview_25**

Code: **7. Strafrecht als letztes Mittel (Austauschbarkeitsthese)/ Ablehnung**

Nein, durch harte Sanktion hat der Straftäter die Möglichkeit zu erkennen wie sehr die Gesellschaft sein Handeln verurteilt. Dieses kann abschrecken und somit neue Straftaten verhindern (kann).

Text: **weiblich\Interview_20**

Code: **7. Strafrecht als letztes Mittel (Austauschbarkeitsthese)/ Ablehnung**

Nein, seh ich nicht so, denn das Geld hat die Gesellschaft nicht, um jeden Täter mehrere Maßnahmen anbieten zu können. Zu Satzinhalt Nr. 2:Nein, glaub ich nicht denn wenn z.B.jemand, der wohlhabend ist, eine Geldstrafe auferlegt wird, wird es ihm wohl nicht wehtun. Aber wenn seine Freiheit genommen wird ist das die schlimmste Strafe für ihn.

Text: **männlich\Interview_17**

Code: **7. Strafrecht als letztes Mittel (Austauschbarkeitsthese)/ Ablehnung**

Obwohl ich aufgrund meiner bisherigen Ausführungen zu dem Schluss kommen müsste, dass gerade starke Sanktionen einen eher protektiven Charakter für die Gesellschaft hat und somit die Rückfallquote senken müsste!

Auf der anderen Seite haben zu minder gewählte Sanktionen ihre Wirkung verloren. Dem zu Folge würden Straftäter der fehlerhaften Annahme nachgehen, dass sie sich aufführen könnten, wie sie gerade wollen!

Text: **weiblich\Interview_16**

Code: **7. Strafrecht als letztes Mittel (Austauschbarkeitsthese)/ Ablehnung**

Nein.

Text: **männlich\Interview_12**

Code: **7. Strafrecht als letztes Mittel (Austauschbarkeitsthese)/ Ablehnung**

NEIN. Die Begründung hat ihre Berechtigung z.B. im Strafmaß etc. Aber Strafrecht muss ebenso maßvoll eingesetzt werden wie effektiv, um das Ziel, das Verhalten eines Täters, zu erreichen. Ein anderer, aber ebenso wichtiger Punkt ist dabei das Strafmaß festzustellen um schließlich Ursachen zu bekämpfen. (So sollte es sein)

Text: **männlich\Interview_10**

Code: **7. Strafrecht als letztes Mittel (Austauschbarkeitsthese)/ Ablehnung**

In bestimmten Fällen sehe ich keine Alternative, schon aus Schutz der Gesellschaft, was höhere Priorität hat, als das Interesse des Täters. Rückfälligkeit kann durch eine Inhaftierung durchaus reduziert werden.

Abschreckungscharakter! Lebenslange Haft ist durchaus vertretbar für schwerwiegende Straftaten.

Text: **weiblich\Interview_6**

Code: **7. Strafrecht als letztes Mittel (Austauschbarkeitsthese)/ Ablehnung**

Schwere Taten erfordern harte Strafen, schließlich muss die Strafe im eigentlichen Sinne auch zur Wirkung kommen (natürlich nicht immer Freiheitsentzug)

Wenn der Rückfall nicht verhindert werden kann, dann sollte Strafe verlängert werden - der Schutz der Gesellschaft ist das Wichtigste...

Text: **weiblich\Interview_5**

Code: **7. Strafrecht als letztes Mittel (Austauschbarkeitsthese)/ Ablehnung**

Eine gewisse Strafe muss doch immer noch sein.

Text: **männlich\Interview_4**

Code: **7. Strafrecht als letztes Mittel (Austauschbarkeitsthese)/ Ablehnung**

Die Strafe muss angemessen sein und darf auf keinem Fall letztes Mittel sein. Ich wüsste nicht, was es für andere Mittel und Wege geben soll, jemanden der Unrecht getan hat, zu bestrafen. Soll statt Strafrecht ein „Belohnungsrecht" eingeführt werden. Ich finde die These unnötig.

Text: **weiblich\Interview_3**

Code: **7. Strafrecht als letztes Mittel (Austauschbarkeitsthese)/ Ablehnung**

Das ist das Schwierige, das richtige Strafmaß! Sicherlich wird oft zu hart bestraft, aber auch zu oft zu milde. Der Rückfall hängt- glaube ich- nicht unbedingt vom Strafmaß ab, viel mehr von den Lebensumständen vor und nach Strafantritt (Freiheitsentzug).

Auch die Auswertung der Frage Nr. 7 zeigte klar: Die Mehrheit der Befragten hat ein **intensives Strafbedürfnis**. Das Denken in Richtung „weniger hilft mehr" fällt vielen befragten Personen sehr schwer. Die Überzeugung der Befragten war oft: „eine Strafe muss sein". Strafe soll wirksam sein, sie soll dennoch immer angemessen bleiben, und soll dabei keinesfalls das letzte Mittel darstellen.

Ich nehme an, als letztes Mittel, um jemanden zu Recht zu weisen, wird in den Augen vieler Befragter der Strafvollzug gesehen. Hier ist die Verbindung von Heike Jungs „backdrop Funktion" des Strafvollzugs ersichtlich. Die Existenz des Strafvollzugs beruhigt die Öffentlichkeit.

Zwei Befragte sahen keine Alternativen zur Maßnahme Freiheitsentzug (Interview 10 und 30). Für schwere Straftaten wird ein „hartes Durchgreifen" gefordert. „Harte Sanktionen- mehr Wirksamkeit" so die These einiger Befragter. Umso niedrigschwelliger die Strafe sei, desto weniger Wirkung hätte sie, oder umso höher wäre die Gefahr, dass der Täter diese nicht ernst nehme. Zwei der Befragten gingen sogar davon aus, dass härtere Sanktionen explizit Freiheitsentzug die Rückfallquote verringert (Interview 10 und 17).

An die Zeit nach der Entlassung wird meist nicht gedacht. Einige der Interviewten verwiesen auf den Abschreckungscharakter, den Freiheitsentzug als Sanktion hat. Potenzielle Täter würden so abgehalten, Straftaten zu begehen. Das Bedürfnis der Gesellschaft nach Schutz wiegt in den Augen der Befragte schwerer als die Resozialisierung des Straftäters. Zudem werden Resozialisierungsmaßnahmen als zu teuer eingestuft (Interview 20), um jeden Straftäter gerecht werden zu können.

12.4.8 Der Schutz der Gemeinschaft und Opfern hat Vorrang vor dem Gedanken der Resozialisierung

Mit dieser Aussage wollte ich herauszufinden, wie stark das Schutzbedürfnis der Bevölkerung ausgebildet ist und welche Priorität dieses Gefühl für die Befragten hat. Obwohl das deutsche Strafrecht das Gegenteilige beinhaltet (hier steht der Resozialisierungsgedanke vor dem Schutzgedanken), wurde deutlich, dass der Druck, den Strafvollzug mehr auf das Bestrafen und die Sicherheit auszulegen, größer ist, als der Druck die Resozialisierungsbemühungen zu verstärken.

Besonders bei Triebtätern und Sexualstraftätern neigten die Befragten dazu, den Sicherheitsaspekt vor mögliche Resozialisierungsmaßnahmen zu stellen.

Sogar **73,3%** der Befragten **(22)** stimmten der Aussage zu, dass sich das heutige Strafrecht mehr am Schutz der Gesellschaft und den Opfern orientieren soll. Die Resozialisierung von Straftätern soll erst an zweiter Stelle betrachtet werden.

Die jeweiligen Antworten habe ich unter der Kategorie: -Schutzgedanke hat Priorität- eingeordnet.

Text: **weiblich\Interview_30**

Code: **8. Schutzgedanken vor Resozialisierung\Schutzgedanke Priorität**

Ja, Vorrang, wir sind Verbrechen nicht schutzlos ausgeliefert.

Text: **weiblich\Interview_29**

Code: **8. Schutzgedanken vor Resozialisierung\Schutzgedanke Priorität**

Stimme ich zu.

Text: **männlich\Interview_28**

Code: **8. Schutzgedanken vor Resozialisierung\Schutzgedanke Priorität**

In besonders schweren Fallen wie Missbrauch oder Mord halte ich diese Aussage für richtig. Für den Fall, dass mehrere Gutachten die Gefährlichkeit und die Beständigkeit des Gewaltpotenzials eines Täters bestätigen, muss eine Sicherheitsverwahrung ohne vorzeitige Entlassung erfolgen.

Text: **männlich\Interview_26**

Code: **8. Schutzgedanken vor Resozialisierung\Schutzgedanke Priorität**

Ja.

Text: **männlich\Interview_25**

Code: **8. Schutzgedanken vor Resozialisierung\Schutzgedanke Priorität**

Ja, bei Triebtätern wie Sexualstraftätern sollte der Schutz der Gesellschaft vor der Resozialisierung stehen. Denn im Falle eines Rückfalls zerstören sie meist mehrere Menschenleben. Unter anderen werden Opfer später zu Tätern. Dieser Preis ist zu hoch, daher sollte man das Gefahrenpotenzial des Einzelnen minimieren.

Text: **männlich\Interview_24**

Code: **8. Schutzgedanken vor Resozialisierung\Schutzgedanke Priorität**

Der Staat hat den Auftrag seine Bürger durch entsprechende Gesetzgebung vor Verbrechen zu schützen bzw. Straftäter für Verbrechen zu sanktionieren.

Text: **männlich\Interview_22**

Code: **8. Schutzgedanken vor Resozialisierung\Schutzgedanke Priorität**

Das sehe ich auch so. Sexualtäter werden oft in der ersten Woche nach der Freilassung rückfällig.

Text: **weiblich\Interview_21**

Code: **8. Schutzgedanken vor Resozialisierung\Schutzgedanke Priorität**

Ich find das ja alles schön und gut mit der Resozialisierung, aber ich bin der Meinung, dass es bei 80% wenn nicht noch mehr, gar nichts hilft.

Text: **weiblich\Interview_20**

Code: **8. Schutzgedanken vor Resozialisierung\Schutzgedanke Priorität**

Ich stimme dem absolut zu, weil halt nur so die Sicherheit der Gesellschaft gewährleistet wird.

Text: **weiblich\Interview_19**

Code: **8. Schutzgedanken vor Resozialisierung\Schutzgedanke Priorität**

Damit sollte nicht der Resozialisierung von Straftäter sondern der sozialen Absicherung der breiteren Bevölkerungsschicht die höchste Aufmerksamkeit gewidmet werden.

Text: **weiblich\Interview_18**

Code: **8. Schutzgedanken vor Resozialisierung\Schutzgedanke Priorität**

Da stimme ich zu. Ich glaube nicht, dass jemand sich komplett wieder in das normale Leben einer Gesellschaft eingliedern kann, weil ich denke, dass es Veranlagung ist, wenn jemand immer wieder straffällig wird (z.B. bei Kindesmissbrauch).

Text: **männlich\Interview_17**

Code: **8. Schutzgedanken vor Resozialisierung\Schutzgedanke Priorität**

Diesem Zitat pflichte ich auch bei. Resozialisierung hin oder her, wenn der „Verbrecher" der als resozialisiert zählt, plötzlich wieder straffällig wird, muss zumindest die Bevölkerung geschützt sein. Immerhin beinhaltet der Begriff „Resozialisiert", zumindest für mich, nicht auch die Gewissheit, dass der Täter nicht rückfällig wird.

Text: **weiblich\Interview_14**

Code: **8. Schutzgedanken vor Resozialisierung\Schutzgedanke Priorität**

Man redet zwar viel von Resozialisierung, aber als Bürger merkt man davon nichts.

Text: **weiblich\Interview_13**

Code: **8. Schutzgedanken vor Resozialisierung\Schutzgedanke Priorität**

Es ist zwar richtig, dass bei einem schweren Verbrechen erstmal der Schutz des Opfers und der Gemeinschaft Vorrang hat.

Text: **männlich\Interview_12**

Code: **8. Schutzgedanken vor Resozialisierung\Schutzgedanke Priorität**

JA. Opferschutz darf nicht vernachlässigt werden und durch Gesetzes- und Behördenbürokratie verharmlost werden.

Text: **männlich\Interview_10**

Code: **8. Schutzgedanken vor Resozialisierung\Schutzgedanke Priorität**

Bin der gleichen Meinung, da der Täter unmittelbare Schuld hat.

Text: **weiblich\Interview_7**

Code: **8. Schutzgedanken vor Resozialisierung\Schutzgedanke Priorität**

Ein wahres Wort. Angst in den Köpfen der Opfer vor einem Rückschlag des Täters (trotz bzw. nach Resozialisierung) bzw. weiterer Auslieferung an das Verbrechen kann weitgehende psychische Folgen für diese Menschen haben.

Text: **weiblich\Interview_6**

Code: **8. Schutzgedanken vor Resozialisierung\Schutzgedanke Priorität**

Resozialisierung ist nicht in jedem Fall anwendbar (was soll man bei einem schweren Gewaltverbrecher resozialisieren?? in dem Fall ist die Gesellschaft unbedingt und kompromisslos zu schützen; Wirkungsgrad und Risiko sind genau abzuwägen)

Text: **weiblich\Interview_5**

Code: **8. Schutzgedanken vor Resozialisierung\Schutzgedanke Priorität**

Aus Sicht des Opfers wohl nachvollziehbar.

Text: **männlich\Interview_4**

Code: **8. Schutzgedanken vor Resozialisierung\Schutzgedanke Priorität**

Ich stimme voll zu, dass der Staat seine „braven" Bürger vor den „bösen" Bürgern schützen muss.

Text: **weiblich\Interview_2**

Code: **8. Schutzgedanken vor Resozialisierung\Schutzgedanke Priorität**

Ja.

Text: **weiblich\Interview_1**

Code: **8. Schutzgedanken vor Resozialisierung\Schutzgedanke Priorität**

Auf jeden Fall. Während der Resozialisierung könnte ein weiteres Verbrechen geschehen.

Die Auswertung dieser Antworten zeigt, dass diese Befragten ein **starkes Bedürfnis nach Sicherheit** haben. Vereinzelt glauben die Befragten nicht an einen Erfolg durch Resozialisierung von Straftätern (z. B. „Resozialisierung ist nicht in jedem Fall anwendbar"). Gerade gefährliche Straftäter, wie sie auch unter den Nennungen der Frage 10 zu finden waren, sollten unter Freiheitsentzug verwahrt werden. Genau hier existieren Ängste unter den Befragten vor erneuten Rückfällen. Die Resozialisierung von Straftätern scheint bei den meisten der Befragten das Gefühl auszulösen, man ginge Risiken ein, die dann wiederum dazu führten, dass die Bevölkerung mehr Angst hat. Eine Resozialisierung von Straftätern beinhaltet für einige der Befragten zudem auch die Sicherheit, dass dieser nicht mehr rückfällig wird. Haft wird von einigen als einzige Möglichkeit gewertet, sich vor Straftätern zu schützen. Viermal wurde als Begründung für die Priorität des Schutzaspektes der Opferschutz genannt, der nicht vernachlässigt werden dürfte. Der staatliche Auftrag, die Bevölkerung zu schützen, wurde auch als Grund genannt, dieser Aussage zuzustimmen.

Eine zweite Kategorie zu diesem Code habe ich –Resozialisierung wichtig- genannt. Hier wurden die 15 Aussagen eingeordnet, die sich direkt auf Resozialisierung bezogen oder wichtige Informationen lieferten, anhand deren man den Befragten z. B. als Resozialisierungsbefürworter einordnen konnte.

Text:	**weiblich\Interview_27**
Code:	**8. Schutzgedanken vor Resozialisierung\Resozialisierung wichtig**

Präventionsmaßnahmen wären notwendig. Täter sind oft frühere Opfer. Resozialisierung ist wichtig.

Text:	**männlich\Interview_24**
Code:	**8. Schutzgedanken vor Resozialisierung\Resozialisierung wichtig**

Beides sollte gleichermaßen erfolgen. Die Gemeinschaft darf durch eine Resozialisierung eines Einzelnen nicht ihr Schutzbedürfnis einbüßen.

Text:	**weiblich\Interview_23**
Code:	**8. Schutzgedanken vor Resozialisierung\Resozialisierung wichtig**

Ohne Hilfe, Therapie für den Gewaltverbrecher ist auch mehr Schutz der Gesellschaft nicht möglich. Therapierte Gewaltverbrecher bilden einen Schutz für die Gesellschaft.

Text:	**weiblich\Interview_21**
Code:	**8. Schutzgedanken vor Resozialisierung\Resozialisierung wichtig**

Wenn ich mich nicht ausführlich um die Täter kümmere, klappt das nicht mit der Resozialisierung, und dem Schutz der Gesellschaft.

Text: **weiblich\Interview_15**

Code: **8. Schutzgedanken vor Resozialisierung\Resozialisierung wichtig**

Am besten wäre es, wenn sich beides verbinden ließe, nämlich zunächst im Akutfall der Schutz der Gesellschaft, aber das man von da aus schrittweise weiter zu einer Resozialisierung kommt.

Text: **weiblich\Interview_14**

Code: **8. Schutzgedanken vor Resozialisierung\Resozialisierung wichtig**

Ich finde jeder Mensch hat Anspruch auf Schulausbildung. So etwas sollte mehr im Vordergrund stehen bei der Resozialisierung.

Text: **weiblich\Interview_13**

Code: **8. Schutzgedanken vor Resozialisierung\Resozialisierung wichtig**

Allerdings ist es auch von Belang, in welchem Maße der Gefangene resozialisiert werden kann.

Ohne Resozialisierungsbemühungen und psychologische Unterstützung in der Haft ist ein Schutz der Opfer und der Gemeinschaft nach der Entlassung aus der Haft um ein höheres unwahrscheinlicher. Würde man diese Aussage ernsthaft billigen, würde dies bedeuten, dass man ausschließlich für (lebens-) lange Freiheitsstrafen plädieren würde. Dies trägt dem Gedanken des StVollzG aber wohl kaum Rechnung.

Text: **männlich\Interview_12**

Code: **8. Schutzgedanken vor Resozialisierung\Resozialisierung wichtig**

Resozialisierung muss eingesetzt werden, um deren Ziel - das Verhalten eines Täters zu ändern, zu erreichen. Dies gilt genauso für langfristigen Opferschutz, also was passiert nach dem Ende der Strafe.

Text: **männlich\Interview_11**

Code: **8. Schutzgedanken vor Resozialisierung\Resozialisierung wichtig**

Nein, der Schutz der Gemeinschaft darf den Gedanken der Resozialisierung nicht ausschließen. Wird dies vergessen oder nicht genügend befolgt, schaffen wir wieder nur neue Straftäter...Straftaten. Nur bei einer vernünftigen Resozialisierung, einer Chance nach dem Strafvollzug, kann eine erneute Straffälligkeit vermieden werden. Ganz vermeiden werden wir dies wohl nicht, aber minimieren, zumindest muss es versucht werden.

Text: **männlich\Interview_10**

Code: **8. Schutzgedanken vor Resozialisierung\Resozialisierung wichtig**

Ich glaube jedoch dass die Gesellschaft eine Pflicht hat dem Täter eine Chance auf Resozialisierung zu bieten.

Text: **weiblich\Interview_9**

Code: **8. Schutzgedanken vor Resozialisierung\Resozialisierung wichtig**

Resozialisierung find ich ne guten Ansatz.

Text: **männlich\Interview_8**

Code: **8. Schutzgedanken vor Resozialisierung\Resozialisierung wichtig**

Wie bereits oben unter 4. dargestellt, halte ich den Schutz der Gemeinschaft für hinreichend. Der Schutz der Opfer sollte durch mehr soziale Unterstützung während des Strafverfahrens/ Nachbetreuung/ finanzielle Entschädigung gestärkt werden. Parallel dazu kann die Resozialisierung der Täter vorangetrieben werden.

Text: **weiblich\Interview_6**

Code: **8. Schutzgedanken vor Resozialisierung\Resozialisierung wichtig**

Resozialisierung heißt nicht automatisch schutzlose Auslieferung der Bevölkerung, während der Resozialisierung ist eine genaue Überwachung der Betreffenden notwendig.

Text: **weiblich\Interview_5**

Code: **8. Schutzgedanken vor Resozialisierung\Resozialisierung wichtig**

Doch soll die Resozialisierung dem Schutz der Gesellschaft erreichen und ist unterstützend/ erstrebenswert.

Text: **männlich\Interview_4**

Code: **8. Schutzgedanken vor Resozialisierung\Resozialisierung wichtig**

Ein Täter sollte zwar versucht werden, zu resozialisieren, allerdings muss auch hier abgegrenzt werden.

Einige der Befragten wünschten sich, dass der Schutz der Allgemeinheit parallel zu einer Resozialisierung des Straftäters verlaufen könne. Das eine sollte das andere nicht ausschließen. Eine Resozialisierung hat letztendlich zum Ziel, dass die Gesellschaft geschützt wird. Umso intensiver man sich um die Straffälligen kümmere, umso wahrscheinlicher sei es auch, dass die Allgemeinheit auch in Zukunft vor potenziellen Tätern geschützt wird.

Trotzdem wird auch während dieser Wiedereingliederungsphase erwartet, dass der Straffällige überwacht wird. Als Ziele der Resozialisierung wurden u. a. eine Verhaltensänderung beim Straftäter, das Nachholen einer Ausbildung und der Opferschutz genannt. Dennoch zeigte sich (Interview 13 und 4), dass die Problematik der „nichtresozialisierbaren" Straftäter erkannt wurde. Vermutlich wird in solchen Fällen auch lange Haft befürwortet.

12.4.9 „gefährliche Straftäter“

Die Frage 9 beschäftigte sich mit der Annahme, dass in der Bevölkerung vorwiegend dieselben Straftätergruppen als „gefährlich“ wahrgenommen werden.

Die Definition von Gefährlichkeit ist hierbei äußerst schwierig. Sicher sind dies vor allem Gefangene mit einer tiefgreifenden Persönlichkeitsstörung, welche einen Mord, eine vorsätzliche Tötung, eine schwere Körperverletzung, eine Vergewaltigung, eine Brandstiftung oder eine andere Tat begangen haben, durch die ein Mensch körperlich, seelisch oder materiell geschädigt wurde. Diese Täter sollten im geschlossenen Strafvollzug verwahrt werden können, wenn sie nur so vor weiteren vergleichbar schwerwiegenden Taten gehindert werden können.[294]

Folgende spezifischen Tätergruppen wurden von den Befragten genannt (Mehrfachnennungen waren möglich):

Die meisten Nennungen konnte ich bei den *Gewaltdelikten* verzeichnen, dicht gefolgt von den Sexualstraftaten. **19** Nennungen konnte ich bei den Gewaltdelikten zählen, welche von 17 verschiedenen Personen stammten. Hier wurde besonders oft die (schwere) Körperverletzung (**8**) genannt. Allgemein kann man festhalten, dass „gefährliche Straftäter“ in den Augen der Befragten überwiegend Personen darstellen, welche andere Menschen absichtlich schädigen, sei es in psychischer oder physischer Form. Täter, die die Allgemeinheit unmittelbar schädigen, werden als gefährlich wahrgenommen. Nur **4** Männer nannten diese Art von Delikten, die überwiegende Mehrheit der Nennungen ging von den weiblichen Befragten aus **(12).**

Die „Unmittelbarkeit“, in der diese Täter auf die Opfer einwirken scheint dabei eine entscheidende Rolle zu spielen.

Einige Befragte meinten, dass Täter, denen das Ausmaß ihrer Taten bewusst ist und die dennoch weiter Straftaten verüben, für sie als gefährlich gelten. Das Spektrum der Eigentumsdelikte wurde dagegen nur 1-mal aufgezählt, was darauf schließen lässt, dass diese Art von Straftaten nicht als gefährlich empfunden wird (z. B. Bogen 15 Nr. 9: „Diebstahl ist…weniger gefährlich, wenn es nicht direkt um körperliche Gewalt geht.“). Anscheinend fühlen sich die Betroffenen durch solche Delikte nicht direkt in ihrer Person bedroht.

17-mal wurden Sexualdelikte also *Vergewaltigung, Misshandlung* oder *Missbrauch* genannt. Besonders die weiblichen Befragten nannten Sexualverbrechen. Dagegen nannten nur **4** Männer diese Art von Delikt, was darauf zurückzuführen ist, dass Frauen hier sehr viel häufiger als Opfer betroffen sind als Männer. Einen ähnlichen Zusammenhang vermute ich hinsichtlich der Gewaltdelikte. Frauen scheinen vor Straftätern wie Gewaltverbrecher und Sexualtäter die meiste Angst zu haben. Personen mit schwerer Opferwerdung (Gewalt- und Sexualdelikte) besitzen dementsprechend auch ein deutlich höheres Angstniveau als Personen, die nicht Opfer schwerer Straftaten geworden sind.

---

[294] vgl. Jung, Mülller- Dietz, 1994, S. 101

Ich denke, es zeigt sich, dass diese Tätergruppe besonders kritisch betrachtet wird. Der Schutz vor dieser Art von Tätern wird von der überwiegenden Mehrheit der Bevölkerung befürwortet (siehe Auswertung Nr. 4 und 8). Das scheinbare Unvermögen dieser Täter, ihre Handlungen zu kontrollieren erzeugt Angst innerhalb der Bevölkerung. Zu dem haben die wenigsten Verständnis für solche Arten von Straftaten.

Die Delikte *Mord* und *Totschlag* wurden **18-mal** von 15 verschiedenen Befragten genannt. Die überwiegende Mehrheit, welche diese Gruppe von Straftätern nannte, war weiblich. Nur **3** der hier eingeordneten Befragten waren männlich.

16 Nennungen konnte ich bei anderen Typen von Straftätern/Delikten wie: Trieb und Suchttäter, Brandstiftung, Betrug, Landesverrat, Dealer, Umweltdelikte, Raub, Geiselnahme, Drohung, Selbstmordattentäter, Entführung u. a. vorzeichnen.

Hier waren **8** der Befragten männlich, **7** weiblich, die diese Arten von Delikten nannten. **2** Personen nannten physisch kranke Straftäter.

4 der 30 Befragten zusätzlich nannten *Wiederholungstäter* als „gefährliche Straftäter".

12.4.10 Straftäterbehandlung in Politik, Öffentlichkeit und in den Medien

12 Personen **(40%)** waren der Ansicht, dass Themen wie Strafvollzug und Straftäterbehandlung in den Medien zu wenig aufgegriffen werden. Sie wünschten sich mehr Aufklärung und eine detailliertere Darstellung des Themas in der Öffentlichkeit.

Wie erwähnt, wurde geäußert, dass es an Aufklärung mangelt, Beiträge über mögliche Präventionsmaßnahmen oder Alternativen fehlen. Nur ca. **20% (6)** der befragten Personen waren der Meinung, das Thema würde zu ausführlich oder zu oft in den Medien erscheinen. Sie empfanden diese Problematik als hochaktuell und wünschten sich keine genaueren Berichtserstattungen, oder hatten sich mit diesem Thema nicht auseinandergesetzt.

30% (9) der Befragten waren der Meinung, dass das Thema in Zusammenhang mit Skandalen und dramatischen Berichtserstattungen in Erscheinung tritt. Sie definierten Beiträge über dieses Thema als ein Mittel der Medien, um Aufmerksamkeit zu erregen**. 8** mal wurden Wünsche oder Verbesserungsvorschläge wie: mehr Berichte über präventive Maßnahmen, höhere Opferorientierung, Aufgreifen der Problematik in der Bildungspolitik, Darstellung des Strafvollzugs so, wie er ist (nicht als „Zwei Sterne Hotel mit Ausgangssperre") eine zielführende, kontinuierlichere, gelassenere Berichtserstattung, das Einbringen von Neuerungen und Änderungen hinsichtlich dieses Themas, höhere Opferorientierung, Berichte über schwere Straftaten zwecks Aufklärung/Abschreckung usw. geäußert.

12 Personen waren der Meinung, dass das Thema Straftäterbehandlung in der Öffentlichkeit *nicht* zu wenig aufgegriffen wird.

Sie waren der Ansicht, das Thema Straftäterbehandlung wird zu ungenau, unspezifisch oder nur bruchstückhaft, behandelt.

12.4.11 Geeignete Resozialisierungsmaßnahmen:

Punkt 11 befasste sich mit der Frage nach geeigneten Resozialisierungsmaßnahmen. Also was stellt sich die Bevölkerung unter diesen Maßnahmen vor?

Die Mehrheit der Befragten legte die Priorität auf die psychologische Aufarbeitung und Bearbeitung der Straftat sowie die psychologische Betreuung der Probanden in Haft.

Hier konnte ich **20** Nennungen verzeichnen, wie z. B.

Psychologische Betreuung und Behandlung

„psycholog./psychatr. Behandlung"

„viele Gespräche mit sehr guten Psychiatern und Gruppentherapie mit anderen Straftätern. Die Vergangenheit aufarbeiten und die Ursache der Tat verstehen und kritisch gegenüber stehen"

„psychologische Aufarbeitung und Therapie der Auslöser für eine Straftat

„Bessere psychologische Betreuung von Straftätern, z. B. mit Anreiz durch Haftverbesserung. In diesem Bereich passiert zu wenig, und es bringt die Möglichkeit das, zwar mit Sicherheit nicht bei allen, aber es bei einigen wenigen durchaus ein erkennen und umdenken bewirkt"

„Als geeignete Mittel können alle Maßnahmen angesehen werden, welche ermöglichen, dass sich der Täter mit der Tat mit dem Opfer mit dem Schaden den er angerichtet hat auseinandersetzen muss, so das echte Einsicht in das begangene Unrecht entsteht"

„Therapie → des Einzelnen, der Gruppe"

„Psychologen, komplette Aufklärung über ihre Tat, Konfrontation mit der „harten Wahrheit"

„Geeignete Resozialisierungsmaßnahmen sind ganz sicher wiederkehrende Gespräche mit dafür ausgebildeten Therapeuten oder Sozialarbeitern"

„Arbeit von besonders ausgebildeten Therapeuten mit Straftätern über lange Zeit und auch nach der Entlassung"

„Es ist erforderlich, dass die Betroffenen mit der Tat rezidivierend konfrontiert werden, z. B. in einer Gesprächstherapie, auch in der Gruppe. Bei Affekttätern wären Bewältigungsstrategien erforderlich, welche in Haft erlernt werden sollen"

„Gespräche mit kompetenten Personen, z. B. Sozialarbeiter"

„Tataufarbeitung sowie psychologische Unterstützungsangebote, wenn sie denn als dringlich erachtet werden (und nicht nur aus Kapazitätsgründen abgelehnt werden"

„Psychologische Betreuung: Auseinandersetzung mit der Tat, Bewusstmachen der Opfersituation, Aufzeigen neue Lebenswege und –Möglichkeiten"

„Ursachenfindung, Rückblick auf die vorherige Lebenssituation des Täters (soziales Umfeld, Beruf, Familie, Kindheit) - Hilfestellung zur aktiven Auseinandersetzung mit kritischen Themen“

17-mal wurden die Maßnahmen der Schul- und Weiterbildung als geeignete Resozialisierungsmaßnahmen genannt.

Schul- und Ausbildungsmöglichkeiten:

„Ausbildungsmöglichkeit für Jugendliche“,

„einen Beruf in der Haft erlernen, den sie später mit Sicherheit ausüben können, d. h. für gewisse Zeit nach der Haft die Gewissheit nicht arbeitslos zu sein“

„Möglichkeit zur Ausbildung wahrend des Vollzuges - sofern dieses Potenzial wahrscheinlich später in Freiheit in Anspruch genommen wird“

„Maßnahmen der Wiedereingliederung in gesellschaftliches Leben„

„Berufliche Perspektiven entwickeln, Sozialkontakte fördern und erhalten“

„Befähigung, eine Arbeit zu finden (Unterstützung bei der Arbeitssuche) und eine Orientierung in der Arbeitswelt geben (Verhalten im Krankheitsfall, Pünktlichkeit)“

„die Möglichkeit der Bildung und Weiterzubilden“

„Arbeitstherapie“

„Schulungen, z. B. wie man sich wieder bewerben kann“

„ggf. Schulausbildung bzw. Berufsausbildung damit Perspektiven für ein Leben in der Gesellschaft entstehen → Lösungen anstatt Regeln“

„Diejenigen, die eine Berufsausbildung haben, zur regulären Arbeit anregen, d. h. z. B. außerhalb des Vollzugs (wenn keine Fluchtgefahr vorliegt, und es kein Schwerstverbrecher ist) in einer Firma unter Aufsicht arbeiten“ usw.

Schlagwörter wie das Anti-Aggressions-Training, Selbstsicherheitstraining, eine sinnvolle Beschäftigung in der Gruppe, Selbsthilfegruppen, und Konfliktbewältigung wurden zusätzlich genant. Geeignet erschienen auch der Täter-Opfer-Ausgleich, die vorzeitige Entlassung bei guter Führung, Wiederaufnahme des Verfahrens, „Wochendurlaub“, und Freigänge (jeweils eine Nennung), gemeinnützige Arbeit und die Fähigkeit, seine finanziellen Angelegenheiten zu regeln und überschauen zu können.

Des Weiteren wurden unter der Codierung –Kontakte- genannt:

„Den Kontakt zu Familie und Freunden auch während der Haft ermöglichen, dass sie danach keine Probleme der Verfremdung haben“

„das Aufrechterhalten von sozialen Beziehungen (Familie, Freunde, Freundin, eventuelle Kinder), solange sie keinen negativen Einfluss ausüben“

„frühzeitige Kontakte zum späteren Bewährungshelfer dazu (soweit ein solcher bestellt wurde), aber auch zu Sozial-, Arbeits- und Wohnungsämtern, um die finanzielle Lage bei Entlassung des Gefangenen sicherstellen zu können"

„gute langfristige Entlassungsvorbereitung, Schaffen einer Perspektive für danach, wie Wohnung, Arbeit o.ä."

Unter dem Code „andere Maßnahmen" habe ich folgende Vorschläge eingeordnet:

„bessere Öffentlichkeitsarbeit bezüglich Strafvollzug"

„Abbau von Stigmatisierung"

„genaue Überwachung des Gefüges der Häftlinge untereinander, um weitere Belastungen und Entartungen zu verhindern"

„Verhalten mit eigenen und fremden Unzugänglichkeiten"

„Hilfe bei Wohnungssuche, Partnersuche"

„die Übernahme von (verantwortungsvollen) Tätigkeiten.."

„Zeiten, alleine zum Nachdenken"

„Strafe auf Bewährung"

„...eine hohe Kompetenz, Distanz und Beurteilungsfähigkeit der Beamten und keine Verharmlosung der Täter"

„Nach Wiedereingliederung muss Kontrolle und Vernetzung mit dem Opferschutz Vorrang haben"

„menschenwürdige Unterbringung und Behandlung im Strafvollzug"

„personelle Ausstattung der Haftanstalten mit genügend geeigneten und qualifizierten Personal"

„auch nach der Entlassung weiterführende Beobachtung der Täter (je nach Schwere des Verbrechens)"

Die Auswertung dieser Frage zeigte klar, dass die Bevölkerung genaue Vorstellungen hat, wie Resozialisierungsmaßnahmen aussehen sollen.

Die Angaben waren sehr zahlreich, detailliert und gingen in die verschiedensten Richtungen. Die Beantwortungen belegen aber auch ein Wissen über die Defizite in der Haft. Oder anders ausgedrückt, die Bevölkerung hat eine umfassende Vorstellung von eventuellen Mängeln und nachteiligen Situationen, die sich in der Haft entwickeln oder die bei den Insassen vorliegen (könnten). Die Befragten haben somit erkannt, welche Maßnahmen notwendig sind. Die genannten Maßnahmen stimmen mit den inhaltlichen Schwerpunkten des Gesetzes, was Resozialisierung leisten soll, überein.

In Betracht kommt auch, dass diese Vorstellungen zum Teil als gegeben („normal") hingenommen werden, d. h., dass diese Maßnahmen in den Augen der Befragten Realität im Strafvollzug sind und sich resultierend daraus bestimmte Erwartungen und Ansprüche an den Strafvollzug entwickeln.

Wie bereits unter dem Aspekt der Problemlagen des Strafvollzugs erwähnt, sind diese Vorstellungen von Resozialisierungsmaßnahmen aber zum Teil völlig unrealistisch und werden nicht annährend in diesem Umfang praktiziert. Somit zerbrechen die hohen Ansprüche der Bevölkerung an der Realität,- ein Konflikt zwischen Öffentlichkeit und Strafvollzug ist so vielleicht vorprogrammiert.

12.4.12 Der Code-Matrix-Browser

Der Code-Matrix-Browser ist eine Visualisierung der vorhandenen Codierungen von Textstellen in Form einer Matrix mit Gitterstruktur. Er stellt eine Anwendung von MAXqda2 dar, um Inhalte eines Textsegmentes auszuwerten. Die Übersicht des Code-Matrix-Browser im Anhang 28 offenbart somit die absoluten Häufigkeiten, also wie oft ein Code in einem Text vergeben wurde.[295]

Der Code-Matrix-Browser zeigt in einer grafischen Oberfläche die Anzahl der Codings zu jedem einzelnen Code für jeden einzelnen Text an.

Das Matrix-Grid stellt dort, wo Codierungen vorhanden sind, einen Knoten dar. Die Farbe und Größe des Symbols zeigt an, ob bei diesem Text der Code häufig oder selten zugeordnet ist.[296]

Diese Art der Auswertung machte es mir möglich, eventuelle **Resozialisierungsgegner** oder **Befürworter** aus den Interviews herauszufiltern. Zuvor wurden anhand der Dictio- Funktion[297] des Programmes die einzelnen Schlagwörter (Keywords) aus den gesamten Interviewtexten ausgezählt:

Wiedereingliederung: Es wurden 8 Fundstellen ersichtlich.

Resozialisierung: Es wurden 36 Fundstellen ersichtlich.

Diese Schlagwörter wurden von mir selbst ausgewählt. Zu einer vorliegenden Befragung kann es bei der Verwendung von anderen Schlüsselwörtern natürlich zu abweichenden Ergebnissen kommen. Zu der komplexen Thematik der Resozialisierung von Straftätern assoziieren verschiedene Menschen unterschiedliche Begriffe. Somit ist es nicht verwunderlich, dass in Abhängigkeit der Wahl der Schlüsselwörter das Programm zu unterschiedlichen Resultaten kommt.

[295] Maxqda Einführungstutorial
[296] vgl. www.maxqda.de/2_neu.htm
[297] Modul zur Wortschatzanalyse, Diktionärserstellung und quantitativen Inhaltsanalyse in MAXqda2

Anschließend möchte ich mich nunmehr der Auswertung der zwei Hypothesen widmen.

Meine Hypothese H 1 dieser Untersuchung lautete:

In der Bevölkerung gibt es Gegner und Befürworter von Resozialisierung. Die Befragten lassen sich demnach einteilen in Resozialisierungsbefürworter oder Resozialisierungsgegner. Der Anteil der beiden Gruppen ist in der Bevölkerung gleich.

→ Dieser Hypothese wird zugestimmt.

Woran kann man nun festmachen, ob jemand ein Befürworter oder Gegner von Resozialisierung ist?

Um solch eine Einteilung vornehmen zu können, habe ich u. a. den Code-Matrix-Browser des MAXqda2 Programmes genutzt. Um genauere Zusammenhänge zu erhalten, habe ich die zwei Codes: *Wiedereingliederung* und *Resozialisierung* in Beziehung zueinander betrachtet. In dieser Auswertung sollen zunächst nur die absoluten Ergebnisse mit den meisten Überschneidungen eine Rolle spielen.

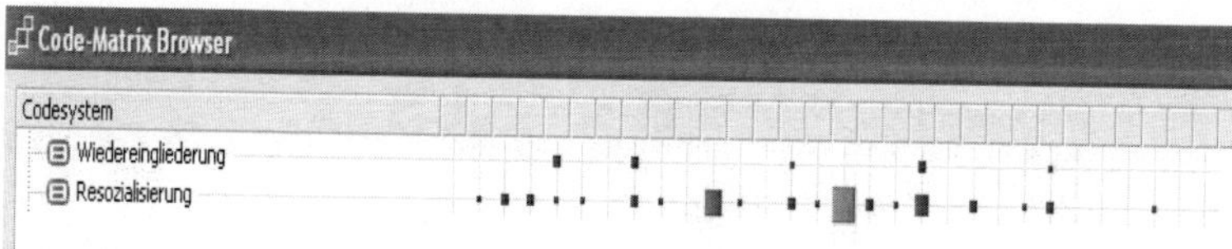

Bei den folgenden Interviews kam es dabei zu starken Überschneidungen der beiden Schlüsselwörter (Keywords) *Wiedereingliederung* und *Resozialisierung.*

Interview 6: 5 Codes

Interview 28: 4 Codes

Interview 13: 3 Codes

Es konnten also 5, 4 oder 3 Aussagen aus den Interviews den Codes *Resozialisierung* und *Wiedereingliederung* zugeordnet werden. Diese Befragten lassen sich dementsprechend (zunächst) unter den ***Resozialisierungsbefürwortern*** einordnen.

Zusätzlich kann man anhand der gegebenen Antworten auch inhaltlich analysieren, ob sich ein(e) Befragte(r) als Resozialisierungsgegner oder Befürworter darstellt. Es kann der Fall sein, dass MAXqda2 einen Befragten gleichzeitig als Resozialisierungsgegner und Befürworter interpretiert, wenn dementsprechende Überschneidungen vorliegen (Beispiel Interview 13). Hier kann man nur durch eine inhaltliche Analyse klären, wo diese Befragte einzuordnen ist.

Interviews, die durch den Code-Matrix-Browser durch wenige oder gar keine Überschneidungen in Erscheinung getreten sind, mussten einer weiteren inhaltlichen Analyse unterzogen werden.

Bei den ***Resozialisierungsbefürwortern*** fand ich die folgenden inhaltlichen Merkmale in den Antworten vor:

- Die Antworten von Resozialisierungsbefürwortern zeichnen sich dadurch aus, dass das Strafbedürfnis zurückgesetzt und die Behandlung des Straftäters als wichtiger Bestandteil des Strafvollzugs interpretiert wird. Im Gegensatz zu den Ansichten der Resozialisierungsgegner spielt die Tataufarbeitung und Persönlichkeitsentwicklung des Straftäters eine größere Rolle als Sühne und Vergeltung am Täter.
- Nicht die Art und Weise der Strafe wird als ausschlaggebend betrachtet, sondern die individuelle Wirksamkeit auf den Täter. Allgemein kann man festhalten, dass bei den Resozialisierungsbefürwortern wenig von Strafe, Sanktion und Strafrecht zu lesen ist.
- Der Glaube an eine wirksame Behandlung von Straftätern im Strafvollzug ist bei den meisten der Resozialisierungsbefürwortern vorhanden.
- Die Befragten erkennen das Problem der Umsetzung, welches hinter dem Vollzugsziel Resozialisierung steht. Negative Wirkungen auf den Täter durch Freiheitsentzug werden teilweise erkannt.
- Die Sicherheit der Allgemeinheit wird in den Augen der Befürworter von Resozialisierung nicht unbedingt <u>nur</u> durch das Verwahren der Täter im Strafvollzug gewährleistet.
- Eine Freiheitsstrafe wird als letztes Mittel gesehen, um auf einen Straftäter einzuwirken. Auch andere niederschwelligere Sanktionen werden von den Befragten als nützlich und geeignet interpretiert. Der „Ultima Ratio-Ansatz" findet sich somit häufig in den Antworten der Befürworter wieder.
- Dementsprechend wurde der Aussage aus Nummer 7 des Interviews oft zugestimmt. Einige der Befragten aus dieser Gruppe waren sich sogar der (negativen) Auswirkungen von Haft auf eine spätere Rückfälligkeit im Klaren.
- Die Resozialisierung von Straftätern wird als Mittel gesehen, <u>um</u> die Sicherheit der Gesellschaft zu erreichen. Bei den Resozialisierungsgegnern findet man vermehrt das gegenteilige Denkmuster vor.
- Die derzeitigen Maßnahmen zum Schutz der Gesellschaft werden von den Resozialisierungsbefürwortern als ausreichend gewertet. Die Befragten sahen einen Zusammenhang zwischen erfolgter Resozialisierung und späterer Delinquenz.

Um diese Merkmale zu belegen, habe ich typische Aussagen der Befragten zitiert. Folgende Interviews habe ich anhand dieser inhaltlichen Analyse den ***Resozialisierungsbefürwortern*** zugeordnet:

- **Interview 2:**

Punkt 1:

„Nein, Freiheitsentzug ist nur in schweren Fällen „sinnvoll". Wirksamer, sozialer und billiger ist Arbeitseinsatz".

Punkt 7:

In Bezug auf die Rückfallquote ist das Strafrecht mit Sicherheit keine sichere Lösung.

Punkt 2:

Lange Freiheitsstrafen sind mit Sicherheit in allen Bereichen problematisch...

- **Interview 5:**

Punkt 7:

„Täter-Opfer- Ausgleich ist wahrscheinlich immer erstrebenswerter,..."

Punkt 8:

„Jedoch soll die Resozialisierung den Schutz der Gesellschaft erreichen und ist unterstützend/ erstrebenswert."

- **Interview 6:**

Punkt 6:

„Das Leben im Strafvollzug sollte so effizient wie möglich gestaltet werden (durch Therapie etc.)"

Punkt 7:

„Es ist natürlich sinnlos, einen einzusperren und dann nach 5 Jahren wieder rauszulassen, ohne ihn therapiert zu haben."

Punkt 2:

„Freiheitsentzug nicht oder nur kurz bei Delikten ohne körperliche Gewalt."

- **Interview 8:**

Punkt 1:

„Freiheitsstrafe sollte stets nur letztes Mittel sein, wenn alle anderen Sanktionen nicht ausreichen oder unverhältnismäßig erscheinen."

Punkt 4:

„Ich denke, die Sicherungsmechanismen stimmen im Bereich des allgemeinen Strafrechts."

Punkt 7:

„Dem ist so zuzustimmen."

Punkt 8:

„...halte ich den Schutz der Gemeinschaft für hinreichend. Der Schutz der Opfer sollte durch mehr soziale Unterstützung während des Strafverfahrens/ Nachbetreuung/ finanzielle Entschädigung gestärkt werden. Parallel dazu kann die Resozialisierung der Täter vorangetrieben werden."

- **Interview 9:**

Punkt 1:

„Nein, da die Probleme die zu einer Strafe geführt haben durch Freiheitsentzug nicht gelöst werden. Der Täter geht auch danach mit wahrscheinlich gleicher Persönlichkeitsstruktur wieder in die Gesellschaft hinaus, und die Probleme beginnen von neuem."

Punkt 4:

„Ja und Nein. Am Schutz der Gesellschaft richtig aber auch an Veränderung der Täter, welches durch Freiheitsentzug häufig nicht der Fall ist."

Interview 11:

Punkt 1:

„Nein! Freiheitsstrafe lässt sich sicherlich nicht generell vermeiden, aber sie sollte immer das letzte Mittel sein, welches angewendet und eingesetzt wird. Eine Verurteilung zur Bewährung ist sowohl für die Gesellschaft, als auch für den Verurteilten eine günstigere Alternative, kann er doch an der Schadenswiedergutmachung arbeiten, bzw. auch seine Persönlichkeit weiter entwickeln."

Punkt 2:

„...aber es findet in Haft kaum eine Entwicklung der Persönlichkeit statt, so dass sich die Sozialprognose kaum ändert. Selbst eine Abschreckende Wirkung auf andere potenzielle Straftäter haben angedrohte lange Haftstrafen, wie im StGB beschrieben, nicht."

Punkt 7:

„Dieser Aussage stimme ich zu und dies wird ja auch im Jugendstrafrecht recht gut hier in Jena angewendet, praktiziert."

Punkt 8:

„Nein, der Schutz der Gemeinschaft darf den Gedanken der Resozialisierung nicht ausschließen. Wird dies vergessen oder nicht genügend befolgt, schaffen wir wieder nur neue Straftäter...Straftaten. Nur bei einer vernünftigen Resozialisierung, einer Chance nach dem Strafvollzug, kann eine erneute Straffälligkeit vermieden werden. Ganz vermeiden werden wir dies wohl nicht, aber minimieren, zumindest muss es versucht werden."

- **Interview 13:**

Punkt 1:

„Ansonsten sind ambulante Maßnahmen natürlich denen der freiheitsentziehenden vorzuziehen."

Punkt 2:

„Ausschlaggebend wäre für mich eher die Frage, inwieweit Resozialisierungsmaßnahmen und eine adäquate psychologische Betreuung zur Aufarbeitung der Tat stattfinden. Es sollte daher in wirklich regelmäßigen Abständen überprüft werden, inwieweit eine Wiedereingliederung in die Gesellschaft möglich wäre."

Punkt 7:

„Ich denke eher, dass die freiheitsentziehenden Kriminalsanktionen das Ultima Ratio bleiben sollten. Das Strafrecht an sich ist ja von vornherein so ausgelegt, dass es auch die Möglichkeit einer milderen Sanktionierung, wie etwa in Form einer Weisung, bietet. Es ist der Aussage zuzustimmen, dass eingriffsstärkere Sanktionen den Rückfall nicht in deutlicherem Maße verhindern als eingriffsschwächere. Sie werden wohl je nach Art und Länge sogar dazu beitragen, dass der Gefangene erhebliche Eingliederungsprobleme bekommen wird."

Punkt 8:

„Allerdings ist es auch von Belang, in welchem Maße der Gefangene resozialisiert werden kann. Wird dies nicht in Betracht gezogen, so widerspricht sich obige Aussage gleich wieder in sich selbst. Ohne Resozialisierungsbemühungen und psychologische Unterstützung in der Haft ist ein Schutz der Opfer und der Gemeinschaft nach der Entlassung aus der Haft um ein höheres unwahrscheinlicher."

- **Interview 15:**

Punkt 4:

„Dem kann ich zustimmen, wobei außer dem Schutz der Gesellschaft auch etwas dafür getan werden muss, dass der Täter die Chance hat, sich zu bessern, aber natürlich erst einmal in einem geschützten Rahmen."

Punkt 6:

„Aber ich denke, dass es nicht nur Strafe bedeutet sondern auch eine Schutzfunktion hat und zwar nicht nur für die Gesellschaft, sondern auch für den „Täter". Er wird zunächst davor geschützt, weiter straffällig zu werden. Allerdings braucht er auch Anleitung wie er sich ändern kann, wenn er bereit dazu ist."

Punkt 8:

„Am besten wäre es, wenn sich beides verbinden ließe, nämlich zunächst im Akutfall der Schutz der Gesellschaft, aber das man von da aus schrittweise weiter zu einer Resozialisierung kommt."

Punkt 11:

„Ich denke, dass es wichtig ist, nicht nur zu strafen sondern auch zu Recht zu helfen. Dazu können viele Maßnahmen helfen!"

- **Interview 22:**

Punkt 2:

„Die Wiedergutmachung eines Schadens (falls möglich) muss vor der Sühne stehen."

Punkt 5:

„Nach einer Strafe muss ein Mensch von seiner Schuld frei sein. Er sollte die gleichen Chancen haben, als wenn er die Straftat nicht begangen hätt."

Punkt 7:

„Genau, oft reichen Bewährungsstrafen, um einem Menschen den richtigen Weg zu zeigen."

- **Interview 23:**

Punkt 2:

„Stimmt."

Punkt 4:

„Ohne Hilfe, Therapie für den Gewaltverbrecher ist auch mehr Schutz der Gesellschaft nicht möglich. Therapierte Gewaltverbrecher bilden einen Schutz für die Gesellschaft."

Punkt 7:

„Stimmt."

- **Interview 24:**

Punkt 1:

„Strafe als Freiheitsentzug nein. Strafe sollte differenziert, zugeschnitten auf die begangene Straftat, ausgesprochen werden. Gerade bei Jugendlichen Straftätern tragen die gesetzlichen Vorschriften der Entwicklungsphase jugendlicher Menschen Rechnung, in dem Maßnahmen der Erziehung vor Strafe geht."

Punkt 4:

„die gegebenen gesetzlichen Regelungen reichen im allgemeinen in vernünftiger Anwendung aus, die Gesellschaft zu schützen."

Punkt 7:

„„Strafrecht muss letztes Mittel, muss Ultima Ratio bleiben": zuvor sollten andere gesellschaftliche Mechanismen greifen. Sanktionen sind gesetzlich vorgeschrieben in ihrer Eingriffstärke gestaffelt und abgestimmt auf die begangene Straftat."

Punkt 11:

„Als geeignete Mittel können alle Maßnahmen angesehen werden, welche ermöglichen, dass sich der Täter mit der Tat mit dem Opfer mit dem Schaden den er angerichtet hat auseinandersetzen muss, so das echte Einsicht in das begangene Unrecht entsteht. Parallel dazu sollte der Straftäter nicht entmündigt werden, so dass er in der Lage bleibt eigenständig Probleme zu lösen

- **Interview 27:**

Punkt 8:

„Präventionsmaßnahmen wären notwendig. Täter sind oft frühere Opfer. Resozialisierung ist wichtig."

- **Interview 28:**

Punkt 1:

„Ja. in besonders Fällen ist Freiheitsentzug als Form der Sanktionierung notwendig. Dann allerdings in Verbindung mit sinnvoller Beschäftigung und Resozialisierungsprogrammen während der Haft."

Punkt 2:

„Deshalb sollte früh mit Resozialisierungsprogrammen begonnen werden."

Punkt 3:

„Daher sollten zusätzlich umfassende Straf-Präventions-Programme durchgeführt werde - diese sind auf lange Sicht hin billiger als Strafvollzug."

Punkt 5:

„Daher sollten objektive Urteile gefällt und Straftätern die Möglichkeit gegeben werden, sich sozial zu reintegrieren."

Punkt 7:

„Ich denke, die Tatsache, inwieweit eine Freiheitsstrafe notwendig ist, einen Rückfall zu vermeiden, ist stark von der einzelnen Person und vom Ablauf des Freiheitsentzuges abhängig."

Um ***Resozialisierungsgegner*** zu finden, habe ich nun mit Hilfe des Code-Matrix-Browsers Überschneidungen bezüglich der Begriffe *Opfer* und Sch*utz* untersucht. Diese fand ich bei folgenden Interviews vermehrt vor:

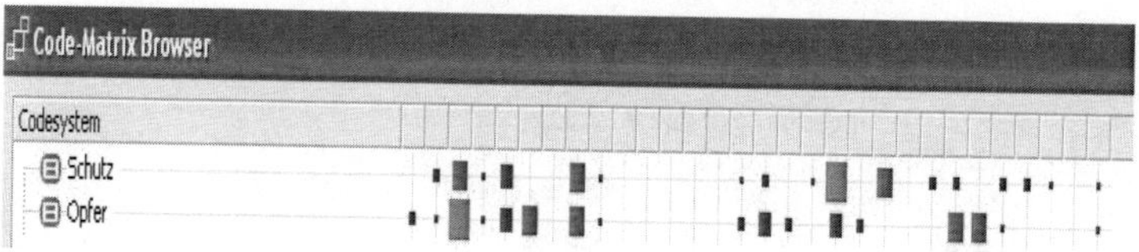

Interview 10, Interview 13: je 5 Codes

Interview 24, Interview 17, Interview 19, Interview 20, Interview 7

je 4 Codes

Diese Interviews lassen sich laut Code-Matrix-Browser in die Kategorie ***Resozialisierungsgegner*** einordnen.

Wie ersichtlich ist, hat das MAXqda2 Programm das Interview 13 als Gegner und Befürworter von Resozialisierung eingeordnet. Nach der inhaltlichen Analyse wurde allerdings deutlich, dass diese Befragte eindeutig den Resozialisierungsbefürwortern zuzuteilen ist. Das Programm war in der Lage, Resozialisierungsbefürworter und Gegner auf der Grundlage von Worthäufigkeiten in fast allen Fällen zu erkennen.

Im Fall des Interviews 13 jedoch hat das Programm keine eindeutige Entscheidung getroffen. Die Ursache liegt offensichtlich in der häufigen Verwendung der festgelegten Suchbegriffen „Schutz“ und „Opfer“. In den Aussagen der Befragten (Interview 13) treten diese Begriffe in anderen Zusammenhängen auf. Auch das Interview 24 konnte ich nach der inhaltlichen Analyse nicht den Resozialisierungsgegnern zuordnen. Hier hat das Programm meines Erachtens falsch entschieden.

Die Antworten der ***Resozialisierungsgegner*** waren besonders durch folgende Merkmale gekennzeichnet:

- Der Wunsch nach härteren Strafen ist bei den Resozialisierungsgegnern sehr stark ausgebildet. Dieser korreliert mitunter mit einem intensiven Schutzbedürfnis der Befragten. Besonders bei schweren Delikten wird der Wunsch nach härteren Sanktionen laut.
- Erste Priorität hat immer die Sicherheit der Allgemeinheit, bevor überhaupt an eine Behandlung der Straffälligen gedacht wird.
- Häufig kann man unter den Antworten der Resozialisierungsgegner eine Zustimmung unter Punkt 4 und 8 des Interviews vorzufinden, in dem es um die Vorrangstellung des Schutzaspektes vor der Resozialisierung von Straftätern geht. Der Punkt 7 dagegen (Austauschbarkeitsthese/Freiheitsstrafe ultima ratio) wird seitens dieser Befragten oft abgelehnt.
- Die Befragten sind der Ansicht, dass zu defensiv bestraft wird. Alternativen zum Strafvollzug existieren von Seiten der Befragten nur wenig. Der Strafvollzug wird teilweise als angenehm beschrieben und passt nicht in das Bild der Befragten von Strafvollzug.
- Der Glaube an den Erfolg von Resozialisierungsmaßnahmen ist bei dieser Gruppe von Befragten eingeschränkt oder gar nicht vorhanden.
- Eine Verhinderung erneuter Straftaten scheint nur durch die Verwahrung des Straftäters in Haft gewährleistet zu sein.
- Die erfolgreiche Resozialisierung von ehemaligen Straffälligen bedeutet für einige Befragte einen Ausschluss von Rückfälligkeit, also die vollkommene Gewissheit, dass der Gefangene nach seinen Haftaufenthalt nicht wieder straffällig in Erscheinung tritt. Die Anforderungen an den Strafvollzug seitens dieser Befragten scheinen also sehr hoch zu sein.

- Bei der Beantwortung der Frage Nr. 1 wurde oft mit „Ja" geantwortet, dass heißt, eine Strafe wird stets als notwendig betrachtet.

Nach der inhaltlichen Analyse ergaben sich folgende ***Resozialisierungsgegner***:

Die prägnantesten Aussagen der Befragten, die ausschlaggebend für die o. g. Einordnung waren, habe ich zusätzlich zitiert.

Ließen sich einige Befragte nicht eindeutig einer Kategorie zuordnen (Gegner und Befürworter von Resozialisierung), entschied ich nach der Anzahl der Aussagen zu den jeweiligen Kategorien.

- **Interview 1:**

Punkt 6:

„Ja, denn sie haben im Gefängnis (was ich über Medien bis jetzt mitbekommen habe) doch alle Freiheiten. Sie dürfen fernsehen, haben genug zu essen und dürfen sogar eine Ausbildung machen."

- **Interview 3:**

Punkt 2:

„z.T. sicherlich richtig; anderseits bin ich der Meinung, dass einige Straftäter gar nicht mehr entlassen werden sollen. Lebenslänglich sollte dann auch lebenslänglich bedeuten, also nicht 30 Jahre, sondern bis zum Tod."

Punkt 4:

„Die Gesellschaft muss vor den Gewaltverbrechern geschützt werden. Die meisten kommen viel zu gut davon."

Punkt 11:

„Resozialisierung schön und gut. Aber der Freiheitsentzug im heutigen Sinne scheint ja, schon sehr angenehm zu sein, zu angenehm: Fernseher, Fitness-u. Aufenthaltsräume, Arbeit-bzw. Ausbildung, mitunter sogar (geringe) Entlohnung. Haben manche im normalen Leben „draußen" nicht."

- **Interview 4:**

Punkt 6:

„Das ist sicherlich nicht für jeden Menschen eine Strafe. Für unterschiedliche Leute dürfte dies nicht immer eine Strafe sein, oder besser gesagt nicht die verdiente Strafe."

Punkt 7:

„Die Strafe muss angemessen sein und darf auf keinem Fall letztes Mittel sein. Ich wüsste nicht was es für andere Mittel und Wege geben soll, jemanden der Unrecht getan hat zu bestrafen. Soll statt Strafrecht ein „Belohnungsrecht" eingeführt werden. Ich finde die These unnötig."

Punkt 8:

„Ich stimme voll zu, dass der Staat seine „braven“ Bürger vor den „bösen“ Bürgern schützen muss. Ein Täter sollte zwar versucht werden zu resozialisieren, allerdings muss auch hier abgegrenzt werden.“

- **Interview 7:**

Punkt 1:

„Verwarnungen/ Geldbußen oder ähnliches reichen meist nicht aus, um den Täter von weiteren „Aktionen“ abzuhalten.“

Punkt 2:

„Trotzdem sind lange Freiheitsstrafen sinnvoll und notwendig, denke ich dabei z.B. an Gewaltverbrechern, die meist ohne Freiheitsentzug von weiteren Taten nicht absehen!“

Punkt 4:

„Wobei ich der Ansicht bin, dass Gewaltverbrecher (Sexualstraftäter) nicht das Recht auf Strafminderung bzw. Resozialisierung erhalten sollten. Ich bin der Meinung, dass gerade diese Täter einen endgültigen Freiheitsentzug erhalten sollten, da sich schon oft (laut Medien) gezeigt hat, dass die meisten dieser Täter rückfällig werden und neue Opfer die Folge sind.“

- **Interview 10:**

Punkt 4:

„erste Priorität ist der Schutz der Gesellschaft“

Punkt 7:

„Rückfälligkeit kann durch eine Inhaftierung durchaus reduziert werden.“

„In bestimmten Fällen sehe ich keine Alternative, schon aus Schutz der Gesellschaft, was höhere Priorität hat, als das Interesse des Täters.“

- **Interview 16:**

Punkt 1,4:

„Ja.“

Punkt 7:

„Nein.“

- **Interview 17:**

Punkt 6:

„Diese Aussage halte ich für sehr zweifelhaft. Was nützt es, wenn ein Straftäter zwar eingesperrt ist, aber einen Fernseher, ein Radio, 3 warme Mahlzeiten am Tag bekommt, die er zu Hause/ auf der Straße nicht hat. So erscheint für den Täter ja eher, dass seine Tat belohnt wird."

Punkt 7:

... "Obwohl ich aufgrund meiner bisherigen Ausführungen zu dem Schluss kommen müsste, dass gerade starke Sanktionen einen eher protektiven Charakter für die Gesellschaft hat und somit die Rückfallquote senken müsste!"

Punkt 8:

„Diesem Zitat pflichte ich auch bei. Resozialisierung hin oder her, wenn der „Verbrecher" der als resozialisiert zählt, plötzlich wieder straffällig wird, muss zumindest die Bevölkerung geschützt sein. Immerhin beinhaltet der Begriff „Resozialisiert", zumindest für mich, nicht auch die Gewissheit, dass der Täter nicht rückfällig wird."

Punkt 10:

„... Das Gefängnis sollte zur Abschreckung dienen, und nicht ein „Zwei-Sterne-Hotel mit Ausgangssperre" darstellen."

Punkt 11:

„Der Gefängnisaufenthalt muss relativ unangenehm für die Insassen gestaltet werden, so dass die Gefahr eines strafrechtlichen Rückfalls stark gemindert wird (durch Arbeitstherapie wie in s.g. „Bootcamps" incl. Beleidigungen, Abschreckung)."

- **Interview 18:**

Punkt 4:

„Ja. Der Schutz der Gesellschaft ist vorrangig. Der Täter soll weggeschlossen werden, damit der Schutz der Gesellschaft gewährleistet werden kann."

Punkt 8:

„Da stimme ich zu. Ich glaube nicht, dass jemand sich komplett wieder in das normale Leben einer Gesellschaft eingliedern kann, weil ich denke, dass es Veranlagung ist, wenn jemand immer wieder straffällig wird (z.B. bei Kindesmissbrauch)."

- **Interview 19:**

Punkt 4:

„...trotzdem bin ich der Auffassung, dass sich mögliche Veränderungen in diesen Regelungen nur am Schutz der Gesellschaft und damit am Schutz der möglichen Opfer orientieren sollten. Gewaltverbrechen sollten nicht dadurch an Bedeutung gewinnen, dass man sich mehr um die spätere Wiedereingliederung der Verbrecher als um das Leben der Opfer und potenziellen Opfer bemüht."

Punkt 8:

„Damit sollte nicht der Resozialisierung von Straftäter sondern der sozialen Absicherung der breiteren Bevölkerungsschicht die höchste Aufmerksamkeit gewidmet werden."

- **Interview 20:**

Punkt 2:

„Wenn z.B. ein Mord begangen wird, und der Täter nach 5 Jahren freikommt, ist das dann Gerechtigkeit?! Fördert es Unmenschlichkeit, wenn man wegen Vergewaltigung, Mord, Kindermisshandlung usw. sitzt, dann haben die nichts anderes verdient, als mindestens eine lange Haftstrafe!!"

Punkt 7:

„Nein, seh ich nicht so, denn das Geld hat die Gesellschaft nicht, um jeden Täter mehrere Maßnahmen anbieten zu können."

Punkt 8:

„Ich stimme dem absolut zu, weil halt nur so die Sicherheit der Gesellschaft gewährleistet wird."

- **Interview 21:**

Punkt 6:

„...Für einen Mörder oder Vergewaltiger kann die Strafe glaube ich nicht hart genug sein. Solche Methoden wie damals zu Stasizeiten müssten da angewendet werden."

Punkt 8:

„Ich find das ja alles schön und gut mit der Resozialisierung, aber ich bin der Meinung, dass es bei 80% wenn nicht noch mehr, gar nichts hilft."

- **Interview 25:**

Punkt 1:

„Ja, durch die Isolation von der Umwelt ist man mit sich und der begangenen Tat allein, man ist unweigerlich gezwungen, sich mit der Straftat uns sich selbst auseinanderzusetzen.“

Punkt 7:

„Nein, durch harte Sanktion hat der Straftäter die Möglichkeit zu erkennen wie sehr die Gesellschaft sein Handeln verurteilt. Dieses kann abschrecken und somit neue Straftaten verhindern (kann).“

Punkt 8:

„Ja, bei Triebtätern wie Sexualstraftätern sollte der Schutz der Gesellschaft vor der Resozialisierung stehen. Denn im Falle eines Rückfalls zerstören sie meist mehrere Menschenleben. Unter anderen werden Opfer später zu Tätern. Dieser Preis ist zu hoch, daher sollte man das Gefahrenpotenzial des Einzelnen minimieren.“

Punkt 11:

„In diesem Bereich passiert zu wenig, und es bringt die Möglichkeit das, zwar mit Sicherheit nicht bei allen, aber es bei einigen wenigen durchaus ein erkennen und umdenken bewirkt.“

- **Interview 26:**

Punkt 1:

Ja

Punkt 4:

Ja

Punkt 8:

Ja

- **Interview 29:**

Punkt 2:

„Wenn wie in Antwort 1 schwere Tatbestände vorliegen finde ich auch lange Freiheitsstrafen sinnvoll.“

Punkt 4:

„Der Meinung bin ich auch.“

Punkt 7:

„In manchen Fällen ist eine eingriffsstarke Sanktion sinnvoll, denn Tatbestände, wie Mord und Vergewaltigung verlangen hartes Durchgreifen.“

- **Interview 30:**

Punkt 2:

„...Inhaftierte sind wenig wichtig im Vergleich zu den anderen betroffenen Interessen, eher Seltenheit, dann berechtigt. Keine Unmenschlichkeit im Gefängnis!

Punkt 7:

„Freiheitsstrafe ultima ratio, Strafrecht ist wichtig, Austauschbarkeitsthese unzutreffend, schwächere keine gleiche Wirkung, welche Maßnahmen???“

Punkt 8:

„Ja, Vorrang, wir sind Verbrechen nicht schutzlos ausgeliefert.“

Zwei der Befragten ließen sich nicht eindeutig einer bestimmten Kategorie zuordnen. Hier fand ich vermehrt Widersprüche in den Antworten vor. Diese Befragten wurden von mir in der folgenden Tabelle mit **„?“** gekennzeichnet.[298]

Die folgende Tabelle soll darstellen, wie sich die Befragten nach Auswertung der Interviews in den Kategorien *Resozialisierungsbefürworter* und *Resozialisierungsgegner* einordnen ließen:

[298] Die fettgedruckten Zahlen stellen die Interviews der Fachöffentlichkeit dar.

Interview:	**Resozialisierungs-befürworter**	**Resozialisierungs-gegner**
1		x
2	x	
3		x
4		x
5	x	
6	x	
7		x
8	x	
9	x	
10		x
11	x	
12	?	?
13	x	
14	?	?
15	x	
16		x
17		x
18		x
19		x
20		x
21		x
22	x	
23	x	
24	x	
25		x
26		x
27	x	
28	x	
29		x
30		x
Summe	**13**	**15**

Meine Hypothese H 2 dieser Untersuchung lautete:

Die Meinungen der allgemeinen Bevölkerung über Strafe und Strafvollzug unterscheiden sich von den Ansichten der Fachöffentlichkeit. Innerhalb der informierten Fachöffentlichkeit finden sich mehr Resozialisierungsbefürworter.

→ Diese Hypothese wird verworfen.

Dem ersten Teil der Hypothese, dass sich die Meinungen der allgemeinen Bevölkerung über Strafe und Strafvollzug von denen der Fachöffentlichkeit unterscheiden, kann zugestimmt werden.

Der zweiten Aussage der These kann nicht entsprochen werden, dass heißt o.g. Hypothese H 2 wird verworfen.

Die drei durchgeführten Interviews der Fachöffentlichkeit konnten den Resozialisierungsbefürwortern zugeordnet werden. Dem stehen 27 Befragte aus der allgemeinen Bevölkerung gegenüber. 13 der 27 Befragten waren Befürworter von Resozialisierung. Da in dieser empirischen Untersuchung nur drei Personen aus der Fachöffentlichkeit befragt wurden, war es mir nicht möglich, einen aussagekräftigen Rückschluss auf das Vorhandensein von Resozialisierungsbefürwortern innerhalb der Fachöffentlichkeit zu ziehen. Dennoch ist klar geworden, dass sich innerhalb der normalen Bevölkerung gleichermaßen Resozialisierungsbefürworter vorfinden. Auch hier gab es viele Meinungen, die einen sehr aufgeklärten, differenzierten Eindruck machten. Das Bedürfnis nach Strafe scheint nicht unbedingt in einem unmittelbaren Zusammenhang mit einer Zugehörigkeit zur Fach- oder allgemeinen Öffentlichkeit zu stehen. Hier sehe ich eher eine starke Verbindung zu gemachten Erfahrungen und Erlebnissen der Befragten zur Problematik der Resozialisierung. Auch innerhalb der Fachöffentlichkeit wurde geäußert, dass Strafandrohungen der Abschreckung neuer Straftaten, der Sühne gegenüber den Opfern und dem Schutz der Gesellschaft vor erneuten Straftaten dienen.

Ich bin der Ansicht, dass die Meinungen der allgemeinen Bevölkerung im Vergleich zur Fachöffentlichkeit sehr stark von den Medien geprägt sind. Die Fachöffentlichkeit im Vergleich dazu zieht ihre Informationen über diese Problematik auch aus anderen Quellen. Vorurteile und verhärtete Ansichten entstehen so vielleicht nicht all zu schnell. Die Fachöffentlichkeit hat im Vergleich dazu Einblick in sämtliche Mittel und Möglichkeiten der Justiz, um Straftätern die Chance auf Resozialisierung zu gewähren. Dementsprechend hat dieser Personenkreis auch ein weiterführendes Fachwissen, was Resozialisierung betrifft. Dieses Wissen findet sich bei der allgemeinen Bevölkerung nicht (immer) vor.

Die einzelnen Antworten der Fachöffentlichkeit zeichnen sich zusätzlich dadurch aus, dass die Resozialisierung von Straftätern immer eine Rolle spielt und nicht an Bedeutung verliert. In den Antworten der Fachöffentlichkeit wurde häufiger der Bezug zur Resozialisierung hergestellt.

Auch wurden vermehrt Probleme und Schwierigkeiten, die bei der Behandlung von Straftätern entstehen, angesprochen.

13 Schlusswort

Das Bundesverfassungsgericht hat die Aufgabe der Resozialisierung mit der Ewigkeitsgarantie ausgestattet, also als einen Bestandteil der justiziellen Praxis, der als nicht mehr aufhebbar eingestuft werden darf.[299]

Dennoch: Dem gesetzlich in § 2 StVollzG beschriebenen Auftrag zur Resozialisierung von Strafgefangenen wird der Strafvollzug heute nicht gerecht. Er kann ihn in vollem Sinn nicht erfüllen: weder jetzt noch in Zukunft.[300] Durch die im StVollzG genannten Zwecke der Resozialisierung und des Schutzes der Allgemeinheit ist ein Zielkonflikt vorprogrammiert. Das Ziel der Resozialisierung kann in einem Klima des durch sichere Verwahrung erzeugten Misstrauens und der Angst vor Risiken kaum erreicht werden. Aufgrund fortbestehender Sozialisationsmängel und der Rückfallgefährdung der (entlassenen) strafrechtlich Sanktionierten ist die Effektivität des Strafvollzugs zweifelhaft.[301]

Es kann nicht der Sinn des Strafvollzugssystems sein, als human aufpoliertes mittelalterliches Sühneinstrument zu dienen. Vergeltung kommt zwar allgemein gesellschaftlichen Vorstellungen entgegen, ist aber in seiner Effizienz kontraproduktiv. Soll der Vollzug seine wirkliche Funktion, die Gesellschaft vor Kriminalität zu schützen, erfüllen, so muss seine Behandlungszielsetzung stetig zukunftsorientiert sein. Anderenfalls verliert er jede Aussicht auf Effektivität. Freiheitsentzug als Rache der Gesellschaft wirkt nicht kriminalitätsmindernd, sondern nur als „Kosten fressender Zeitpuffer“.[302]

Strafvollzug kann gar nicht anders, als Straffälligkeit zu produzieren. Die Institution des Strafvollzuges orientiert sich nicht "an den Individuen in der Gesellschaft". Das Gesetz und die Öffentlichkeit fordern, dass der Strafvollzug die Inhaftierten befähigt, "zukünftig in eigner Verantwortung ein Leben ohne Straftaten zu führen". Es entsteht die Frage, wie soll ein Inhaftierter in Unfreiheit den Umgang mit Freiheit trainieren?[303] Durch die im Strafvollzugsgesetz genannten Zwecke der Resozialisierung und des Schutzes der Gesellschaft ist ein Zielkonflikt vorprogrammiert[304]

Dementsprechend befindet sich der heutige Strafvollzug in einer Verteidigungsposition. Es fehlt an einer wirklich gelebten und identifizierenden Leitidee, welche den Rückhalt in der Politik und Öffentlichkeit benötigt.[305]

---

[299] vgl. Winchenbach, 2004, S. 34
[300] vgl. Pontifex, Sieffert, 2006 auf http://www.zakk.de/ulmerecho
[301] vgl. Schöch, Kaiser, 2003, S. 7
[302] vgl. Schütte, 2006 auf http://www.zakk.de/ulmerecho
[303] vgl. Trenz, 2006 auf http://www.zakk.de/ulmerecho
[304] vgl. Schöch, Kaiser, 2003, S. 7
[305] vgl. Winchenbach, 2004, S. 40

„Das Strafvollzugsgesetz lässt das "Wie" der Vorbereitung des Gefangenen auf ein Leben in Freiheit offen. Die Verwirklichung des Vollzugszieles durch die Vollzugsanstalten lässt sich somit aufgrund fehlender Mindeststandards nicht überprüfen.“[306]

Abschließend möchte ich mich nochmals kurz zu den Ergebnissen meiner schriftlichen Befragung äußern.

Die durchgeführte empirische Untersuchung zeigte: Die öffentliche Meinung steht dem Behandlungsvollzug eher kritisch gegenüber. Die Befragung lieferte das Resultat, dass sich die Befragten zahlenmäßig fast zu gleichen Teilen in Resozialisierungsbefürworter (13) und Resozialisierungsgegner (15) einteilen ließen. Die Gegner von Resozialisierung zeichnen sich u. a. durch ein erhöhtes Strafbedürfnis, einer pessimistischen Grundeinstellung gegenüber dem Erfolg von Wiedereingliederungsmaßnahmen und dem Bedürfnis nach mehr Schutz (Vorrangstellung des Schutzes vor einer möglichen Resozialisierung) aus. Die Gegner von Resozialisierung räumen also den Schutzgedanken eine größere Wichtigkeit als den Resozialisierungsgedanken ein.Bei den Befürwortern von Resozialisierung fand man gegenteilige Denkmuster vor.

Sie sehen eine Notwendigkeit in Resozialisierungsbemühungen und glauben an deren Umsetzung. Das Schutz- und Sanktionsbedürfnis ist schwächer ausgebildet im Vergleich zu den Resozialisierungsgegnern.

Das Interesse an einem auf Wiedereingliederung ausgerichteten Strafvollzug scheint zunehmend den Forderungen nach härteren Strafen gewichen zu sein. Dies betrifft verstärkt die Ansichten über Sexual- und Gewaltstraftäter. In allen Punkten des Interviews fand ich hierzu Verweise der Befragten wieder. Der Strafrechtspflege wird vorgeworfen, "zumindest in spektakulären Einzelfällen für die Aufgaben der Vermeidung von Rückfall oder die Herstellung von öffentlicher Sicherheit nicht genügend leistungsfähig zu sein".[307]

Für ein knappes Drittel der Befragten spielten absolute Strafzwecke wie Sühne und Vergeltung durchaus eine wichtige Rolle bei der Sanktionierung von Delinquenten. Besonders fiel mir auf: Die Vorstellungen der Befragten über mögliche Resozialisierungsmaßnahmen (Punkt 11) waren inhaltlich sehr vielfältig, sind allerdings mit der Realität nicht vereinbar. Erwartungen und Anforderungen der Bevölkerung an den Strafvollzug decken sich meist nicht mit dem Istzustand deutscher Strafvollzugsanstalten.

Zu dem wurde deutlich: Die Resozialisierung von Straftätern wird zwar als wichtig erachtet, aber nur unter der Voraussetzung, dass die Gesellschaft geschützt bleibt. Anders ausgedrückt: Der Schutz der Gemeinschaft soll den Gedanken der Resozialisierung nicht ausschließen.

---

[306] zit.BSDG e.V., 2006, S. 2
[307] vgl. Maelicke, 1997, S. 46

Besonders die Auswertung der Punkte 4 und 8, in denen es um den Schutzaspekt ging, zeigten ein klares Bild auf. Gerade für schwere Straftaten, wird Freiheitsstrafe als geeignet und notwendig erachtet. Hier sprechen sich jeweils mehr als die Hälfte der Befragten für eine stärkere Orientierung am Schutz der Gesellschaft aus. Dies zeigt ein verstärktes Schutzbedürfnis der Bevölkerung. Ich denke, dieses Sicherheitsbedürfnis muss dort ernst genommen werden, wo es objektiv gerechtfertigt ist, also bei gefährlichen Straftätern.

Die Antworten zeigten auch: Es scheint, dass der Schutz der Allgemeinheit nur durch das Wegschließen von Straftätern gewährleistet werden kann. Strafvollzug hat für die Befragten die Aufgabe, gefährliche Menschen von der Gesellschaft fernzuhalten. Meines Erachtens fungiert der Strafvollzug oder die Freiheitsstrafe als eine Art „Anker", welcher eine Möglichkeit der Gesellschaft darstellt, auch mit „hoffnungslosen Problemfällen" fertig zu werden. Diese Möglichkeit beruhigt die Bevölkerung und verhindert eine weitere Auseinandersetzung mit der Problematik. Leider erkannten die wenigsten der Befragten, dass nur resozialisierte Straftäter einen wirklichen Schutz für die Gesellschaft darstellen. Alternativen zur Freiheitsstrafe sind der Bevölkerung nicht oder kaum bekannt. Hier fehlt es vermutlich an Aufklärung. Die Funktion der Abschreckung wird oft angesprochen, d. h. dass die Aussicht auf eine lange Haftstrafe Menschen davon abhalten soll, Verbrechen zu begehen. Zusammenfassend kann man festhalten: Strafandrohungen der einzelnen Straftaten sollen der Abschreckung vor der Tat, der Sühne gegenüber den Opfern und dem Schutz der Gesellschaft vor erneuten Straftaten dienen.

Um das Resozialisierungskonzept auch in Zukunft weiter voran zu treiben, ist es nötig, die Bevölkerung intensiver über die Abläufe im Strafvollzug und die Möglichkeiten de Resozialisierung zu informieren und aufzuklären. Die Medien und deren Berichtserstattung sollten dabei mehr im Mittelpunkt der Diskussion stehen, da sie starken Einfluss auf Sanktionseinstellungen der Gesellschaft ausüben. Gute Öffentlichkeitsarbeit vermindert zusätzlich die Kriminalitätsfurcht in der Bevölkerung und fördert eine positive Grundhaltung zum Strafvollzug. In diesem Prozess tragen der Öffentlich-rechtlicher Rundfunk und der Journalismus eine besonders hohe Verantwortung. Durch eine sachliche Berichterstattung über Straftaten und Gerichtsverfahren kann das öffentliche Interessen an diesen Informationen genutzt werden, Wissen über das Resozialisierungskonzept in Deutschland zu vermitteln.

Die Zukunft des resozialisierenden Strafvollzuges hängt zunehmend davon ab, wie gut und sachlich die Öffentlichkeit informiert ist und wie weit es gelingt, nicht nur die Gefangenen sondern auch das Gefängnis in die Gesellschaft zu integrieren.[308]

---

[308] vgl. Preusker, 2004, S. 12

14 Danksagung

An dieser Stelle möchte ich mich bei allen bedanken, die mich bei der Erstellung dieser Arbeit unterstützt haben; vor allem bei Prof. Dr. phil. habil. Heike Ludwig für ihre kompetente Betreuung und die zahlreichen Ratschläge sowie bei Prof. Dr. iur. habil. Wolfgang Behlert für seine hilfreichen Anregungen sowie seiner Bereitschaft, diese Arbeit als Zweitgutachter zu betreuen.

Mein besonderer Dank gilt auch den zahlreichen InterviewpartnerInnen, ohne deren Hilfe die Durchführung der empirischen Untersuchung nicht realisierbar gewesen wäre.

Letztendlich möchte ich mich bei meinen Eltern, meiner Familie und meinen Freunden bedanken, die mir in der Zeit der Anfertigung dieser Arbeit mit Rat und Tat zur Seite standen.

15 Literaturverzeichnis

- **Bereswill, Mechthild** (2005): Gefängnis und die Folgen, biografische Hürden und Übergänge zwischen drinnen und draußen, Eine qualitative Studie zur Wirkung einer Jugendstrafe, Kriminologisches Forschungsinstitut Niedersachsen e.V.
- **Bereswill, Mechthild** (2003): Entwicklung unter Kontrolle? Biografische Entwürfe und alltägliche Handlungsmuster junger Inhaftierter. interdisziplinäre Beiträge zur kriminologischen Forschung, Band 25, Baden-Baden
- **Bock, Michael** (2000): Kriminologie Für Studium und Praxis, 2. Auflage, München, Nomos Verlag
- **B S D G e.V**. (2006): Positionspapier Strafvollzug, Strafvollzug braucht Gesellschaft, Stellungnahme der BSDG zu Perspektiven für den Strafvollzug
- **Böhm, Alexander** (2003): Strafvollzug, 3.Auflage, Neuwied, Kriftel, Luchterhand Verlag GmbH
- **Bundesministerium des Inneren** (2006): Zweiter Periodischer Sicherheitsbericht, Sicherheitsgefühl und Kriminalitätsfurcht, Kapitel 5
- **Calliess, Dr. Rolf-Peter, Müller-Dietz, Heinz** (2005): Strafvollzugsgesetz, Gesetz über den Vollzug der Freiheitsstrafe und der freiheitsentziehenden Maßregeln der Besserung und Sicherung mit ergänzenden Bestimmungen, Beck`sche Kurz- Kommentare, 10. Auflage, Band 19, München, C.H. Beck Verlag
- **Cohen, Phil** (1972): Subcultural conflict and working class community. In: CCCS, S. 5-51
- **Cornel, Heinz, Maelicke, Bernd, u.a.** (2003): Handbuch der Resozialisierung, 2. Auflage, Baden-Baden, Nomos Verlag
- **Cremer-Schäfer, Helga** (1975): Stigmatisierung von Vorbestraften und Rückfallkriminalität in: Manfred Brusten/Jürgen Hohmeier(Hrsg.), Stigmatisierung 2, Zur Produktion gesellschaftlicher Randgruppen, Darmstadt, Luchterhand- Verlag S. 129 - 143

- **Dittmann, Jörg** (2004): Entwicklung der Kriminalitätseinstellungen in Deutschland –eine Zeitreihenanalyse anhand allgemeiner Bevölkerungsumfragen, Fachbereich Rechtswissenschaften der Universität Konstanz, Institut für Rechtstatsachenforschung
- **Drehsing, Thorsten, Kuckartz, Udo, Rädiker u.a.** (2006): Qualitative Evaluation in 100 Stunden, -quick and clean-, Arbeitsgemeinschaft Empirische Pädagogik, Institut für Erziehungswissenschaft, Universität Marburg
- **Dünkel, Frieder** (2002): Der deutsche Strafvollzug im internationalen Vergleich, Vortrag anlässlich der Tagung „Das Gefängnis als lernende Organisation", Baden-Baden
- **Entorf, Horst** (2004): Täter im Jugendstrafvollzug und ihre Rehabilitation: Kostenaspekte, „Zeitschrift für Jugendkriminalrecht und Jugendhilfe" (ZJJ), TU Darmstadt
- **Entorf, Horst, Meyer, Susanne, Möbert, Jochen** (2006): Evaluation des deutschen Strafvollzugs: Ergebnisse einer ökonomisch-kriminologischen Feldstudie, Technische Universität Darmstadt, Institut für Volkswirtschaftslehre, Fachgebiet Empirische Wirtschaftsforschung, Darmstadt
- **Entorf, Horst, Meyer, Susanne, Möbert, Jochen u.a.** (2005) Sparzwang und Kriminalitätsrisiko: Gibt es Zusammenhänge? Offene Fragen, und erste Ergebnisse aus einem Forschungsprojekt: Discussion Paper No. 05-24, TU Darmstadt und ZEW (Mannheim), TU Darmstadt, Universitat Autònoma de Barcelona, Zentrum für Europäische Wirtschaftsforschung GmbH
- **Enzmann, Dirk** (2004): Strafvollzug im Spannungsfeld von Öffentlichkeitserwartungen und Resozialisierungserfordernissen in Evangelischer Pressedienst (epd): Strafvollzug und Öffentlichkeit, Was erwartet die Gesellschaft- Was kann der Strafvollzug leisten?, Vorträge einer Tagung der Evangelischen Akademie Bad Boll in Zusammenarbeit mit der Justizvollzugsschule Baden-Württemberg 24.-26.09.2003, Nr. 25/26, Frankfurt am Main, Druckhaus Köhten

- **Europäische Strafvollzugsgrundsätze, European Committee on Crime Problems** (1994): Results of the Survey into the Application of the European Prison Rules in the Member States of the Council of Europe, Strasbourg
- **Feest, Johannes** (2003)**:** Strafvollzug zwischen Sicherheit und Behandlung- Wo bleibt die Menschenwürde? in Evangelischer Pressedienst (epd): Strafvollzug, Ist die Menschenwürde unantastbar?- Wie steht es mit Strafvollzugsbediensteten, Gefangenen und Opfern? Vorträge einer Tagung der Evangelischen Akademie Bad Boll in Zusammenarbeit mit der Justizvollzugsschule Baden-Württemberg 18.-20.09.2002, Nr. 17, Frankfurt am Main, Druckhaus Köhten
- **Futter, Ulrich, Zimmermann, Karl, Hofer, Jürgen** u.a.(2004): Strafvollzug unter dem Druck von Politik, Medien und Opferverbänden, Podiumdiskussion in Evangelischer Pressedienst (epd): Strafvollzug und Öffentlichkeit, Was erwartet die Gesellschaft- Was kann der Strafvollzug leisten?, Vorträge einer Tagung der Evangelischen Akademie Bad Boll in Zusammenarbeit mit der Justizvollzugsschule Baden-Württemberg 24.-26.09.2003, Nr. 25/26, Frankfurt am Main, Druckhaus Köhten
- **Geiger, Helmut** (2004): Strafvollzug ist keine Privatsache in Evangelischer Pressedienst (epd): Strafvollzug und Öffentlichkeit, Was erwartet die Gesellschaft- Was kann der Strafvollzug leisten?, Vorträge einer Tagung der Evangelischen Akademie Bad Boll in Zusammenarbeit mit der Justizvollzugsschule Baden-Württemberg 24.-26.09.2003, Nr. 25/26, Frankfurt am Main, Druckhaus Köhten
- **Goffman, Erving** (1963/1992): Stigma. Über Techniken der Bewältigung beschädigter Identität. Frankfurt: Suhrkamp Verlag
- **Goffman, Erving** (1973): Asyle. Über die soziale Situation psychiatrischer Patienten und anderer Insassen, Über Diskriminierungsformen und Strategien der Diskriminierten, Anerkennung und Sympathie zu gewinnen, Frankfurt am Main: Suhrkamp Verlag
- **Gratz, Wolfgang** (2006): Wirkungsforschung, Strafvollzug und bedingte Entlassung, Was bewirken (Freiheits-) strafen? (http://www.fbz-strafvollzug.at/aktuell/Wirkungsforschung_bedEnt.pdf#search=%22gratz%20 wirkungsforschung% (22, 21.09.2006)

- **Greve, Werner, Hosser, Daniela, Pfeiffer, Christian** (2001):Gefängnis und die Folgen, Identitätsentwicklung und kriminelles Handeln während und nach Verbüßung einer Jugendstrafe, Förderungsantrag (Neuantrag) an die Stiftung Volkswagenwerk im Förderungsschwerpunkt „Recht und Verhalten" im Rahmen eines Just-Projektes, Hannover, Kriminologisches Forschungsinstitut Niedersachsen e.V.
- **Hanisch-Berndt, Juliane, Göritz, Manja (2005)** Gemeinschaft und Vereinsamung in Einrichtungen der stationären Altenhilfe, Diplomarbeit, Freie Universität Berlin, Institut für Soziologie
- **Harbordt, Steffen** (1967): Die Subkultur des Gefängnisses, Eine soziologische Studie zur Resozialisierung. (Beiträge zur Strafvollzugswissenschaft, 1) Stuttgart, Enke Verlag
- **Hosser, Daniela** (2000): Soziale Unterstützung im Jugendstrafvollzug Der Einfluss sozialer Beziehungen auf das Befinden und die soziale Einstellung von Inhaftierten, Dissertation, Technischen Universität Carolo-Wilhelmina, Braunschweig
- **Hart, H. L. A.** (1968): Punishment and Responsibility: Essays in the Philosophy of Law, USA, Oxford University Press
- **Heinz, Wolfgang** (2003): Das strafrechtliche Sanktionensystem und die Sanktionierungspraxis in Deutschland 1882 - 2001 (Stand: Berichtsjahr 2001) Version: 6/2003, Konstanzer Inventar zur Sanktionsforschung im Internet (KIS)
- **Heinz, Wolfgang** (2005): Kriminalprävention auf justizieller Ebene: Hilft weniger mehr? Alternativen zu „klassischen" Sanktionen- Erfahrungen aus Deutschland, Vortrag auf der internationalen Konferenz „Kriminalität und Kriminalprävention in den Ländern des Umbruchs", 09.-14.April, Baku, Azerbijan
- **Heinz, Wolfgang** (2006): Strafsanktionen im deutschen Jugendstrafrecht Ziel, Handhabung und Wirkungen, 12 Thesen, Vortrag im Rahmen der Tagung der IRZ- Stiftung „Jugendgerichtsbarkeit und alternative Strafformen" am 28. März 2006, Bonn
- **Heinz, Wolfgang, Jehle, Jörg-Martin (Hrsg).** (2004): Rückfallforschung, Band 45, Wiesbaden, KUP Kriminologie und Praxis, Eigenverlag KrimZ e.V.

- **Hell, Ilse, Kaufmann, Astrid, Koch, Inga u.a.** (2002): Neues Großes Wörterbuch, Fremdwörterbuch, Deutsch, Köln, Buch und Zeit Verlagsgesellschaft mbH
- **Herrmann, Dieter** (2003): Werte und Kriminalität, Konzeption einer allgemeinen Kriminalitätstheorie, 1. Auflage, Wiesbaden, Westdeutscher Verlag
- **Hermann, D., Berger, S.** (1997). Prisonisierung im Frauenstrafvollzug. Monatsschrift für Kriminologie und Strafrechtsreform, 80, 370-387
- **Jehle, Jörg-Martin, Heinz, Wolfgang u.a.** (2003): Legalbewährung nach strafrechtlichen Sanktionen, Eine kommentierte Rückfallstatistik, Berlin, Bundesministerium der Justiz
- **Joutsen, M., Walmsley, R.** (1997): International seminar on prison population in Europe an in North America. Problems and solutions, Helsinki, Ministery of Justice, unpubl. paper
- **Jung, Heike** (2002): Was ist Strafe? ein Essay , 1. Aufl., Baden-Baden Nomos Verlag
- **Jung, Heike, Müller- Dietz, Heinz** (1994):Langer Freiheitsentzug- wie lange noch? Plädoyer für eine antizyklische Kriminalpolitik, Bonn, Forum Verlag Godesberg
- **Kaiser, Günther, Kerner, Hans-Jürgen u.a.** (1991): Strafvollzug, 4. Auflage, Heidelberg, C.F. Müller Juristischer Verlag
- **Kette, Gerhard** (1991): Haft: Eine sozialpsychologische Analyse, Göttingen, Hogrefe Verlag
- **Kreyszig, Erwin** (1977): Statistische Methoden und ihre Anwendungen, , 6. Auflage, Göttingen, Vandenhoeck & Rubrecht Verlag
- **Kury, H.** (2001): Das Dunkelfeld der Kriminalität. Selektionsmechanismen und andere Verfälschungsstrukturen. Kriminalistik 55
- **Kury, H., Obergfell-Fuchs, J. ,Würger, M.** (2000): Gemeinde und Kriminalität. Eine Untersuchung in Ost- und Westdeutschland. Edition iuscrim, Freiburg i. Br.
- **Laubenthal, Klaus** (2003): Strafvollzug, 3. Auflage, Berlin, Heidelberg, New York, Springer- Verlag

- **Ludwig, Heike, Kräupl, Günther** (2000): Wahrnehmung von Kriminalität und Sanktionen im Kontext gesellschaftlicher Transformation, Theoretische Reflexion und Ergebnisse von Kriminalitätsbefragungen in Thüringen, Kriminologische Forschungsberichte aus dem Max-Planck-Institut für ausländisches und internationales Strafrecht, Band 91, Freiburg i.Br., Edition iuscrim
- **Ludwig, Martin** (2004):Strafzwecke in Rechtslehre und Öffentlichkeit, Schlussfolgerungen für den Erziehungsgedanken im Jugendstrafrecht, Diplomarbeit im Fach Bildung,- Gemeinwesen,- und Kulturarbeit, Fachbereich Sozialwesen, Fachhochschule Fulda
- **Maelicke, Bernd** (1997): Sparen als Chance? Zur Notwendigkeit der Qualitätsdiskussion in der Kriminalpolitik. In: Kriminalpädagogische Praxis, 25. Jg. Nr. 1
- **Menil, Beatrice du** (1994): Die Resozialisierungsidee im Strafvollzug: Bestandsaufnahme und Reformanregungen hinsichtlich der Ausgestaltung der Vollzugsgrundsätze des § 3 StVollzG, Band 458, München, Verlag V. Florentz GmbH
- **Meyer-Falk, Thomas** (2004): Strafvollzug - eine widersinnige Institution, Trend Onlinezeitung für die alltägliche Wut 01.04., JVA Bruchsal
- **Müller-Diez, Heinz** (1998): Grundfragen des heutigen Strafvollzugs- Strafvollzug ein Auslaufmodell, Wendepunkt, Heft 1/98, Butzbach
- **Müllner, Peter, Graeber, Jonathan** (1998): Strafvollzug: Ein Auslaufmodell, Strafvollzug - ein exemplarisches Beispiel für erfolgreiches Scheitern, Wendepunkt, Heft 1/98, Butzbach
- **Nickolai, Werner, Reindl, Richard** (2001): Sozialer Ausschluss durch Einschluss, Strafvollzug und Straffälligenhilfe zwischen Restriktion und Resozialisierung, Freiburg im Breisgau, Lambertusverlag
- **Niggli, M.A.** (1998): Kriminologische Überlegungen zur Strafzumessung, Tagung der Stiftung Weiterbildung Schweizerischer Richterinnen und Richter vom 13./14.11.1997 und 19./20.03.1998, Gerzensee

- **Otto, Manfred** (2002): Subkultur und Gewalt im Gefängnis als Bedrohung der Menschenwürde? in Evangelischer Pressedienst (epd): Strafvollzug, Ist die Menschenwürde unantastbar?- Wie steht es mit Strafvollzugsbediensteten, Gefangenen und Opfern? Vorträge einer Tagung der Evangelischen Akademie Bad Boll in Zusammenarbeit mit der Justizvollzugsschule Baden-Württemberg 18.-20.09.2002, Nr. 17, Frankfurt am Main, Druckhaus Köhten
- **Pfeiffer, Christina** (1993): Opferperspektiven-Wiedergutmachung und Strafe aus Sicht der Bevölkerung in Albrecht, P.A. et al. Festschrift für Horst Schüler-Springorum, Köln, Carl Heymanns Verlag
- **Pfeiffer, Christina, Greve, Werner** (1996): Forschungsthema „Kriminalität“, Festschrift für Heinz Barth, Interdisziplinäre Beiträge zur kriminologischen Forschung, Band 5, Baden-Baden, Nomos Verlagsgesellschaft
- **Preusker, Harald** (2004): Strafvollzug unter dem Druck der Öffentlichkeit- aus Sicht des Vollzugs in Evangelischer Pressedienst (epd): Strafvollzug und Öffentlichkeit, Was erwartet die Gesellschaft- Was kann der Strafvollzug leisten?, Vorträge einer Tagung der Evangelischen Akademie Bad Boll in Zusammenarbeit mit der Justizvollzugsschule Baden-Württemberg 24.-26.09.2003, Nr. 25/26, Frankfurt am Main, Druckhaus Köhten
- **Riekenbrauk, Klaus** (2004): Strafrecht und Soziale Arbeit, Eine Einführung für Studium und Praxis, 2. Auflage, München, Luchterhand Verlag
- **Rosenfeld, Georg** (2003): „Grundrechte im Strafvollzug- Anspruch und Wirklichkeit“ in Evangelischer Pressedienst (epd): Strafvollzug, Ist die Menschenwürde unantastbar?- Wie steht es mit Strafvollzugsbediensteten, Gefangenen und Opfern? Vorträge einer Tagung der Evangelischen Akademie Bad Boll in Zusammenarbeit mit der Justizvollzugsschule Baden-Württemberg 18.-20.09.2002, Nr. 17, Frankfurt am Main, Druckhaus Köhten

- **Rössner, Dieter** (2004): Einflüsse auf die Gestaltung von Strafrecht und Strafvollzug: Wer hört auf die Wissenschaft? in Evangelischer Pressedienst (epd): Strafvollzug und Öffentlichkeit, Was erwartet die Gesellschaft- Was kann der Strafvollzug leisten?, Vorträge einer Tagung der Evangelischen Akademie Bad Boll in Zusammenarbeit mit der Justizvollzugsschule Baden-Württemberg 24.-26.09.2003, Nr. 25/26, Frankfurt am Main, Druckhaus Köhten
- **Schäffer, Peter** (1996): Rückfall bei ehemaligen Strafgefangenen: Ergebnisse einer Nachuntersuchung der Tübinger Jungtäter-Vergleichsuntersuchung, 1. Auflage, Baden-Baden, Nomos Verlag.-Ges.
- **Schneider, Hans-Joachim** (2001): Kriminologie für das 21. Jahrhundert, Schwerpunkte und Fortschritte der internationalen Kriminologie, Überblick und Diskussion, Band 4, Münster, Lit Verlag
- **Stascheit, Ulrich** (2002): Gesetze für Sozialberufe, 9. Auflage, Baden-Baden, Nomos Verlag
- **Schöch, Heinz, Kaiser, Günther** (2003): Strafvollzug, Eine Einführung in die Grundlagen, 5. Auflage, Heidelberg, C.F. Müller Verlag
- **Schönke, Adolf, Schröder, Horst (**2006): Strafgesetzbuch Kommentar, 27. Auflage, München, C. H. Beck Verlag
- **Schwind, Hans-Dieter, Blau, Günter** (1988): Strafvollzug in der Praxis, Eine Einführung in die Probleme und Realitäten des Strafvollzugs und der Entlassenenhilfe, 2. Auflage, Berlin, de Gruyter Verlag
- **Statistisches Bundesamt** (2006): Bestand der Gefangenen und Verwahrten in den deutschen Justizvollzugsanstalten nach ihrer Unterbringung auf Haftplätzen des geschlossenen und offenen Vollzuges jeweils zu den Stichtagen 31.März, 31.August und 30. November eines Jahres, Stand 12.05.2006, Wiesbaden
- **Stock, Stephan** (1993): Behandlungsuntersuchung und Vollzugsplan: zum Instrumentarium einer an der Rückfallverhinderung orientierten Ausgestaltung des Strafvollzuges in der Bundesrepublik, Dissertation, Egelsbach, Köln, New York, Verlag Dr. Marcus Hänsel- Hohenhausen
- **Streng, Franz** (2002): Strafrechtliche Sanktionen, Grundlagen und Anwendung, Erlangen, Nürnberg, Kohlhammer

- **Suhling, Stefan, Schott, Thilmann** (2001/1): Der Anstieg der Gefangenzahlen in Deutschland, Folge der Kriminalitätsentwicklung oder wachsender Strafhärte?, Forschungsberichte Nr. 84, Kriminologisches Forschungsinstitut Niedersachsen e.V. (KFN)
- **Suhling, Stefan, Schott, Thilmann** (2001/2): Ansatzpunkte zur Erklärung der gestiegenen Gefangenenzahlen in Deutschland in Bereswill, M. und Greve, W., Forschungsthema: Strafvollzug, Baden-Baden, Nomos Verlag
- **Thomas, C.W., Forster, S. C**. (1975): A sociological perspective on public support for capital punishment. American Journal of Orthopsychiatry 45
- **Ulrich, Holde-Barbara, Kämper, Andreas** u.a. (2003): Prügelkinder, Jugendliche im Strafvollzug, Projekt der Brandenburgischen Landeszentrale für politische Bildung mit Unterstützung des Ministeriums der Justiz des Landes Brandenburg
- **Walter, Joachim** (1998): Formelle Disziplinierung im Jugendstrafvollzug, Band 2317, Reihe II Rechtswissenschaft, Frankfurt am Main, Peter Lang Verlag der Wissenschaften
- **Winchenbach, Klaus** (2004): Was kann der Strafvollzug leisten? in Evangelischer Pressedienst (epd): Strafvollzug und Öffentlichkeit, Was erwartet die Gesellschaft- Was kann der Strafvollzug leisten?, Vorträge einer Tagung der Evangelischen Akademie Bad Boll in Zusammenarbeit mit der Justizvollzugsschule Baden-Württemberg 24.-26.09.2003, Nr. 25/26, Frankfurt am Main, Druckhaus Köhten

Internet-Links:

- http://bundesrecht.juris.de/stvollzg/_15.html (2006-07-25)
- http://www.fhvr-berlin.de/fhvr/fileadmin/Inhalte/Dateien/Allg_Forschung/foko/abschlussbericht_kuehnel.pdf (2006-08-10)
- http://www.zakk.de/ulmerecho/ (2006-10-15)
- http://kws01.uni-trier.de:8000/p/h/studies/ss05/prstss05/experim/projektHypothesen.pdf (2006-10-17)
- http://www.fbz-strafvollzug.at/aktuell/Kriminalpolitischeinitiative_Kurzfassung.pdf (2006-11-12)
- http://www.krimi.uni-hd.de/Hermann/PP%20Materialien/Subkultur.PPT. (2006-11-14)
- http://www.uni-heidelberg.de/institute/fak2/krimi/Hermann/Kriminalitaetstheorien1.pdf (2006-11-19)
- http://www.maxqda.de/2_funktionen.htm (2006-11-19)
- http://www.maxqda.de/2_geschichte.htm(2006-11-19)
- http://www.maxqda.de (Einführungstutorial) (2006-11-19)
- vgl. http://www.maxqda.de/2_neu.htm (2006-11-19)
- http://userpage.fu-berlin.de/~theissen/proseminar/pdf/Straftheorien.PDF (2006-11-12)
- www.faz.net (Statistik zum Strafvollzug, Höchststand hinter Gittern (09.01.2007)
- http://www.uni-koeln.de/phil-fak/fs-psych/serv_pro/skripte/kriminologie/skriptkrim.rtf (2006-11-19)
- http://www.geschichte-des-rechts.de/index.html (2006-12-02)
- http://www.lssfb.ch/download/Jugend_Subkultur.pdf (2006-11-19)
- http://www.iuscrim.mpg.de/info/aktuell/lehre/docs/alb_StrafS.pdf (2006-11-12)

16 Anhang

Abbildung 4: Aspekte des Rückfall-/Bewährungs-Begriffes[309]

Die folgenden Abbildungen Nr. 3 bis 17 wurden der Quelle: Jehle, Jörg-Martin, Heinz, Wolfgang u.a. (2003): Legalbewährung nach strafrechtlichen Sanktionen, Eine kommentierte Rückfallstatistik, Berlin, Bundesministerium der Justiz, S. 34ff entnommen.

[309] Niggli, 1997/98, S. 11

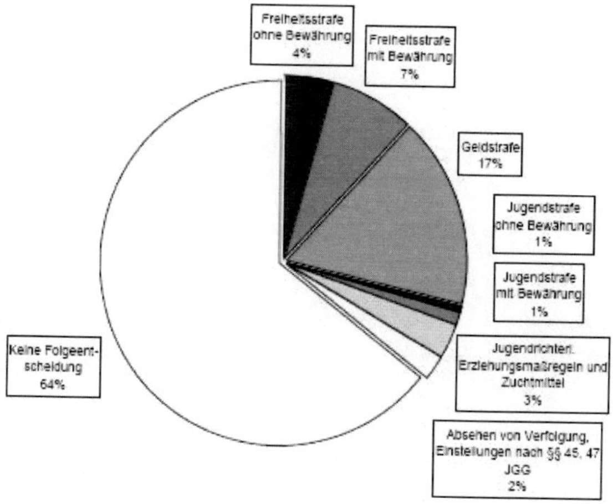

Abbildung 5:Folgeentscheidungen

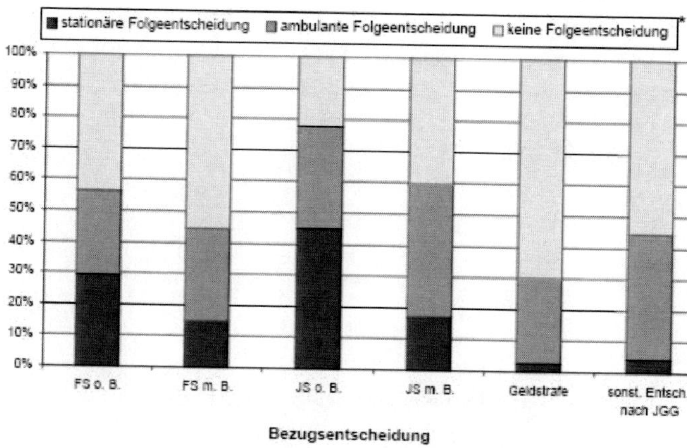

Abbildung 6: Art der Folgeentscheidung nach Sanktionsart der Bezugsentscheidung

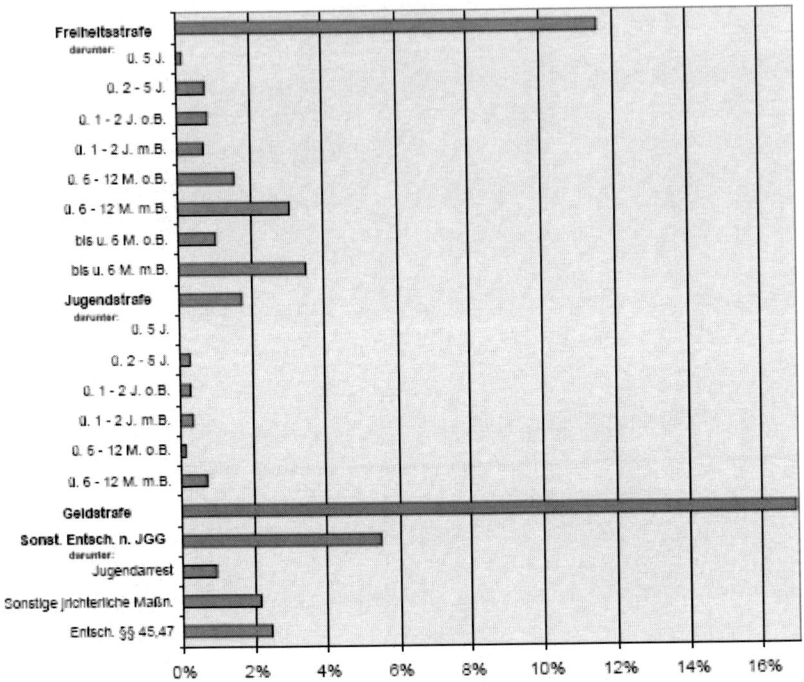

Abkürzungsverzeichnis:

ü:	über	m.B.:	mit Bewährung
u:	unter	Sonst. Entsch. n. JGG:	Sonstige Entscheidungen nach JGG
J.:	Jahre	jrichterl. Maßn.:	jugendrichterliche Maßnahmen
M.:	Monate	Entsch. §§ 45, 47:	Entscheidung nach §§ 45, 47 (JGG)
o.B.:	ohne Bewährung		

Abbildung 7: Verteilung der Folgeentscheidungen für alle Bezugsentscheidungen

Tabelle 6: Schwerste Folgeentscheidung und Altersgruppen bei der Bezugsentscheidung in Prozent

Übersichtstabelle 3.1.1: **Schwerste Folgeentscheidung und Altersgruppen bei der Bezugsentscheidung** *in Prozent*

	gesamt	Altersgruppen 14 - 17	18 - 20	21 - 24	25 - 29	30 - 34	35 - 39	40 - 44	45 - 49	50 - 59	60+
Fälle insgesamt	100	100	100	100	100	100	100	100	100	100	100
Keine Folgeentsch.	64,49	55,48	55,76	59,99	63,90	65,92	68,91	72,28	75,36	79,81	85,60
FE, darunter	35,51	44,52	44,24	40,01	36,10	34,08	31,09	27,72	24,64	20,19	14,40
A. Freiheitsstrafe	11,34	1,72	15,95	17,93	15,33	14,11	12,28	10,09	8,20	6,24	3,13
o. Bew. gesamt	4,15	0,10	0,63	1,04	0,93	0,62	0,36	0,22	0,12	0,12	0,02
m. Bew. gesamt	7,19	0,20	0,95	1,52	1,52	1,15	0,76	0,47	0,27	0,29	0,06
ü. 5 J.	0,14	0,02	0,21	0,25	0,19	0,18	0,13	0,11	0,07	0,03	0,01
ü. 2 - 5 J.	0,75	0,11	1,42	1,46	1,02	0,78	0,63	0,43	0,31	0,21	0,03
ü. 1 - 2 J. o.B.	0,80	0,14	1,49	1,61	1,16	0,83	0,57	0,43	0,31	0,19	0,06
m.B.	0,71	0,13	1,40	1,31	0,97	0,74	0,55	0,43	0,35	0,20	0,10
6 - 12 M. o.B.	1,47	0,20	2,11	2,51	2,11	1,84	1,44	1,18	0,91	0,67	0,21
m.B.	3,01	0,54	4,55	4,72	3,95	3,80	3,30	2,66	2,06	1,42	0,53
bis u. 6 M. o.B.	1,00	0,11	1,13	1,44	1,33	1,32	1,20	1,03	0,87	0,76	0,41
m.B.	3,47	0,48	3,64	4,63	4,60	4,62	4,45	3,82	3,30	2,76	1,78
B. Jugendstrafe	1,72	8,17	2,86	0,01	0,00	0,00	0,00	0,00	0,00	0,00	0,00
o. Bew. gesamt	0,67	0,57	0,10	0,00	0,00	0,00	0,00	0,00	0,00	0,00	0,00
m. Bew. gesamt	1,05	0,87	0,18	0,00	0,00	0,00	0,00	0,00	0,00	0,00	0,00
ü. 5 J.	0,01	0,05	0,03	0,00	0,00	0,00	0,00	0,00	0,00	0,00	0,00
ü. 2 - 5 J.	0,27	1,30	0,39	0,00	0,00	0,00	0,00	0,00	0,00	0,00	0,00
ü. 1 - 2 J. o.B.	0,27	1,31	0,41	0,00	0,00	0,00	0,00	0,00	0,00	0,00	0,00
m.B.	0,35	1,62	0,62	0,00	0,00	0,00	0,00	0,00	0,00	0,00	0,00
6 - 12 M. o.B.	0,12	0,56	0,19	0,00	0,00	0,00	0,00	0,00	0,00	0,00	0,00
m.B.	0,70	3,32	1,23	0,00	0,00	0,00	0,00	0,00	0,00	0,00	0,00
C. Geldstrafe	16,91	6,72	19,09	22,02	20,73	19,93	18,78	17,60	16,41	13,93	11,24
D. Sonst. Entsch. JGG	5,51	27,89	6,32	0,01	0,00	0,00	0,00	0,00	0,00	0,00	0,00
Jugendarrest	0,94	4,63	1,31	0,00	0,00	0,00	0,00	0,00	0,00	0,00	0,00
jrichterl. Maßn.	2,13	10,84	2,37	0,00	0,00	0,00	0,00	0,00	0,00	0,00	0,00
Entsch. §§ 45, 47	2,44	12,42	2,64	0,01	0,00	0,00	0,00	0,00	0,00	0,00	0,00
E. Maßr./Nstr. StGB	8,96	5,52	10,78	10,92	10,44	10,96	9,98	8,82	7,30	6,03	2,81
Sicherungsverw.	0,00	0,00	0,00	0,00	0,00	0,01	0,01	0,01	0,01	0,00	0,00
U. in psych. Kkh.	0,05	0,03	0,05	0,06	0,06	0,07	0,06	0,04	0,03	0,02	0,01
U. in Entzanst.	0,14	0,05	0,18	0,21	0,20	0,19	0,14	0,11	0,07	0,02	0,01
Führungsaufs.	0,11	0,03	0,13	0,17	0,15	0,15	0,11	0,09	0,08	0,02	0,00
Entz.FE/Sperre	6,83	3,98	8,14	8,41	8,08	8,41	7,69	6,78	5,63	4,53	1,93
Fahrverbot	1,04	0,91	1,19	0,97	0,97	1,23	1,18	1,08	0,94	1,03	0,71

FE: Folgeentscheidung (alle Entscheidungen unter A, B, C, D, isolierte Maßregeln sowie Verwarnung mit Strafvorbehalt)
FS Freiheitsstrafe
GS Geldstrafe
JS Jugendstrafe
ü: über
J.: Jahre
M.: Monate
o.B.: ohne Bewährung
m.B.: mit Bewährung

Sonst. JGG: Sonstige Entscheidungen nach JGG (alle, auch § 3 S. 2, ausser Jugendstrafe)
jrichterl. Maßn.: jugendrichterliche Maßnahmen (Erziehungsmaßregeln, Zuchtmittel, § 27 JGG)
Entsch. §§ 45, 47: Entscheidung nach §§ 45, 47 (JGG)
Maßr./Nstr. StGB: Maßregeln / Nebenstrafen nach StGB
Sicherungsverw.: Sicherungsverwahrung
U. in psych. Kkh: Unterbringung in psychiatrischem Krankenhaus
U. in Entzanst.: Unterbringung in Entziehungsanstalt
Führungsaufs.: Führungsaufsicht
Entz. FE / Sperre: Entziehung der Fahrerlaubnis / Sperre

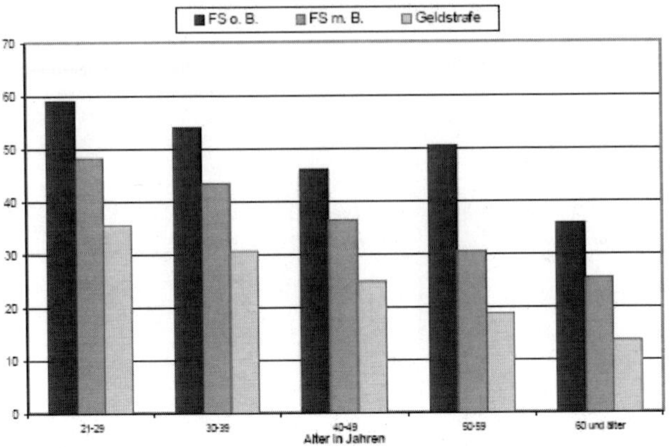

Abbildung 8: Rückfallrate nach Sanktionsart der Bezugsentscheidung - Altersgruppe: Erwachsene -

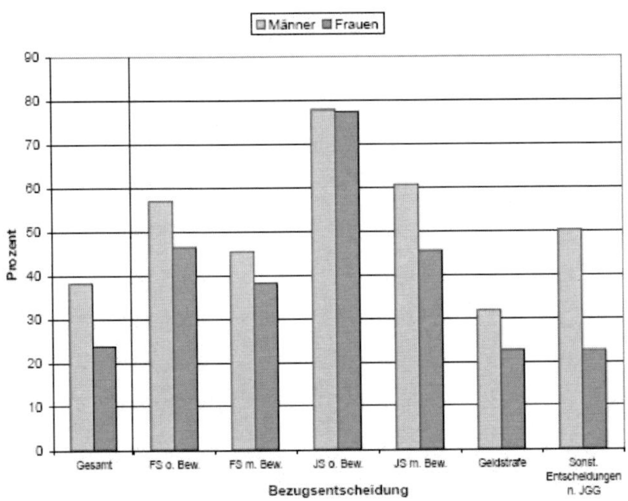

Abbildung 9: Rückfallrate nach Sanktionsart der Bezugsentscheidung - Männer / Frauen -

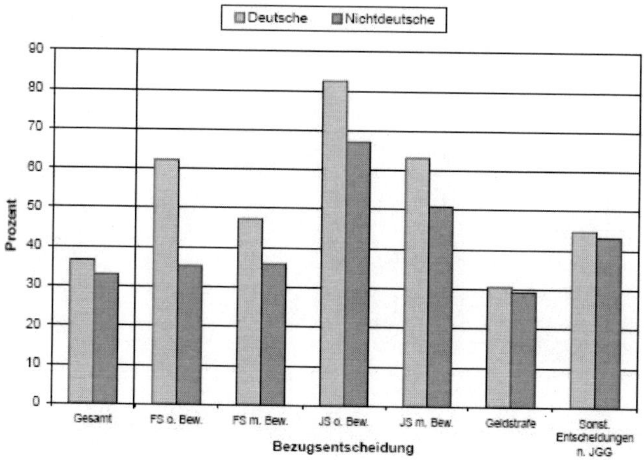

Abbildung 10: Rückfallrate nach Sanktionsart der Bezugsentscheidung nach Nationalität

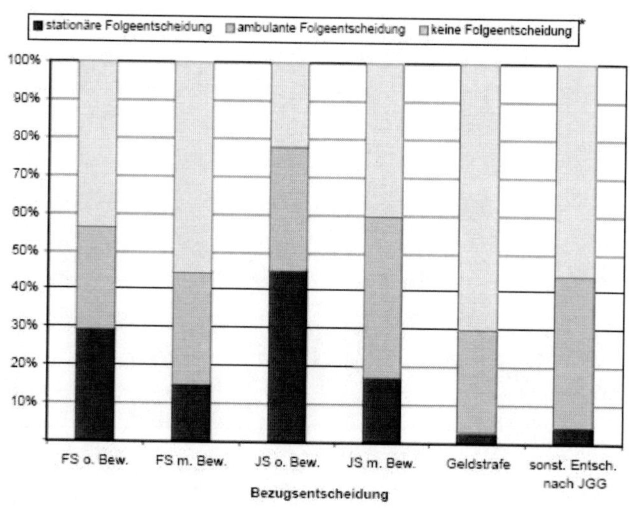

Abbildung 11: Art der Folgeentscheidung nach Sanktionsart der Bezugsentscheidung

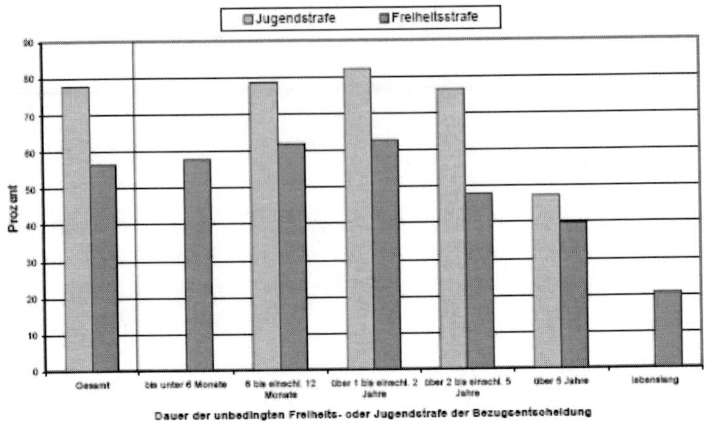

Abbildung 12: Rückfallrate nach der Dauer unbedingter Freiheits- und Jugendstrafen der Bezugsentscheidung

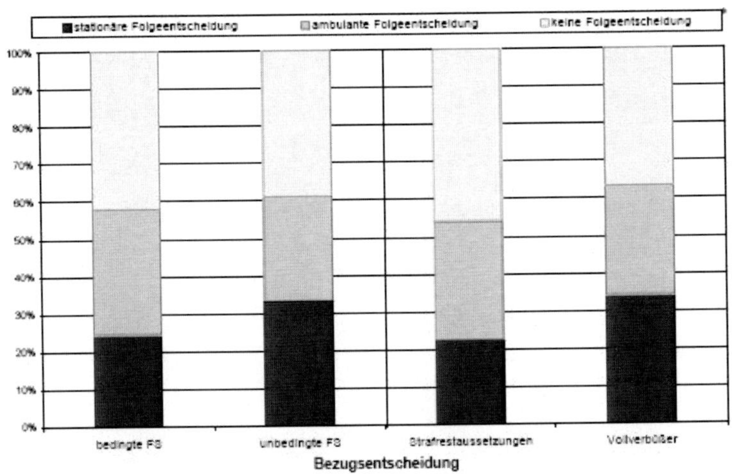

Abbildung 13: Art der Folgeentscheidung nach freiheitsentziehenden Sanktionen - Freiheitsstrafe –

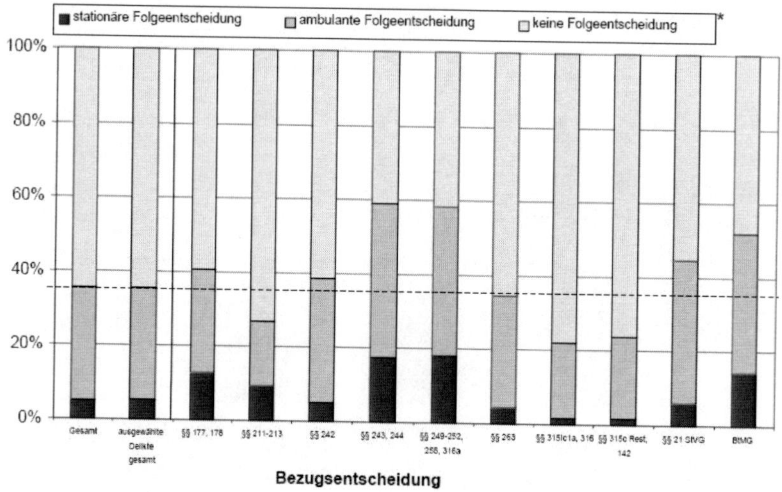

Abbildung 14: Art der Folgeentscheidung nach Art des schwersten Delikts in der Bezugsentscheidung

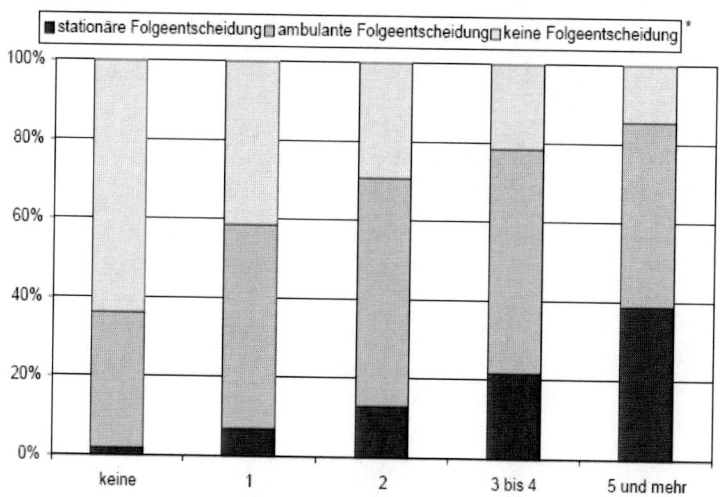

Abbildung 15: Art der Folgeentscheidung nach Anzahl der Voreintragungen (Jugendliche/Heranwachsende)

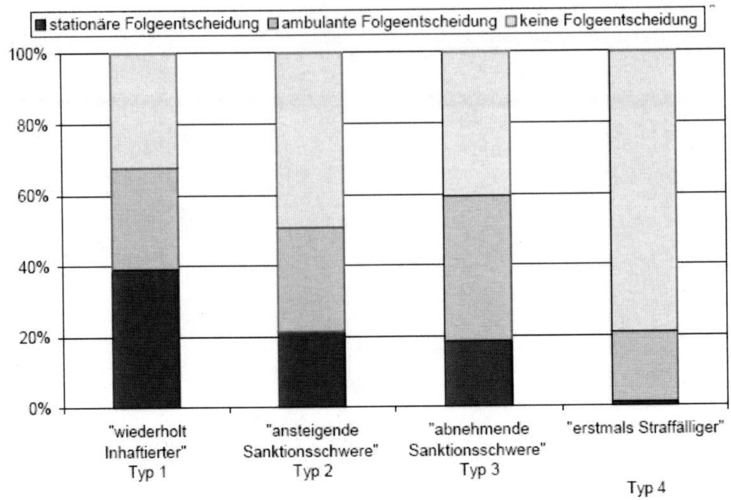

Abbildung 16: Art der Folgeentscheidung nach Typen von 'Sanktionskarrieren' (Erwachsene)

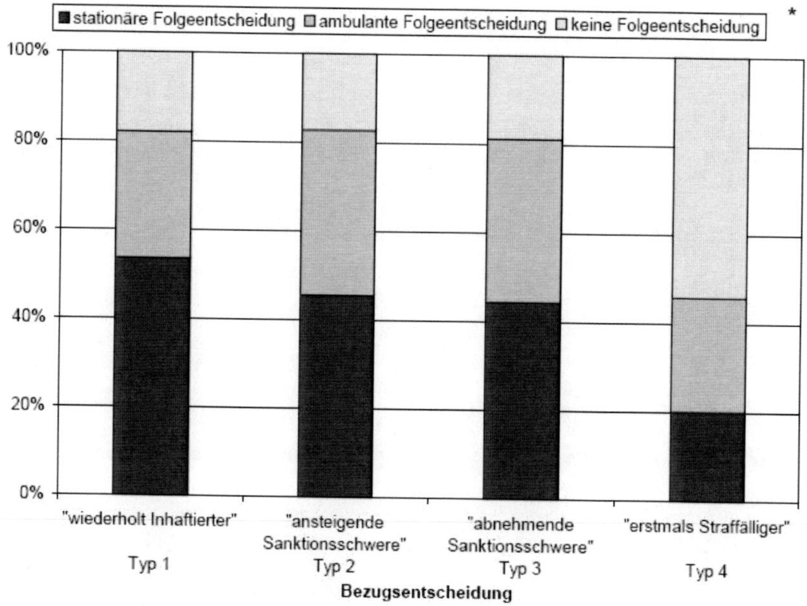

Abbildung 17: Art der Folgeentscheidung nach Typen ‚Sanktionskarriere' (Jugendliche und Heranwachsende)

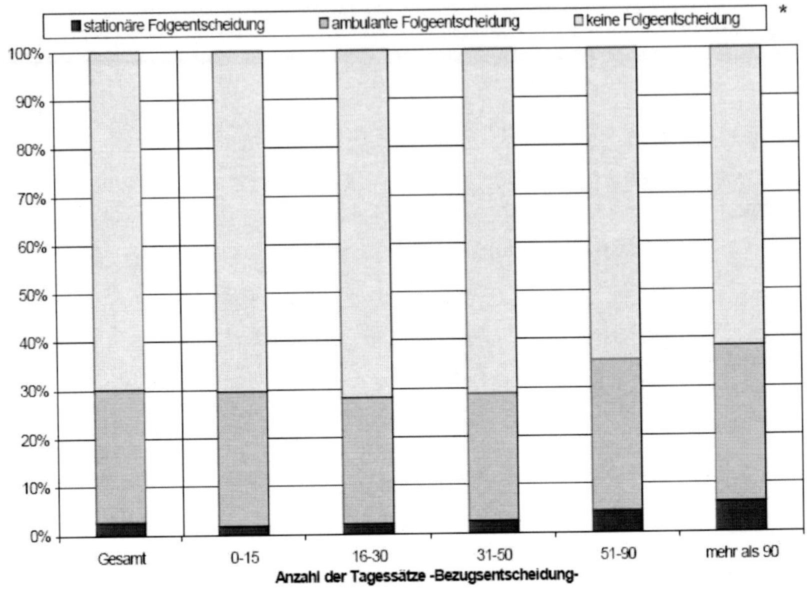

Abbildung 18: Art der Folgeentscheidung nach Geldstrafe

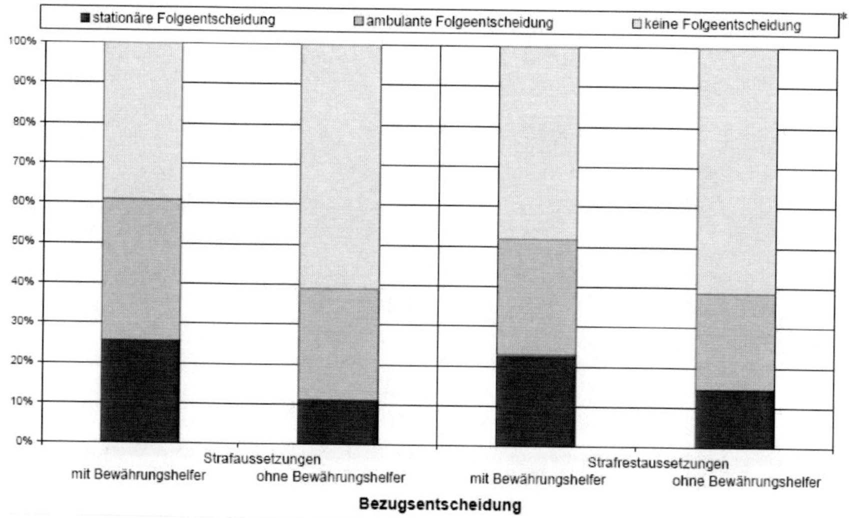

Abbildung 19: Art der Folgeentscheidung nach Straf(rest)aussetzung von Freiheitsstrafe mit und ohne Bewährungshelfer

Tabelle 7: Geplante Neuvorhaben im Justizvollzug und deren Kosten[310]

Bundesland	Aktuelle Belegungsfähigkeit	Neubauvorhaben	Geplante Schließg. von Haftplätzen	Geplanter Zuwachs abzügl. Schließg.	Zuwachs ohne Berücks. Schließg.	BauKosten in Millionen DM
Alte Länder	**64.300**	**7.136**	**1.497**	**8,8%**	**11,1%**	**1.625,0**
Baden-Württemberg	8.066	920	50	10,8%	11,4%	170,0
Bayern	11.351	749	308	3,9%	6,6%	210,0
Berlin	4.950	650	-	13,1%	13,1%	111,0
Bremen	870	-	-	-	-	-
Hamburg	2.950	550	340	7,1%	18,6%	120,2
Hessen	5.791	950	-	16,4%	16,4%	318,0
Niedersachsen	6.304	1400	60	21,3%	22,2%	418,0
Nordrhein-Westfalen	18.266	990	350	3,5%	5,4%	120,7
Rheinland-Pfalz	3.389	717	389	9,7%	21,2%	137,0
Saarland	880	-	-	-	-	-
Schleswig-Holstein	1.483	210	-	14,2%	14,2%	20,0
Neue Länder	**11.547**	**4.889**	**1.502**	**29,3%**	**42,3%**	**1.166,0**
Brandenburg	2.122	1675	476	56,5%	78,9%	456,5
Mecklenburg-Vorp.	1.471	607	129	32,5%	41,3%	129,7
Sachsen	3.900	1539	745	20,4%	39,5%	274
Sachsen-Anhalt	2.174	597	-	27,5%	27,5%	185,4
Thüringen	1.880	471	152	17,0%	25,1%	120,0
BRD ges.	**75.847**	**12.025**	**2.999**	**11,9%**	**15,9%**	**2.791,0**

[310] Suhling, Schott, 2001, S. 3

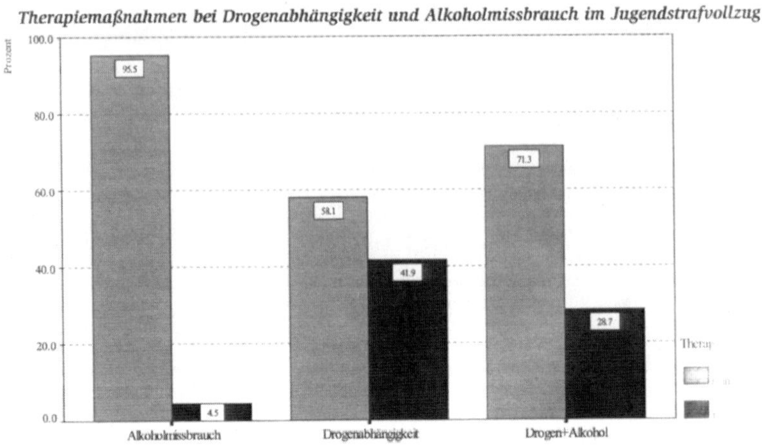

Abbildung 20: Therapiemaßnahmen bei Drogenabhängigkeit und Alkoholmissbrauch im Jugendstrafvollzug[311]

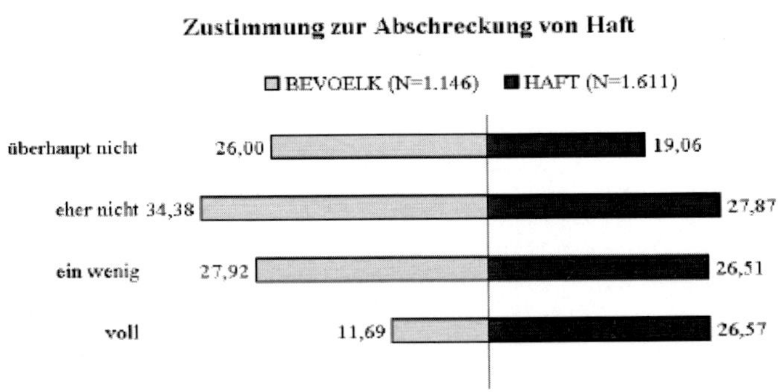

Abbildung 21: Zustimmung zur Abschreckung von Haft[312]

[311] Enzmann, 2004, S. 32
[312] Entorf, Meyer, Möbert, 2006, S. 58

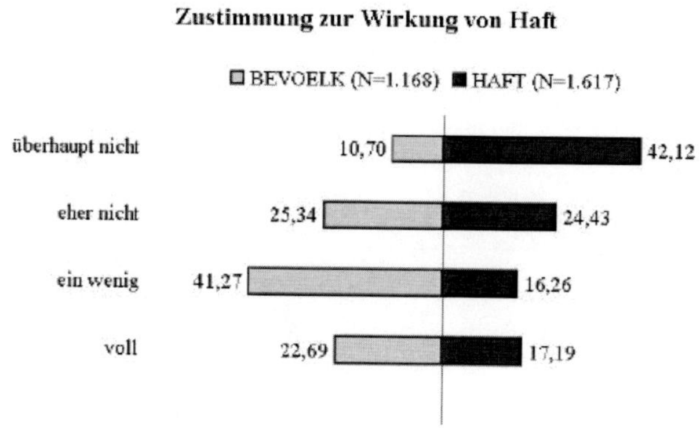

Abbildung 22: Zustimmung zur Rehabilitationswirkung von Haft[313]

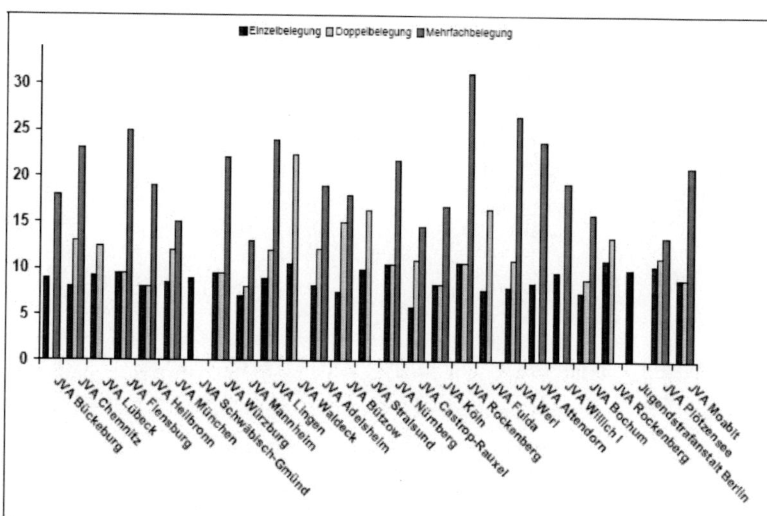

Abbildung 23: Größe der Hafträume (in Quadratmetern)[314]

[313] Entorf, Meyer, Möbert, 2006, S. 57
[314] Entorf, Meyer, Möbert, 2006, S. 88

Personalstellen pro 100 Inhaftierte			
	Ist	Geschätzt	Differenz
JSA Berlin	79,4	73,7	5,7
JVA Rockenberg	75,1	66,6	8,5
JVA Heilbronn	66,0	59,4	6,7
JVA Lübeck	64,7	66,7	-2,0
JVA Stralsund	64,3	56,9	7,4
JVA Flensburg	60,3	52,6	7,7
JVA Adelsheim	57,3	61,0	-3,8
JVA Bochum	54,0	50,0	4,0
JVA Moabit	51,8	57,5	-5,7
JVA Werl	50,7	43,4	7,3
JVA Bützow	50,3	55,5	-5,2
JVA Chemnitz	46,9	42,3	4,6
JVA Köln	46,6	41,8	4,8
JVA Willich I	45,4	46,4	-1,0
JVA Mannheim	45,3	42,6	2,7
JVA Fulda	45,2	59,5	-14,3
JVA Waldeck	43,4	46,9	-3,5
JVA Groß-Gerau	42,9	44,8	-1,9
JVA Schw.-Gmünd	42,7	55,5	-12,8
JVA Bückeburg	42,1	43,3	-1,2
JVA Würzburg	41,7	41,3	0,5
JVA München	41,0	44,1	-3,1
JVA Nürnberg	36,7	40,4	-3,6
JVA Lingen	31,3	34,5	-3,2
JVA Castrop-Rauxel	29,9	31,3	-1,4
JVA Attendorn	28,9	26,0	3,0
JVA Plötzensee	*76,3*	*39,3*	*37,0*

Abbildung 24: Ist Ausstattung des Personals vs. Erwartete Personalausstattung[315]

[315] Entorf, Meyer, Möbert. 2006, S.104

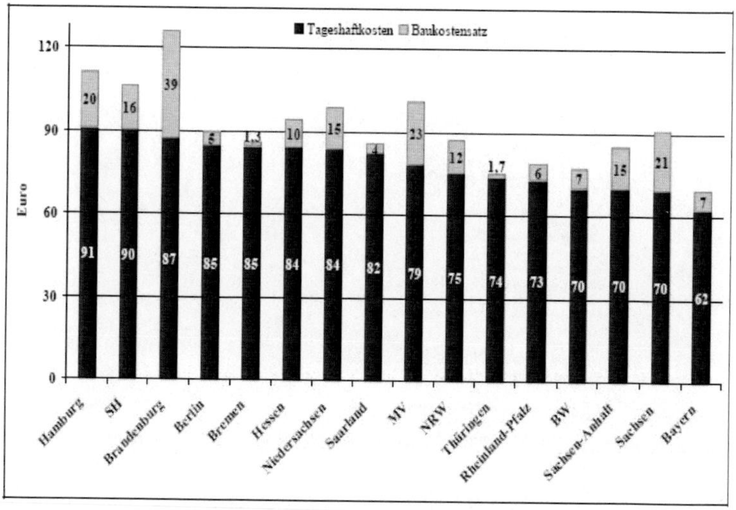

Abbildung 25: durchschnittliche Tageshaftkosten der Bundesländer 2001-2003[316]

Ausgaben in Euro pro Inhaftierten	Inhaftierte 31.3.2004	Personal-ausgaben	Gesamt-ausgaben
Baden-Württemberg	8.710	19.061	24.063
Bayern	12.593	18.557	27.730
Berlin	5.302	25.405	33.012
Brandenburg	2.219	29.546	49.922
Bremen	783	24.254	28.854
Hamburg	2.920	31.868	48.633
Hessen	5.878	23.081	33.041
Mecklenburg-Vorpommern	1.682	22.211	34.332
Niedersachsen	6.908	22.838	32.163
Nordrhein-Westfalen	18.201	21.816	34.878
Rheinland-Pfalz	4.110	20.902	31.732
Saarland	937	24.687	33.638
Sachsen	4.368	20.821	26.394
Sachsen-Anhalt	2.765	20.758	28.941
Schleswig-Holstein	1.628	25.606	35.996
Thüringen	2.162	15.759	22.474

Abbildung 26: Jährliche Ausgaben der Vollzugsanstalten pro Inhaftierten[317]

[316] Entorf, Meyer, Möbert. 2006, S.150
[317] Entorf, Meyer, Möbert. 2006, S.131

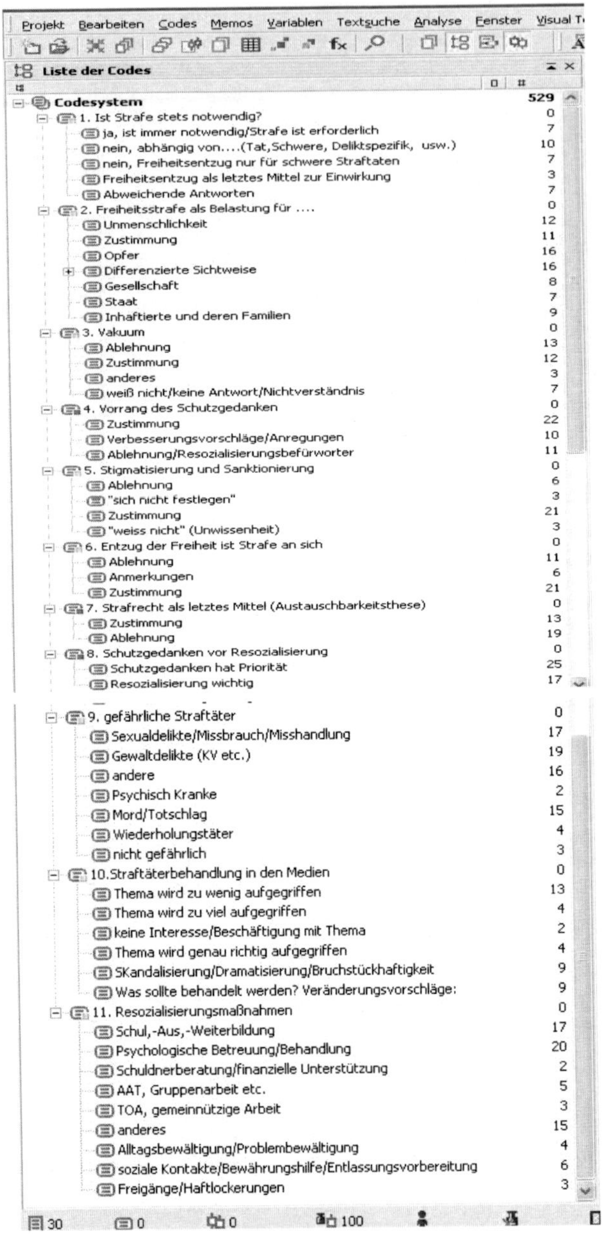

Abbildung 27: Übersicht Codesystem

Abbildung 28: Code-Matrix-Browser

Tabelle 8: Variablenmatrix

Geschlecht	Nr. Interview	Anzahl Codings	Alter	Öffentlichkeit/Fachöffentlichkeit	Bildungsstand	Arbeitsfeld
Weiblich	Interview_1	10	25	Allgemeine Öffentlichkeit	mit Berufsausbildung	Handel
Weiblich	Interview_2	11	53	Allgemeine Öffentlichkeit	mit Berufsausbildung	Gesundheit/Soziales
Weiblich	Interview_3	11	35	Allgemeine Öffentlichkeit	mit Berufsausbildung	Gesundheit/Soziales
Männlich	Interview_4	17	29	Allgemeine Öffentlichkeit	mit Berufsausbildung	Technik/Wirtschaft
Weiblich	Interview_5	12	35	Allgemeine Öffentlichkeit	mit Berufsausbildung	Gesundheit/Soziales
Weiblich	Interview_6	17	22	Allgemeine Öffentlichkeit	in Ausbildung	Studium
Weiblich	Interview_7	11	25	Allgemeine Öffentlichkeit	mit Berufsausbildung	Gesundheit/Soziales
Männlich	Interview_8	20	25	Fachöffentlichkeit	mit Berufsausbildung	öffentlicher Dienst
Weiblich	Interview_9	7	22	Allgemeine Öffentlichkeit	in Ausbildung	Studium
Männlich	Interview_10	31	26	Allgemeine Öffentlichkeit	in Ausbildung	Studium
Männlich	Interview_11	17	55	Fachöffentlichkeit	mit Berufsausbildung	öffentlicher Dienst
Männlich	Interview_12	14	30	Allgemeine Öffentlichkeit	mit Berufsausbildung	Technik/Wirtschaft
Weiblich	Interview_13	22	25	Allgemeine Öffentlichkeit	mit Berufsausbildung	Dienstleistung
Weiblich	Interview_14	18	24	Allgemeine Öffentlichkeit	mit Berufsausbildung	Gesundheit/Soziales
Weiblich	Interview_15	24	33	Allgemeine Öffentlichkeit	mit Berufsausbildung	Gesundheit/Soziales
Weiblich	Interview_16	8	35	Allgemeine Öffentlichkeit	mit Berufsausbildung	Verwaltung
Männlich	Interview_17	14	24	Allgemeine Öffentlichkeit	in Ausbildung	Studium
Weiblich	Interview_18	14	82	Allgemeine Öffentlichkeit	mit Berufsausbildung	Rentnerin
Weiblich	Interview_19	17	47	Allgemeine Öffentlichkeit	mit Berufsausbildung	öffentlicher Dienst
Weiblich	Interview_20	12	21	Allgemeine Öffentlichkeit	ausbildungssuchend	arbeitslos
Weiblich	Interview_21	19	22	Allgemeine Öffentlichkeit	mit Berufsausbildung	Dienstleistung
Männlich	Interview_22	18	50	Allgemeine Öffentlichkeit	mit Berufsausbildung	Technik/Wirtschaft
Weiblich	Interview_23	14	47	Allgemeine Öffentlichkeit	mit Berufsausbildung	Gesundheit/Soziales
Männlich	Interview_24	19	35	Fachöffentlichkeit	mit Berufsausbildung	öffentlicher Dienst
Männlich	Interview_25	11	25	Allgemeine Öffentlichkeit	mit Berufsausbildung	Dienstleistung
Männlich	Interview_26	11	55	Allgemeine Öffentlichkeit	mit Berufsausbildung	Verwaltung
Weiblich	Interview_27	8	40	Allgemeine Öffentlichkeit	mit Berufsausbildung	Gesundheit/Soziales
Männlich	Interview_28	17	35	Allgemeine Öffentlichkeit	mit Berufsausbildung	Gesundheit/Soziales
Weiblich	Interview_29	16	22	Allgemeine Öffentlichkeit	in Ausbildung	Studium
Weiblich	Interview_30	18	22	Allgemeine Öffentlichkeit	in Ausbildung	Studium

17 Interviews

Im Folgenden die Vorlage des Interviewbogen, wie er zur Befragung genutzt wurde.

Sabine Schmidt

Diplomarbeit:

„Effektivität und Effizienz von Strafvollzug, Resozialisierung durch Strafvollzug?“

Bitte nehmen Sie zu folgenden Aussagen und Fragen Stellung und begründen Sie Ihre Meinung kurz schriftlich.

Interviewfragen:

1. Ist Strafe (Freiheitsentzug als Sanktionierung) aus Ihrer Sicht stets notwendig?
2. „Lange Freiheitsstrafen belasten den Staat, die Gesellschaft, die Opfer, die Inhaftierten und deren Familien vielfältig und fördern Unmenschlichkeit.“ [318]
3. „Das Wegschließen bestimmter Straftäter hinterlässt ja doch in der Szene ein Vakuum, in das andere nachstoßen können, die bisher gar nicht zum Zug kamen.“[319]
4. Die Regelungen für Gewaltverbrecher müssen sich mehr am Schutz der Gesellschaft orientieren.
5. „Stigmatisierung und Sanktionierung sind eng miteinander verbunden“[320]
6. Freiheitsstrafe ist allein durch den Entzug der Freiheit eine Strafe an sich.[321]

---

[318] zit. Brenzikofer, P. in Jung, 1994, S. 93

[319] zit. Bock, Michael, Prof., 2000, S. 7

[320] zit. Jung, 2002, S. 8

[321] vgl. Europarat, 1987, Europäische Strafvollzugsgrundsätze, Nr. 64 aus European Committee on Crime Problems: Results of the Survey into the Application of the European Prison Rules in the Member States of the Council of Europe. Strasbourg 1994.

7. „Strafrecht muss letztes Mittel, muss Ultima Ratio bleiben. Eingriffstarke Sanktionen fügen unnötiges Leid zu, weil sie den Rückfall nicht in stärkerem Maße verhindern als eingriffsschwächere (Austauschbarkeitsthese).“[322]
8. Der Staat darf seine Bürger nicht weitgehend dem Verbrechen schutzlos ausliefern... Der Schutz der Gemeinschaft sowie der von Opfern muss Vorrang vor dem Gedanken der Resozialisierung erhalten...“[323]
9. Welche Personen stellen für Sie „gefährliche Straftäter“ dar, wenn man davon ausgeht, dass Straftaten alle im StGB aufgeführten Delikte darstellen?
10. Sind Sie der Meinung, dass das Thema Straftäterbehandlung heute zu wenig aufgegriffen wird (in Politik, Öffentlichkeit oder in den Medien)?
11. Strafvollzug hat zum Ziel, Straftäter zu resozialisieren, d. h. das diese nach der Entlassung eigeneigenverantwortlich und straffrei leben sollen. Was stellen Sie sich unter geeigneten Resozialisierungsmaßnahmen im Vollzug vor?

Fragen ehemalige Insassen:

1. Im Strafvollzug spricht man von „Behandlung“ des Insassen, um ihn für die Zeit nach der Haft in ein straffreies Leben zu führen. Welche Maßnahmen in Haft waren das?

2. Sind die Bedingungen im Strafvollzug gute Voraussetzungen, um danach „als besserer Mensch“ zu leben und künftig straffrei zu bleiben? Was waren Ihre persönlichen Eindrücke?

3. Was hätte anders sein sollen?

[322] zit. Bondonson, 1994, S. 212f in Schneider, 2001, S. 372, Aus der "Austauschbarkeitsthese" folgt positiv, dass die Intensität von strafrechtlichen Eingriffen zurückgenommen werden kann, ohne damit einen messbaren Verlust an Prävention befürchten zu müssen.
[323] zit. Schill, Ronald, PRO Partei, Haushaltsdebatte der Bürgschaft, 17.04.2004

17.1 Anhang: A 1

1. Ja. Durch den Freiheitsentzug hofft man auf Besserung.

2. Natürlich belasten sie den Staat- die Kosten könnten für anderweitige Verbesserungen wie z. B. im Straßenverkehr genutzt werden. Die Gesellschaft wird durch die Steuerzahlungen belastet. Verurteilte drehen durch wegen dem jahrelangen Alltagstrott - sie sehen die Familie nicht so oft, haben keinen Einfluss mehr auf die Erziehung der Kinder und erleben das „Erwachsenwerden" der Kinder nicht mit. Die Familie selbst leidet eher darunter das sie von Freunden und Bekannten gemieden werden, zu Aussätzigen werden. Auch öfter einen Wohnungswechsel vornehmen, sobald die Umgebung von der Vergangenheit erfährt. Die Opfer, denke ich, belasten die langen Freiheitsstrafen nicht – im Gegenteil – sie werden froh sein das die Straftäter weggeschlossen sind.

3. Da bin ich fest davon überzeugt. In der heutigen Zeit wo jeder Jugendliche in der Clique sich durchsetzen will und nicht als Weichei dastehen möchte würde den Platz des Anführers (sollte er gefasst werden) einnehmen.

4. Richtig, wie z. B. die Freigänge sollten alle unter Aufsicht erfolgen. Die Straftäter müssten sich mehreren Gutachtern stellen bevor sie wegen guter Führung entlassen werden.

5. Wenn ein Diebstahl in der Nähe eines entlassenen Straftäters (Dieb) passiert, wird er als erstes überprüft bzw. verdächtigt.

6. Ja, denn sie haben im Gefängnis (was ich über Medien bis jetzt mitbekommen habe) doch alle Freiheiten. Sie dürfen fernsehen, haben genug zu essen und dürfen sogar eine Ausbildung machen.

8. Auf jeden Fall. Während der Resozialisierung könnte ein weiteres
Verbrechen geschehen.

9. Vergewaltiger, Entführer und Mörder!

10. Man erfährt zu wenig in den Medien.

Fachverkäuferin Mediamarkt (25 Jahre)

17.2 Anhang: A 2

1. Nein, Freiheitsentzug ist nur in schweren Fällen „sinnvoll“ Wirksame, sozialer und billiger ist Arbeitseinsatz.

2. Lange Freiheitsstrafen sind mit Sicherheit in allen Bereichen problematisch, doch manchmal mangels Alternativen unumgänglich.

3. Kein Kommentar.

4. Allerdings.

5. Wer erstmal in der entspr. Schublade drin ist, erhält von der Gesellschaft d. entspr. Behandlung (leider).

6. Auf alle Fälle. Die persönliche und räumliche Freiheit gehört zu den Grundrechten. Ohne diese sinkt das Selbstwertgefühl.

7. In Bezug auf die Rückfallquote ist das Strafrecht mit Sicherheit keine sichere Lösung.

8. Ja.

9. Gefährliche Straftäter sind chronisch Gewalttätige u. Triebtäter.

10. Das Thema wird aufgegriffen, doch nur bruchstückhaft behandelt. Gut finde ich Berichte über präventive Maßnahmen, z. B. Aggressionsabbau bei Jugendlichen bzw. „Erziehungscamps“ für Schwererziehbare, die von ehemaligen Straftätern+ Sozialarbeitern geleitet werden.

11. Das Hauptziel sollte- auch wenn die Bedingungen im „Knast“ eher entgegen wirken- dem Aufbau der Selbstsicherheit u. des pos. Ich- Gefühls sein. Bei einzelnen Straftätern ist sogar der langjährige Mangel daran eine Mit- Ursache für eine kriminelle Laufbahn.

(MTA, weiblich, 53 Jahre, Abi)

17.3 Anhang: A 3

1. Sicherlich nicht immer, ist individuell zu sehen; das richtige Strafmaß kann man nur erahnen.

2. z.T. sicherlich richtig; anderseits bin ich der Meinung, dass einige Straftäter gar nicht mehr entlassen werden sollen. Lebenslänglich sollte dann auch lebenslänglich bedeuten, also nicht 30 Jahre, sondern bis zum Tod.

3. Sicherlich. Aber sollte man deswegen denen freie Hand lassen?! Je mehr Freiheiten, desto mehr nehmen sie sich raus, werden also immer skrupelloser. Dass andere nachkommen wird man nicht verhindern können.

4. Finde ich auch. Die Gesellschaft muss vor den Gewaltverbrechern geschützt werden. Die meisten kommen viel zu gut davon.

5. Bestimmt, sowohl negativ als auch positiv, bleibt nicht aus.

6. Bleibt nichts weiter zu sagen.

7. Das ist das Schwierige, das richtige Strafmaß! Sicherlich wird oft zu hart bestraft, aber auch zu oft zu milde. Der Rückfall hängt- glaube ich- nicht unbedingt vom Strafmaß ab, viel mehr von den Lebensumständen vor und nach Strafantritt (Freiheitsentzug).

8. Schwierig, allein schon die Beurteilung der Straftäter.

9. Gewalttäter (Mörder, Vergewaltiger, Entführer, bewaffnete Überfälle) vielleicht noch ein paar mehr, müsste mich aber viel intensiver damit auseinander setzen.

10. Ja, insgesamt schon. Ist sicherlich ein brisantes Thema, denn so manches hohes Tier hat schon eine Menge Dreck am Stecken. Wird sicherlich mit Absicht nicht häufiger thematisiert.

11. Resozialisierung schön und gut. Aber der Freiheitsentzug im heutigen Sinne scheint ja, schon sehr angenehm zu sein, zu angenehm: Fernseher, Fitness-u. Aufenthaltsräume, Arbeit-bzw. Ausbildung, mitunter sogar (geringe) Entlohnung. Haben manche im normalen Leben „draußen" nicht. Resozialisierung nach dem Vollzug, eine Art Wiedereingliederung im Anschluss (siehe Bewährung).

Anmerkung der Befragten:

! Kinder als Straftäter kommen oft sehr milde davon, besonders trotz Wiederholung! Unter 14 können sie anstellen, was sie wollen und haben wirklich mit ernsten Sanktionen zu rechnen. Habe ich kein Verständnis für, besonders in Anbetracht von Gewalt unter Jugendlichen.

(MTA, weiblich, 30-40 Jahre)

17.4 Anhang: A 4

1. Ganz klar: NEIN. Es kommt immer auf die schwere des Deliktes an. Es sollte immer ein angemessenes Strafmaß angewendet werden. Für Schwerverbrecher (z. B. Mörder) ist die einzige Möglichkeit die Umwelt vor ihm zu schützen ein Freiheitsentzug. Im Gegenzug sind für „leichte" Straftäter (z. B. Sprayer) andere Strafen denkbar, wie bspw. das Entfernen seiner und anderer Graffitis, damit er mal erkennt wie schlecht die Farbe abgeht.

2. Auf jeden Fall! Aber was soll denn sonst mit den Leuten geschehen? Sollen sie aus Menschlichkeit, Geiz o.Ä. früher entlassen werden? Es gibt für Verurteilte, die eine lange Freiheitsstrafe absitzen, nun mal keine andere Möglichkeit. Den Punkt, dass sie Opfer belasten sehe ich nicht so recht gegeben. Höchstens dann, wenn das Opfer mit dem Gedanken leben muss, dass der Verurteilte irgendwann aus dem Knast kommt und ein freier Mensch ist.

3. Sehe ich als eher unproblematisch. Wenn jemand neu in der Szene ist, weil ein anderer „weg vom Fenster" ist, hat dieser es erst einmal schwerer sich zu etablieren und der kriminelle Fluss wird somit zunächst verlangsamt. Vielleicht wurde aber auch durch GENAU diesen Straftäter das gesamte System zerstört und es bekommt kein anderer die Möglichkeit in dieses System nachzustoßen.

4. Auf jeden Fall. Es muss immer darauf geachtet werden, dass der Straftäter seine Umwelt nicht (wieder/ weiter) schaden kann. Er bringt damit das gesellschaftliche Leben und das Leben anderer in Gefahr. (siehe Terroristen)

5. Ja, das Eine hat das Andere zur Folge. Ein „leichter" Gangster wird nicht oder nicht so stark stigmatisiert wie ein „schwerer Junge". Aber eine gewisse Stigmatisierung lässt sich meist nicht vermeiden.

6. Das ist sicherlich nicht für jeden Menschen eine Strafe. Für unterschiedliche Leute dürfte dies nicht immer eine Strafe sein, oder besser gesagt nicht die verdiente Strafe.

7. Die Strafe muss angemessen sein und darf auf keinem Fall letztes Mittel sein. Ich wüsste nicht was es für andere Mittel und Wege geben soll, jemanden der Unrecht getan hat zu bestrafen. Soll statt Strafrecht ein „Belohnungsrecht" eingeführt werden. Ich finde die These unnötig.

8. Ich stimme voll zu, dass der Staat seine „braven“ Bürger vor den „bösen“ Bürgern schützen muss. Ein Täter sollte zwar versucht werden zu resozialisieren, allerdings muss auch hier abgegrenzt werden.

9.

- Täter, die andere Menschen körperlich verletzen, dies mit Absicht und/oder purer Berechnung. (Triebtäter, Mörder, ...)
- Die die Allgemeinheit schädigen, oder in Gefahr bringen. (Terroristen, Kidnapper,...)
- Wiederholungstäter, da diese meist krankhaft sind.

10.

Nein. Das Thema wird in der Öffentlichkeit zwar, meiner Meinung nach, kaum aufgriffen aber dies ist auch gut so. Ständige, öffentliche Diskussionen würden Bürger unnötig beunruhigen. An geeigneten (internen) Stellen soll darüber entschieden werden, wie ein Täter behandelt werden soll.

11.

- falls kein Berufsabschluss vorhanden ist, diesen im Knast anbieten, damit er bei Entlassung erst einmal eine Perspektive hat.
- Schulische Weiterbildung sollte angeboten werden
- Eine auch nach der Entlassung weiterführende Beobachtung der Täter (je nach schwere des Verbrechens)
- Soziale Kontakte sollten auch während des Vollzugs gepflegt werden dürfen

Dipl. Wirtschaftsingenieur (29 Jahre)

17.5 Anhang: A 5

1. Freiheitsentzug als Strafe ist deliktsabhängig, somit also nicht grundsätzlich notwendig.

2. Der Straftäter ist sich doch wohl der Konsequenzen seiner Handlung bewusst. Straftäter belasten auch den Staat, die Gesellschaft, die Opfer und deren Familien.

3. Welche Art der Straftat ist gemeint?

4. Ist sicher Ansichtssache. Geht man mehr von der Opfer-Seite aus, wird man die Aussage unterstützen. Soll die Täter- Seite stärker betrachtet werden, wird man tendenziell auch zustimmen, den Ansatz aber mehr auf die Eingliederung des Täters in die Gesellschaft legen.

5. Trifft zu, solange es bekannt ist. Wer im Gefängnis war, hat sicher ein Stigma als „Verbrecher“, dem man nicht unbedingt sofort blind vertraut.

6. Wenn man Freiheit als Bewegungsfreiheit interpretiert, dann stimmt die Aussage wohl.

7. Täter-Opfer- Ausgleich ist wahrscheinlich immer erstrebenswerter, aber was soll sonst übrig bleiben? Eine gewisse Strafe muss doch immer noch sein.

8. Aus Sicht des Opfers wohl nachvollziehbar. Jedoch soll die Resozialisierung den Schutz der Gesellschaft erreichen und ist unterstützend/erstrebenswert.

9. Alle Personen, die mit einem Mindestmaß von Freiheitsstrafe von einem Jahr oder darüber bedroht sind.

10. Ja, ist nur aktuell, wenn es nichts „anderes“ gibt.

11. Ein Heranführen an ein „eigenverantwortliches und straffreies Leben“. Vermittlung eventl. fehlender schulischer Abschlüsse oder Lehren.

MTA (30-40 Jahre)

17.6 Anhang: A 6

1.:

- nein, hier ist eine differenzierte Betrachtung notwendig:
    - für Tatbestände mit massiver körperlicher Gewalt ist Freiheitsentzug notwendig
    - für jugendliche bzw. junge erwachsene Täter eher „Rehabilitation" in Form von über längere Zeiträume angelegte Resozialisierungsmaßnahmen, wie Arbeit in sozialen Einrichtungen (mit Opferspektrum des Täters) oder sonstigen gemeinnützigen Bereichen; unbedingte Unterbringung fern des Heimatortes in kleinen Wohngemeinschaften etc. mit persönlicher Betreuung/Überwachung durch erfahrene Pädagogen; Erziehung zu politisch/menschlich korrekter Geisteshaltung (zumindest Denkanstöße geben)
    - für Delikte ohne körperliche Gewalt besser hohe Geldstrafen, Auferlegung von Arbeitsstunden, etc; ganz wichtig für untere soziale Schichten ist Aufklärung und Bildung
    - psychiatrische Behandlung; Hirnuntersuchungen um festzustellen, ob erbliche Dispositionen vorliegen (wie z. B. erhöhtes Gewaltpotenzial)
    - bei Wiederholungstätern ist Sinn/Unsinn von weiteren Sozialmaßnahmen abzuwägen; dann evtl. Freiheitsentzug

2.:

- dem kann ich nur teilweise zustimmen, da:
    - wenn Gewaltverbrecher nicht inhaftiert werden, belastet das die friedliche Allgemeinheit mehr, als wenn sie Steuern für deren Freiheitsentzug zahlt

      der Inhaftierte war sich sicherlich der Konsequenzen bewusst
    - warum sollte das die Opfer belasten??
    - Unmenschlichkeit wird eher durch zu milde Strafen gefördert, da die Gesellschaft in sich misstrauisch wird, weniger Offenheit herrscht, soziale/zwischenmenschliche Kälte aufkommt; ausgelöst durch Unsicherheit und evtl. Unterstellungen

- wie unter 1. beschrieben:
    - wenn Sinn gesehen wird, dann Resozialisierungsmaßnahmen (funktioniert wahrscheinlich gut bei noch formbaren, jungen, unausgereiften Charakteren)
    - Freiheitsentzug nicht oder nur kurz bei Delikten ohne körperliche Gewalt

3.:

- was nicht bedeuten darf, dass die „bestimmten Straftäter“ nicht bestraft werden müssen; vor allem diese Menschen stellen eine große potenzielle Gefahr für die Gesellschaft dar
- der eigentliche Angriffspunkt liegt natürlich im sozialen Umfeld, meist kommen die Problemfälle aus sozial schwachen Familien ohne Zukunftsaussichten; gleich dort muss interveniert werden, um Gewalt von vornherein zu verhindern; besonders hier ist es wichtig, Perspektiven zu bieten

4.:

- dem stimme ich zu
- nicht nur Freiheitsentzug, sondern vor allem Therapie und Aufarbeitung der Tat, um weitere zu verhindern
- Einzelfallprüfungen vor der Entlassung; evtl. Verlängerung der Strafe - allgemein längere Strafen für Gewalttäter

5.:

- teilweise
- durch ähnliche Strafen für völlig unterschiedlich zu bewertende Verbrechen, deshalb ist differenzierte Fallunterscheidung nötig
- Stigmatisierung ist einerseits intolerant und menschenfeindlich, andererseits kann ein Verbrechen nicht ohne Reaktionen geduldet werden

6.:

- natürlich ist Freiheitsentzug eine Strafe an sich, aber reicht das aus?
- das Leben im Strafvollzug sollte so effizient wie möglich gestaltet werden (durch Therapie etc.)

7.:

- schwere Taten erfordern harte Strafen, schließlich muss die Strafe im eigentlichen Sinne auch zur Wirkung kommen (natürlich nicht immer Freiheitsentzug)
- wenn der Rückfall nicht verhindert werden kann, dann sollte Strafe verlängert werden
- der Schutz der Gesellschaft ist das Wichtigste…
- Austauschbarkeitsthese: was bedeutet unnötiges Leid?
- es ist natürlich sinnlos, einen einzusperren und dann nach 5 Jahren wieder rauszulassen, ohne ihn therapiert zu haben

8.:

- Resozialisierung heißt nicht automatisch schutzlose Auslieferung der Bevölkerung, während der Resozialisierung ist eine genaue Überwachung der Betreffenden notwendig
- Resozialisierung ist nicht in jedem Fall anwendbar (was soll man bei einem schweren Gewaltverbrecher resozialisieren?? in dem Fall ist die Gesellschaft unbedingt und kompromisslos zu schützen; Wirkungsgrad und Risiko sind genau abzuwägen)
- bestenfalls Ursachenbekämpfung (Gelddiebstahl/Überfälle etc. durch Drogenabhängige erfordern zuerst Entziehungskur und dann soziale Wiedereingliederung, da dann (nach erfolgreicher Therapie) kein Geld für neue Drogen gebraucht wird usw.)

9.: alle schweren Formen von physischer und psychischer Gewalt, schwere Formen von Umweltkriminalität

10.: wird immer mal wieder besprochen (in allen 3 Bereichen) hab ehrlich gesagt nicht so darauf geachtet, was in letzter Zeit aktuell ist

11.: Jugendliche: Konfrontation mit Feindbildern (soziales Engagement), psychologische Betreuung rund um die Uhr, Problemfallanalyse, geregelte Arbeitsabläufe verinnerlichen, Konfrontation mit Opfern (nicht die „eigenen“)

Studentin (22 Jahre)

17.7 Anhang: A 7

1. ja, Strafen sind notwendige Maßnahmen (Ausmaß natürlich abhängig vom Tatbestand); Verwarnungen/ Geldbußen oder ähnliches reichen meist nicht aus, um den Täter von weiteren „Aktionen“ abzuhalten

2. trotzdem sind lange Freiheitsstrafen sinnvoll und notwendig, denke ich dabei zB. an Gewaltverbrecher, die meist ohne Freiheitsentzug von weiteren taten nicht absehen!

3. würden die Menschen, welche in dieses Vakuum nachstoßen nicht sowieso irgendwann ein verbrechen begehen? Ich denke, dass hat nichts damit zu tun

4. korrekt, damit nach eventueller Resozialisierung keine erneuten Verbrechen begangen werden. Wobei ich der Ansicht bin, dass Gewaltverbrecher (Sexualstraftäter) nicht das Recht auf Strafminderung bzw. Resozialisierung erhalten sollten. Ich bin der Meinung, dass gerade diese Täter einen endgültigen Freiheitsentzug erhalten sollten, da sich schon oft (laut Medien) gezeigt hat, dass die meisten dieser Täter rückfällig werden und neue Opfer die Folge sind. Dabei ist es egal, ob es sich um Missbrauch oder Vergewaltigung mit Todesfolge handelt.

5. Dieser Aussage kann ich nur zustimmen. Man bezeichnet bestimmte Einstellungen, Aussehen, soziale Stellung, Orientierungen (sexuelle, religiöse usw.) als normal. Somit fällt es „leicht“ Menschen, welche z. B. vorbestraft sind oder auch nicht der sozialen Norm entsprechen vor zu verurteilen. Dies ist im Bezug auf ehemalige Straftäter gehäuft der Fall. Werden genau diese Menschen erneut straffällig erhöht sich das Strafmaß als Folge dessen. Ich denke jedoch, dass dies nicht unbedingt als negativ zu bewerten ist. Würde jedoch ein höheres Strafmaß angesetzt aufgrund anderer von der Norm abweichenden Stellungen, würde ich dies nicht für positiv beurteilen.

6. ja, Freiheit ist ein Grundbedürfnis eines jeden Menschen und eine Einschränkung dessen, kann verschiedene Auswirkungen mit sich bringen. Zudem sehe ich auch weitere Maßnahmen während einer Inhaftierung für sinnvoll an.

7. -

8. ein wahres Wort. Angst in den Köpfen der Opfer vor einem Rückschlag des Täters (trotz bzw. nach Resozialisierung) bzw. weiterer Auslieferung an das Verbrechen kann weitgehende psychische Folgen für diese Menschen haben.

9. jegliche Straftaten mit Körperverletzungen, welche weitreichende Folgen haben; Sexualverbrechen/ Missbrauchsfälle; Mord

10. Antwort: wünschenswert wäre öfter einen Einblick in dieses Thema, Neuerungen, Änderungen bzw. den Stand der Dinge zu erhalten.

Medizinisch technische Assistentin (MTA) (25 Jahre)

17.8 Anhang: A 8

1. Nein, Strafe (Geld- oder Freiheitsstrafe) ist dann nicht notwendig, wenn den Täter eine Schuld nicht trifft, wenngleich er eine strafbare Handlung begangen hat. Freiheitsstrafe sollte stets nur letztes Mittel sein, wenn alle anderen Sanktionen nicht ausreichen oder unverhältnismäßig erscheinen.

2. Zuzustimmen ist der Behauptung, dass lange Freiheitsstrafen die oben genannten Gruppen/Institutionen vielfältig belasten. Der Behauptung, wonach dies auch die Unmenschlichkeit fördern soll, kann ich nur zum Teil zustimmen. Letzteres kann ich mir lediglich bei menschenunwürdigen Haftbedingungen oder fehlender Betreuung während des Vollzuges vorstellen.

3. Diesen Ansatz kann ich nicht nachvollziehen. Es muss dann Ziel und Aufgabe der Polizei- und Ordnungsbehörden, dieses „Vakuum" zu schließen, z. B. durch Auflösung bestimmter Gruppierungen und Verflechtungen im BtM – Bereich, indem gezielt weitere Ermittlungen bzgl. der anderen Szenemitglieder angestellt werden und für potenzielle Konsumenten soziale Ausweichangebote (Treffpunkte zwecks Betreuung o.ä.) eingerichtet werden.

4. Ich denke, die Sicherungsmechanismen stimmen im Bereich des allgemeinen Strafrechts. Handlungsbedarf besteht m. E. im Bereich des Jugendstrafrechts, das repressiver ausgestaltet werden sollte und im Bereich der Gewaltstraftaten weniger erzieherisch, sondern mehr individual- und generalpräventiv wirken sollte.

5. Nicht immer, insbesondere bei Strafen bis 3 Monate Freiheitsentzug/90 Tagessätze Geldstrafe gibt es keinen Eintrag im Bundeszentralregister. Folglich können sich die Verurteilten als weiter „nicht vorbestraft" bezeichnen. Gleiches gilt für Jugendliche/Heranwachsende, die als „nicht vorbestraft" gelten, wenn sie nicht zu einer Jugendstrafe verurteilt worden sind.

6. Ja, aber darüber hinaus sollte die Allgemeinheit Kenntnis davon erlangen können, dass sich eine bestimmte Person eine gewisse Zeit im Vollzug befunden hat (Führungszeugnis). Dies ist nicht nur negativ.

Schließlich kann sich die Allgemeinheit dann auf diesen Umstand einstellen und bestimmte Rücksichten nehmen.

7. Dem ist so zuzustimmen.

8. Wie bereits oben unter 4. dargestellt, halte ich den Schutz der Gemeinschaft für hinreichend. Der Schutz der Opfer sollte durch mehr soziale Unterstützung während des Strafverfahrens/Nachbetreuung/finanzielle Entschädigung gestärkt werden. Parallel dazu kann die Resozialisierung der Täter vorangetrieben werden.

9. Gewaltverbrecher (Mord, Totschlag, Vergewaltigung, vorsätzliche Körperverletzungen ab gefährliche Körperverletzung); Straftäter, die die grundlegenden Rechtsgüter und Interessen der Allgemeinheit beschädigen (alle Formen des Terrorismus, Hochverrat/Landesverrat (=Staatsschutzdelikte), schwere Brandstiftungen…)

10. Nein, das Thema ist gerade hochaktuell, da die Zuständigkeit für den Strafvollzug auf die Bundesländer übergegangen ist und diese nun eigene Landes-Strafvollzugsgesetze schaffen.

11. Gelegenheit bieten, Schulabschlüsse oder eine Berufsausbildung zu absolvieren, sofern dies nicht vorliegt. Anti-Aggressionstraining bei Gewalttätigen. Diejenigen, die eine Berufsausbildung haben, zur regulären Arbeit anregen, d. h. z. B. außerhalb des Vollzugs (wenn keine Fluchtgefahr vorliegt, und es kein Schwerstverbrecher ist) in einer Firma unter Aufsicht arbeiten, psychologische Betreuung, Konfrontation mit der Tat, bei Schwerverbrechern, Ort des Verbrechens aufsuchen und dort Gefühle aufarbeiten unter Betreuung von Sozialarbeitern

Dipl. Rechtspfleger (25 Jahre)

17.9 Anhang: A 9

1. Nein, da die Probleme die zu einer Strafe geführt haben durch Freiheitsentzug nicht gelöst werden. Der Täter geht auch danach mit wahrscheinlich gleicher Persönlichkeitsstruktur wieder in die Gesellschaft hinaus, und die Probleme beginnen von neuem.

2. Ja in einer Hinsicht schon.

3. weiß nicht

4. Ja und Nein. Am Schutz der Gesellschaft richtig aber auch an Veränderung der Täter, welches durch Freiheitsentzug häufig nicht der Fall ist.

5. weiß nicht

6. Nicht immer, manche Täter leben davon, um sich am Leben zu erhalten und zuspüren.

7. ?

8. Resozialisierung find ich ne guten Ansatz

9. ?

10. Ja, Bedarf mehr an Aufklärung

Studentin (22 Jahre)

17.10 Anhang: A 10

1. Nein, ist von Fall zu Fall / Täter zu Täter zu prüfen:abhängig von Tatmotiv, Täteralter, soziales Umfeld des Täters, Tatbestand, Schaden, Art und Anzahl vorheriger Straftaten → Differenzierung

2.

- **Staatsbelastung**: Ausgleich durch unbezahlte oder gering bezahlte Arbeit, je nach vorhandener Ausbildung oder körperliche Arbeit
- **Gesellschaft:** Inhaftierung ist auch eine Funktion des Schutzes der Gesellschaft, Teil der gesetzlichen Rahmensbildung und deren Konsequenz bei Missachtung (Abschreckfunktion)
- **Opfer:** Funktion der Opferbefriedigung und gleichzeitig Opferschutz
- **Inhaftierte u. Familien**: für die Opfer ist es nicht nur eine Strafe, sondern auch eine Möglichkeit sich über die Tat bewusst zu werden und damit auseinander zu setzen, gedanklich u. geistig reifer zu werden, Entwicklung und aktive Vorbereitung für ein neue Chance
- Für die **Familien** ist es sicher eine Belastung, aber sie spielen nicht eine solche Opferrolle wie das eigentliche Opfer/Geschädigte. Inhaftierung kann durchaus menschlich gestaltet werden. Frage – Was ist menschlich? → Definitionssache Urlaub- Gefängnis → unmittelbarer Einfluss durch den Staat

3.

Diese Aussage ist richtig, drückt aber weder was positives oder negatives aus. Es wird dadurch nicht gerechtfertigt, dass Straftaten nicht verfolgt und geahndet werden. Diese Straftäter können zum einen als wichtige Informationsquelle über die Szene dienen, damit diese noch gezielter untersucht und verfolgt werden kann, andererseits wird ersichtlich für die Nachfolger, dass diese Positionen in der Szene nicht sicher vor Strafverfolgung sind und die Konsequenzen könnten auch eine abschreckende Wirkung haben. Eine nicht Strafverfolgung würde mit einer Legalisierung gleich kommen. Außerdem dient diese Vakuumbildung als Störfaktor für die Szene.

4.
erste Priorität ist der Schutz der Gesellschaft
zweite Prio: Hinsichtlich Betreuung der Täter (psychologische Untersuchung, Ursachenforschung), Ziel ist gefahrlose Resozialisierung in die Gesellschaft. Im Zweifelsfall gegen den Täter, für die Gesellschaft!

5.

- Kann der Aussage nicht zu stimmen
- Täter hat eigenen Einfluss auf Stigmatisierung, inwiefern er gebrandmarkt wird
- Wenn der Täter das nicht möchte, kann es durch ihn vermieden werden durch entsprechendes zurückhaltendes bzw. besserndes Verhalten
- Häufig erfolgt dies auch bewusst, um sich damit zu rühmen
- Behauptung: Jeder Täter kennt die Konsequenzen für sein Handeln, ggfs. Muss er damit leben.

6.

- Subjektiv betrachtet stimme ich dem zu – Freiheitsentzug ist das höchste Strafmaß, was einem wiederfahren kann
- Manche Menschen kommen damit aber auch gut zurecht
- Freiheitsstrafe allein ist nicht förderlich, sie muss ergänzt werden durch Betreuung in vielerlei Hinsicht (psychologisch, körperlich, beratend, intensive Auseinandersetzung mit der Tat – vor Augen führen) mit dem Ziel der erfolgreichen Reintegration in die Gesellschaft

7.

- In bestimmten Fällen sehe ich keine Alternative, schon aus Schutz der Gesellschaft, was höhere Priorität hat, als das Interesse des Täters.
- Rückfälligkeit kann durch eine Inhaftierung durchaus reduziert werden.
- Abschreckungscharakter!
- Was sind eingriffsstarke Sanktionen? Todesstrafe ist für mich keine Lösung, da man sich damit auf gleiche Ebene wie der Täter stellt und der Täter nicht aktiv zur Rechenschaft / Verantwortung gezogen wird – hat für mich mehr den Erlösungscharakter
- Lebenslange Haft ist durchaus vertretbar für schwerwiegende Straftaten.
- Eingriffsschwache Sanktionen nur bei erstmaligen Taten (2. Chance wenn es vertretbar ist), widrigen Umständen und „leichten“ Straftaten ... → individuelle Entscheidung

8.

- Bin der gleichen Meinung, da der Täter unmittelbare Schuld hat,
- Dennoch ist die Gesellschaft nicht unschuldig
- Das eigentliche Opfer hat keine Schuld
- Ich glaube jedoch dass die Gesellschaft eine Pflicht hat dem Täter eine Chance auf Resozialisierung zu bieten

9.

Täter und Wiederholungstäter, die anderen Menschen unmittelbares Leid oder Schaden zufügen in Form von Betrug, körperliche Schädigung (Mord, Vergewaltigung, Misshandlung, Körperverletzung...)

10.

- Das Thema wird sehr oft aufgegriffen, aber nur in dem Zusammenhang, wenn „mal wieder was etwas schlimmes passiert ist“
- Es erfolgen jedoch keine Konsequenzen in form von einheitlichen Vorgehensweisen gegen diese Straftäter
- Die Opferrollen werden im Vergleich dazu viel weniger behandelt, als das der Fall sein sollte

11.

- Psychologische Betreuung: Auseinandersetzung mit der Tat, Bewusstmachen der Opfersituation, Aufzeigen neue Lebenswege und –Möglichkeiten
- Ursachenfindung, Rückblick auf die vorherige Lebenssituation des Täters (soziales Umfeld, Beruf, Familie, Kindheit) – Hilfestellung zur aktiven Auseinandersetzung mit kritischen Themen
- Hilfe zur Integration in ein „normales“ Leben–Betreuung nach der Entlassung: Wohnungssuche, Berufssuche, Ausbildung

Student (26 Jahre)

17.11 Anhang: A 11

1. Nein! Freiheitsstrafe lässt sich sicherlich nicht generell vermeiden, aber sie sollte immer das letzte Mittel sein, welches angewendet und eingesetzt wird. Eine Verurteilung zur Bewährung ist sowohl für die Gesellschaft, als auch für den Verurteilten eine günstigere Alternative, kann er doch an der Schadenswiedergutmachung arbeiten, bzw. auch seine Persönlichkeit weiter entwickeln.

2. Diese Aussage ist sicherlich richtig, obwohl bestimmt die Opfer hiervon weniger berührt werden dürften. Aber wie schon bei Punkt 1 genannt, auch lange Haftstrafen lassen sich in bestimmten Einzelfällen nicht vermeiden, aber es findet in Haft kaum eine Entwicklung der Persönlichkeit statt, so dass sich die Sozialprognose kaum ändert. Selbst eine Abschreckende Wirkung auf andere potenzielle Straftäter haben angedrohte lange Haftstrafen, wie im StGB beschrieben, nicht.

3. Ob dies so stimmt, bezweifele ich. Wer zum Zuge kommen will, macht dies auch so, denke ich. Das Wegschließen erfolgt auf Grund des Repressionsgedanken im Strafrecht und könnte auch auf solche Gedanken keine Rücksicht nehmen.

4. Sicherlich ist da was dran, aber auch der Knast, also die Haftbedingungen, muss menschlich bleiben. Hier muss mit den Tätern gearbeitet werden, nicht nur ein Wegschließen erfolgen, sonst wird es noch teurer für die Gesellschaft, kommt der Verurteilte erst wieder raus und wird rückfällig (wie ja leider jetzt immer noch ca 75 – 80 % der Haftentlassenen).

5. Stigmatisieren, oder deutsch ähnlich wie „Brandmahlen" , und Sanktionierung können schon etwas miteinander zu tun haben, vor allem wenn einem einmal straffällig gewordenen Menschen dies immer wieder vorgehalten wird, auch nach Verbüßung der Strafe, also das „Vorbestraft sein", mit all seinen (Rechts-)Folgen ist schon eine Sanktionierung (Bestrafung) an sich und vom Gesetzgeber bestimmt gewollt.

6. Dies ist richtig und geht auch nicht anders, wenn es heißt: „Freiheitsstrafe" ohne Bewährung. Eine andere Strafe erfolgt dann auch nicht durch den Staat, sondern was dann passiert, sind nur Folgen dieser Freiheitsstrafe und der begrenzten Möglichkeiten des Vollzuges.

7. Dieser Aussage stimme ich zu und dies wird ja auch im Jugendstrafrecht recht gut hier in Jena angewendet, praktiziert.

8. Nein, der Schutz der Gemeinschaft darf den Gedanken der Resozialisierung nicht ausschließen. Wird dies vergessen oder nicht genügend befolgt, schaffen wir wieder nur neue Straftäter...Straftaten. Nur bei einer vernünftigen Resozialisierung, einer Chance nach dem Strafvollzug, kann eine erneute Straffälligkeit vermieden werden. Ganz vermeiden werden wir dies wohl nicht, aber minimieren, zumindest muss es versucht werden.

9.

- Alle Gewalttäter, einschließlich sexueller Gewalt

- Dealer, welche selber nicht konsumieren, nur dem Gewinn verfallen sind, am Unglück, der Abhängigkeit und Krankheit Anderer verdienen

- Umweltstraftäter

10. Ja, der Knast muss menschlicher werden, es muss mehr für die Resozialisierung der Täter getan werden. In einem unmenschlichen Knast kann ich mich nur anpassen, muss überleben. Es passiert nichts in meiner Persönlichkeitsentwicklung, ich denke nicht über die Straftat, warte nur auf die Entlassung. Das Letztere ist sicherlich legitim und natürlich, nur es muss mehr passieren, soll kein Rückfall erfolgen. Unmenschlicher Knast erzeugt nur „Unmenschen", d. h. der Staat ist für das was aus den Menschen geworden ist, nach der Entlassung, eigenverantwortlich, hat dies selber geschaffen.

11.
Einiges wurde von mir schon bei anderen Fragen als Antwortort mit genannt, aber kurz noch mal einige Stichpunkte – vor allem im Hinblick auf junge Menschen:

- menschenwürdige Unterbringung und Behandlung im Straffvollzug (Beispiel Hohenleuben – 8 Häftlinge in einem Haftraum, ein Unding!), d. h. eine Einzelzelle sollte Standard sein, nur bei Wunsch und Bereitschaft dazu Mehrfachbelegung
- Arbeit mit dem Häftling an der Straftat durch Psychologen und Sozialarbeiter
- Beschäftigung und Bildung für den Häftling vorhalten, ein Schul- oder Berufsabschluss sollte der Standard sein
- gute langfristige Entlassungsvorbereitung, Schaffen einer Perspektive für danach, wie Wohnung, Arbeit o.ä.
- personelle Ausstattung der Haftanstalten mit genügend geeigneten und qualifizierten Personal

Jugendgerichtshelfer/Sozialarbeiter (50-60 Jahre)

17.12 Anhang: A 12

1. Ja, meiner Meinung nach dient eine Strafe als Prozess, um über eine Handlung nachzudenken und zu erfahren, dass diese Handlung in der Gesellschaft so nicht gewünscht ist. Strafe sehe ich dem Sinne auch als Verwarnung / Sanktionierung etc.

2. JA + NEIN. Diese sind im Verhältnis zu sehen. Meiner Meinung nach sind diese angemessen, wenn eine Änderung des ungewünschten Verhaltens einer Person nicht anders sichergestellt werden kann (krankhaftes Verhalten). Andererseits finde ich, dass in vielen Fällen auch lange Freiheitsstrafen ihre Wirkung verfehlen und den Täter nicht zur Reue / Änderung seines Verhaltens führen. --> Strafsystem

3. Dies kann nicht verneint werden, ist aber eine Begleiterscheinung. Wichtiger ist der Sinn der Strafe und deren Wirkung auf den Täter. Dies gilt auch für die Abschreckung auf andere potenzielle Täter. Die Gründe für Straftaten sind entscheidend, nicht die Folgen für die Szene.

4. JA, als erster Aspekt für Strafen. NEIN, weil ich finde, dass zu wenig die Ursachen dieser Straftaten durch dieses Wissen bekämpft werden. Damit meine ich keinen Verbrecherschutz.

5. Würde ich nicht sagen. Beide klingen ähnlich und nehmen ähnliche Formen an. Haben aber andere Ursachen.

6. NEIN. In der Praxis wirkt sich das im Strafvollzug so aus. Aber es kann auch zum Schutz eines Menschen oder aus anderen Gründen (politisch / Interessen…) die Freiheit entzogen werden.

7. NEIN. Die Begründung hat ihre Berechtigung z. B. im Strafmaß etc. Aber Strafrecht muss ebenso maßvoll eingesetzt werden wie effektiv, um das Ziel, das Verhalten eines Täters, zu erreichen. Ein anderer, aber ebenso wichtiger Punkt ist dabei das Strafmaß festzustellen um schließlich Ursachen zu bekämpfen. (So sollte es sein)

8. JA. Opferschutz darf nicht vernachlässigt werden und durch Gesetzes- und Behördenbürokratie verharmlost werden. Resozialisierung muss eingesetzt werden, um deren Ziel – das Verhalten eines Täters zu ändern, zu erreichen. Dies gilt genauso für langfristigen Opferschutz, also was passiert nach dem Ende der Strafe.

9. Für mich sind „gefährliche Straftäter“ Personen, die 1. aus psychischen Gründen zu ihrem Handeln führen und dadurch ein Maß möglicher Straftaten nicht vorhersehbar ist. 2. Menschen, die aus familiären und gesellschaftlichen Gründen (Armut) zu Straftätern „erzogen“ werden. Bei diesen Menschen entsteht ein Potenzial für Pädophile, Gewalttäter, Vergewaltiger…

10. JA. Es wird zu wenig aufgeklärt und nach sinnvoller Gestaltung bzw. Alternativen gesucht. Dagegen werden stets Horrormeldungen und einige wenige Gewaltverbrechen thematisiert, welche die Bevölkerung einseitig informieren und beeinflussen.

11. Für diese Beurteilung fehlt mir Information. Auf jeden Fall eine hohe Kompetenz, Distanz und Beurteilungsfähigkeit der Beamten und keine Verharmlosung der Täter. Spätere 100% igc Wiedereingliederung muss dabei nicht notwendig sein. Nach Wiedereingliederung muss Kontrolle und Vernetzung mit dem Opferschutz Vorrang haben.

Dipl. Wirtschaftsingenieur (30 Jahre)

17.13 Anhang: A 13

1. Sie erscheint mir nur dann als sinnvoll und notwendig, wenn sich eine andere Form der Sanktionierung als nicht ausreichend herausstellt, d. h. wenn sie wegen der Art und Schwere der Straftat verhängt werden muss und es hierbei keinen Spielraum gibt (beispielsweise bei Tötungsdelikten). Ansonsten sind ambulante Maßnahmen natürlich denen der Freiheitsentziehenden vorzuziehen.

2. Auf den ersten Blick erscheint die Tatsache einleuchtend, dass lange Freiheitsstrafen belastend sind. Sie lassen sich eigentlich auch nur anhand der Schwere und Schuld erklären. Ausschlaggebend wäre für mich eher die Frage, inwieweit Resozialisierungsmaßnahmen und eine adäquate psychologische Betreuung zur Aufarbeitung der Tat stattfinden. Es sollte daher in wirklich regelmäßigen Abständen überprüft werden, inwieweit eine Wiedereingliederung in die Gesellschaft möglich wäre. Dabei sollten unter den Bedingungen einer gelingenden Wiedereingliederung natürlich Angehörige stärker mit einbezogen werden, um den Kontakt zwischen Familie und Gefangenen nicht weiter aufrecht zu erhalten. Ich stimme nicht überein, wenn davon die Rede ist, dass lange Freiheitsstrafen Unmenschlichkeit fördern. Sicherlich sind die Vollzugsbedingungen in keinster Weise mit denen der Gesellschaft zu vergleichen und der Vollzug muss sich bemühen, die Auswirkungen so gering wie möglich zu halten. Allerdings zeigt sich meines Erachtens kein Anzeichen für eine wirkliche Unmenschlichkeit!

3. Diese Aussage ist für mich nicht haltbar, da sich für mich kein Zusammenhang daraus erschließt. Es würden auch andere nachstoßen, ohne dass ein einzelner Täter plötzlich von der Bildfläche verschwindet! Warum sollte also ein Ausüben einer Straftat in einer bestimmten Gruppierung von anderen Personen abhängig sein?

4. Der Schutz der Gesellschaft ist ein ziemlich dehnbarer Begriff. Ich denke, es ist wichtig, dass der Gewalttäter eine Schuld- und Tataufarbeitung leistet und sich mit dem Opfer auseinandersetzt. Einen gänzlichen Schutz würde wahrscheinlich nur ein lebenslanges Wegsperren aller Täter bringen. Da dies jedoch nicht im Sinne einer Demokratie sein kann und das StVollzG auch ein anderes Anliegen hat, bleibt wohl nur der Versuch der Resozialisierung übrig. Darüber hinaus stellt sich die Frage, um welche Regelungen es sich hier handeln sollte. Ich glaube nicht, dass wir ein Stigmatisierungsverhalten an den Tag legen sollten, wie es in den USA der Fall ist (beispielsweise Straftäter im Internet öffentlich bekannt zu geben). Ein 100%iger Schutz ist eine Illusion und ihn kann auch keine Nation herstellen.

5. Durchaus. Eine Sanktionierung zu erfahren, besonders sei hier an die freiheitsentziehenden Kriminalsanktionen gedacht, ist doch ein einschneidendes Erlebnis und hinterlässt gewisse Spuren beim Täter.

6. Das würde ich so nicht ganz befürworten. Dies mag vielleicht so in der Wahrnehmung des Gefangenen sein, aber der alleinige Umstand des Freiheitsentzuges hat noch lange nichts mit Schuldaufarbeitung, mit regelmäßigen Lebensabläufen oder mit dem Beginn einer Lehre/Arbeit in Haft zu tun.

7. Ich denke eher, dass die freiheitsentziehenden Kriminalsanktionen das Ultima Ratio bleiben sollten. Das Strafrecht an sich ist ja von vornherein so ausgelegt, dass es auch die Möglichkeit einer milderen Sanktionierung, wie etwa in Form einer Weisung, bietet. Es ist der Aussage zuzustimmen, dass eingriffsstärkere Sanktionen den Rückfall nicht in deutlicherem Maße verhindern als eingriffsschwächere. Sie werden wohl je nach Art und Länge sogar dazu beitragen, dass der Gefangene erhebliche Eingliederungsprobleme bekommen wird.

8. Dem kann ich so nur teilweise folgen. Es ist zwar richtig, dass bei einem schweren Verbrechen erstmal der Schutz des Opfers und der Gemeinschaft Vorrang hat. Allerdings ist es auch von Belang, in welchem Maße der Gefangene resozialisiert werden kann. Wird dies nicht in Betracht gezogen, so widerspricht sich obige Aussage gleich wieder in sich selbst. Ohne Resozialisierungsbemühungen und psychologische Unterstützung in der Haft ist ein Schutz der Opfer und der Gemeinschaft nach der Entlassung aus der Haft um ein höheres unwahrscheinlicher. Würde man diese Aussage ernsthaft billigen, würde dies bedeuten, dass man ausschließlich für (lebens-) lange Freiheitsstrafen plädieren würde. Dies trägt dem Gedanken des StVollzG aber wohl kaum Rechnung.

9. Darunter zählen für mich Sexualstraftäter, Personen, die schwerste Körperverletzungen begangen haben, Mord, Totschlag oder psychisch kranke Personen, die der Behandlung bedürfen.

10. Das Thema wird im Moment wieder zu radikal angegangen, vor allem von der Politik. Einem Plädoyer für einen reinen Verwahrvollzug oder dem fast vollständigen Fehlen von ambulanten Maßnahmen ist wohl kaum Folge zu leisten. Durch die spezifische Thematik von Straftätern gibt es anscheinend kein besonderes Interesse daran, die Öffentlichkeit über real existierende Probleme und Möglichkeiten aufzuklären. Dabei können die von den Medien verbreiteten eindimensionalen Berichterstattungen auch nicht Abhilfe leisten.

11. Die Frage ist allein schon wegen der Situation der totalen Institution und des hohen Bürokratieaufwandes schwierig zu beantworten Geeignet erscheinen für mich dennoch die Tataufarbeitung sowie psychologische Unterstützungsangebote, wenn sie denn als dringlich erachtet werden (und nicht nur aus Kapazitätsgründen abgelehnt werden), aber auch das Aufrechterhalten von sozialen Beziehungen (Familie, Freunde, Freundin, eventuelle Kinder), solange sie keinen negativen Einfluss ausüben. Des Weiteren sollten sie in die Lage versetzt werden, ihre finanziellen Angelegenheiten mit Hilfe der Sozialarbeiter im Vollzug überblicken und regeln zu können. Dazu gehört natürlich auch die Schuldnerberatung. Ebenso gehören frühzeitige Kontakte zum späteren Bewährungshelfer dazu (soweit ein solcher bestellt wurde), aber auch zu Sozial-, Arbeits- und Wohnungsämtern, um die finanzielle Lage bei Entlassung des Gefangenen sicherstellen zu können. Es erscheint mir noch wichtig, darauf hinzuweisen, dass alle Mitarbeiter im Vollzug Sorge dafür tragen sollten, die Situation im Vollzug nicht zu verstärken.

Dies bedeutet, das Entstehen einer Subkultur im größtmöglichen Rahmen zu verhindern, den einzelnen Gefangenen in eine Wohngruppe zu integrieren und dabei ein feinfühliges Gespür für seine Eigenheiten zu entwickeln. Die Bediensteten, die einen Großteil ihrer Zeit mit den Gefangenen verbringen, sind Ansprechpartner und sollten auch Vorbilder für die Gefangenen darstellen. Diese Maßnahmen sind natürlich nicht abschließend. Sie müssen dem jeweiligen Einzelfall angepasst werden. Es muss allerdings beachtet werden, dass der Vollzug keine 100% ige Garantie dafür geben kann, dass der Gefangene kein weiteres Mal rückfällig wird.

Studentin/Rechtsanwaltsfachangestellte (25 Jahre)

17.14 Anhang: A 14

1.

Nein, nicht immer, vor allem bei Ersttätern. Mit Öffentlichkeitsarbeit oder Geldbusen ist m.M. nach besser gedient. Außerdem sind dabei verschiedene Faktoren zu berücksichtigen: Tat, Schwere der Tat, Vorsatz oder nicht?

2.

Lange Freiheitsstrafen sollten bei Vergewaltigern eingeführt werden, die meisten Opfer haben nur 2-3 Jahre Ruhe und machen sich selbst in dieser Zeit grauenhafte Vorstellungen von der Zukunft. Egal wie lange eine Haftstrafe ausfällt, sie belastet bestimmt nicht das/die Opfer. Ganz klar ist jedoch: Jeder Inhaftierte kostet Geld und das belastet sicherlich den Staat (genauso die steigenden Arbeitslosenzahlen).Aber wie wäre es, wenn nicht nur Straftäter sondern auch deren Familie für die Inhaftierung zu zahlen hätten(Inhaftierte= Arbeiten, Familie= Anteil vom Lohn). Das wäre für mich eine unmenschliche, enorme Belastung.

3.

Umso leichter sollte es doch sein diesen „Vakuumfüller" festzunehmen. Schließlich wird über neue „Straftäter" in bestimmten Milieus viel gesprochen(= Beweise). Zum anderen ist das der beste Weg der Person den richtigen Weg zu weisen!

4.

Genau meine Meinung. Ich finde es Unmenschlich, dass Kapitalverbrechen höher bestraft werden wie Gewaltverbrechen.

5.

Das stimmt, da sich ein Mensch in den Augen einer Gesellschaft nur schwer ändert. Er bleibt eben, was er ist.

6.

Nein. Es gibt Menschen die in Freiheit weniger besitzen wie im Gefängnis, seien dies Freunde, Familie, Stand in der Gesellschaft. Manche Personen begehen Straftaten um eine Inhaftierung herbeizuführen, diese sind aus meiner Sicht noch ärmer dran als Arbeitslose und langjährige Hartz IV- Empfänger. Deshalb sollte vor jedem Urteil eine genaue Prüfung des Umfeldes dieser Person stattfinden, ggf. härtere Maßnahmen im Strafvollzug ergriffen werden.

7. Nun ja, das ist von Fall zu Fall unterschiedlich und ist nicht zu verallgemeinern!!!

8. Man redet zwar viel von Resozialisierung, aber als Bürger merkt man davon nichts. Ich finde jeder Mensch hat Anspruch auf Schulausbildung. So etwas sollte mehr im Vordergrund stehen Resozialisierung.

9. Mord, schwere Körperverletzung, Vergewaltigung, bewaffneter Raubüberfall und deren Kombination. Ws Betrugsdelikte angeht, sie stehen weit unter die Obigen.

10. ganz gewiss nicht. Es wird viel zu oft in den Medien kommentiert wer, was, wann gemacht hat und wie seine Strafen letztlich ausfällt. So was geht nur Opfer und Täter was an(Angehörige sind da mit einzuschließen).

11. geregelter Tagesablauf, ggf. Schulausbildung bzw. Berufsausbildung damit Perspektiven für ein Leben in der Gesellschaft entstehen → Lösungen anstatt Regeln

PTA, 24 Jahre, weiblich

17.15 Anhang: A 15

1. Ich denke, es kommt einerseits auf die Schwere des Vergehens an, anderseits auf den seelischen Gesundheitszustand des Täters und auf seinen Willen, sich zu „bessern". Manchmal ist vielleicht eher eine Therapie angebracht. In anderen Fällen ist Freiheitsentzug nötig zum Schutz der Allgemeinheit. Aber ob es dem Täter hilft, sich wieder zu resozialisieren ist die Frage…

2. Bei sehr schweren Verbrechen neige ich dazu zu sagen, dass z. B. eine" lebenslängliche" Freiheitsstrafe angebracht ist, da man z. B. einen mehrfachen Mörder nicht mehr auf die Menschheit „loslassen" kann. In solch einen Fall ist der Schutz der Allgemeinheit wichtiger als die Belastung für den Staat. Anderseits ist nach langen Freiheitsstrafen die Zeit der Resozialisierung länger als nach kürzeren. Dies stellt schon eine Belastung für alle Beteiligten dar.

3. Das kann eventl. in einem oder anderen Fall mal so sein, aber ich denke nicht, dass es zwangsläufig daraus folgt. Deshalb ist es für mich kein stichhaltiges Argument gegen den Strafvollzug. Ein weit größeres Problem ist meiner Meinung nach, dass im Gefängnis teilweise asoziales Verhalten erst noch kultiviert wird.

Dem kann ich zustimmen, wobei außer dem Schutz der Gesellschaft auch etwas dafür getan werden muss, dass der Täter die Chance hat, sich zu bessern, aber natürlich erst einmal in einem geschützten Rahmen.

Ich weiß nicht ganz exakt, was in diesen Fall mit diesen Wörtern gemeint ist, aber ich denke, es stimmt schon, dass wenn jemand zu einer Freiheitsstrafe verurteilt wurde, dass er dann in der Gesellschaft „unten durch" ist und es schwer hat, wieder ganz „normal" behandelt zu werden.

6. Entzug der Freiheit ist schlimm, egal ob z. B. in der Psychiatrie oder in der Justizvollzugsanstalt. Aber ich denke, dass es nicht nur Strafe bedeutet sondern auch eine Schutzfunktion hat und zwar nicht nur für die Gesellschaft, sondern auch für den „Täter". Er wird zunächst davor geschützt, weiter straffällig zu werden. Allerdings braucht er auch Anleitung wie er sich ändern kann, wenn er bereit dazu ist.

7. Das ist sicherlich in manchen Fällen richtig. Bei kleineren Straftaten tut es dem Täter sicherlich besser, wenn er zu Arbeiten in praktischen oder gemeinnützigen Bereichen gezwungen wird anstatt der Freiheit beraubt zu werden.

8. Nein, ich denke nicht, dass man das so verallgemeinern kann. Es muss sicherlich von Fall zu Fall unterschieden werden, was wichtiger ist. Am besten wäre es, wenn sich beides verbinden ließe, nämlich zunächst im Akutfall der Schutz der Gesellschaft, aber das man von da aus schrittweise weiter zu einer Resozialisierung kommt.

9. Wie schon gesagt, denke ich, dass alle die anderen Personen an Leib und Leben gehen die gefährlichsten Straftäter sind. Darunter zählt z. B. Missbrauch, Vergewaltigung und Mord. Diebstahl ist z. B. meiner Meinung nach weniger gefährlich, wenn es nicht direkt zu körperlicher Gewalt kommt.

10. Da habe ich mir bist jetzt nicht so viele Gedanken darüber gemacht. Aber wahrscheinlich ist es wirklich so, dass in diesem Bereich noch ziemliche Defizite vorhanden sind und dieses Thema mehr aufgegriffen werden sollte.

11. Ich denke, dass es wichtig ist, nicht nur zu strafen sondern auch zu Recht zu helfen. Dazu können viele Maßnahmen helfen!

- Gespräche mit kompetenten Personen, z. B. Sozialarbeiter
- Zeiten alleine in der Zelle zum Nachdenken
- „Arbeitstherapie“
- Strafe auf Bewährung
- „Wochenendurlaub“
- Schulungen, z. B. wie man sich wieder bewerben kann
- Selbstsicherheitstraining
- Psychotherapie

(MTA, 33 Jahre, weiblich)

17.16 Anhang: A 16

1. Ja

2. –

3. blöde Diskussionsbasis

4. Ja

5. –

6. Ja

7. Nein

. –

9. Kindergewalt, prinzipiell alles was mit Gewalt zu tun hat!

10. Ja.

11. Schulbildung, Ausbildung

(MTA, Spanne 30-40J.)

17.17 Anhang: A 17

1. In dieser Überlegung sollten sicher mehrere Aspekte berücksichtigt werden. So sollten „Delikte aus Not“ heraus „z. B.: Mundraub“ nicht übertriebener Maßen mit Freiheitsentzug geahndet werden. Somit zeigt sich für mich, als Stellungnahme, ein klares nein auf die Fragestellung auf!

2. Die Problematik der Belastung des Staates trifft eindeutig für mich zu; der finanzielle Aufwand und die entsprechenden Unkosten für Unterbringung, Verpflegung, ... der Inhaftierten ist einfach zu enorm! Entsprechend wird somit indirekt die Gesellschaft belastet und somit auch die Allgemeinbevölkerung. Der Tatsache einer Belastung von Opfern kann ich aber auf keinen Fall entsprechen. Meines Erachtens ist es viel problematischer für ein, sagen wir mal „Sexualstraftatopfer“, zu wissen, Ihr Peiniger ist auf „freien Fuß“ und könnte das Opfer jeder Zeit wieder bedrängen! Die Aussage der Belastung der Angehörigen des Täters ist auch zweifelhaft. Es zeigte sich immer wieder, auch in den Medien, dass die Angehörigen häufig mit dem „Täter“ familiär überlastet sind. So äußerten sich Eltern über ihre straftätigen, häufig gewalttätigen Kinder: „Sperrt Ihn/sie endlich bitte ein, bevor er/sie uns noch etwas an tut!“. Mit dem Begriff der Unmenschlichkeit kann ich in diesem Zusammenhang leider nichts anfangen!

3. Diese Aussage ist auf jeden Fall korrekt. Es zeigte sich immer wieder, dass, nehmen wir beispielsweise die „Rechte Szene“, nach Inhaftierung eines Täters, sofort der Nächste an seiner Stelle statt, trat. Interessant wird aber der Aspekt, wenn Führungspersönlichkeiten aus der Szene „weggesperrt“ werden. So dauerte es häufig länger bis entsprechende Nachfolger gefunden wurden.

4. Auch dieser Aussage muss ich beipflichten. Im heutigen Strafvollzug wird immer mehr auf die Täter eingegangen. So zeigen sich immer mehr Aussagen, wie: „ Er kommt aus einer zerrütteten Familie.“ Opfer und damit auch die Gesellschaft spielen dann häufig nur eine sekundäre Rolle. So bekommen die Gewalttäter nicht selten „strafmildernde Umstände“ zugesprochen und erzielen damit ein abgemildertes Strafmaß. Bevor man sich dann versieht, sind sie wieder auf „freiem Fuß“ und werden dann zu oft rückfällig! Ehe man sich versieht, ist der nächste z. B. verletzt, traumatisiert, tot. Wobei dieses Ereignis hätte vermutlich verzögert, wenn nicht sogar verhindert werden können, hätte der Täter das volle Strafmaß erhalten.

5. Dies ist sehr stark übertriebene Aussage! Immerhin ist jedem selbst überlassen, was er mit der Information des Gefängnisaufenthaltes einer anderen Person anfängt. Nicht jeder generalisiert dies und trägt dies in einen negativen Aspekt an die Öffentlichkeit. Sicher haben die betroffenen Täter in gewisser Weise einen „Ruf" weg, Aber ist es nicht besser, wenn sie auch nach dem Gefängnisaufenthalt auch des Öfteren an ihre frühere Fehlentscheidung erinnert werden und erkennen müssen, dass all ihr tun auch negative Konsequenzen nach sich zieht? Sicherlich zeigt ein hoher Prozentsatz der Allgemeinbevölkerung eine gewisse Neigung zur „Stigmatisierung" gegenüber Straftätern. Dennoch fördern dieses Verhalten nicht ALLE!!!! Warum sollte ein „Verbrecher" nach vollständigem „Absitzen" seiner Strafe nicht ohne Vorurteile bewertet werden?

6. Diese Aussage halte ich für sehr zweifelhaft. Was nützt es, wenn ein Straftäter zwar eingesperrt ist, aber einen Fernseher, ein Radio, 3 warme Mahlzeiten am Tag bekommt, die er zu Hause/ auf der Straße nicht hat. So erscheint für den Täter ja eher, dass seine Tat belohnt wird.

7. Ob man diesem Zitat zustimmen sollte oder nicht ist eine relativ schwierige Frage. Natürlich haben eingriffsstarke Sanktionen (z. B. die Todesstrafe) auf einen großen Teil der Bevölkerung einen abschreckenden Charakter. Somit könnten diese Strafmaße Personen abschrecken, die evtl. beabsichtigen eine Straftat durchzuführen. Auf der anderen Seite haben zu minder gewählte Sanktionen ihre Wirkung verloren. Dem zu Folge würden Straftäter der fehlerhaften Annahme nachgehen, dass sie sich aufführen könnten, wie sie gerade wollen! Ob die Rückfallrate durch die Wichtung der Sanktionen beeinflusst wird, kann ich zu diesem Zeitpunkt nicht sagen, da ich nicht genügend Hintergrundinformationen zu diesem Thema habe. Obwohl ich aufgrund meiner bisherigen Ausführungen zu dem Schluss kommen müsste, dass gerade starke Sanktionen einen eher protektiven Charakter für die Gesellschaft hat und somit die Rückfallquote senken müsste!

8. Diesem Zitat pflichte ich auch bei. Resozialisierung hin oder her, wenn der „Verbrecher" der als resozialisiert zählt, plötzlich wieder straffällig wird, muss zumindest die Bevölkerung geschützt sein. Immerhin beinhaltet der Begriff „Resozialisiert", zumindest für mich, nicht auch die Gewissheit, dass der Täter nicht rückfällig wird.

9. „Gefährliche Straftäter" sind für mich alle Wiederholungstäter, soweit die Tat nicht auf dass Überleben der eigenen Person abzielte. Des Weiteren alle Personen, die mutwillig Dritte in jeglicher Form schädigen, sei es in körperlicher, geistiger, seelischer oder finanzieller, etc. Form.

10.

Zumindest bei den Medien muss ich Kritik äußern. So werden sehr häufig die Täter bei Reportagen als eine Art Opfer der Gesellschaft dargestellt, wobei schließlich jeder der Delinquenten noch einen freien Willen hatte, die Straftat zu vollziehen. Dennoch wird immer mehr (auch in der Politik) versucht, die Straftäter humaner zu behandeln. Dabei verwischen immer mehr die Täter- Opfer- Grenzen. Bei den Verfahrensweisen, wenn der richtige Täter erfasst wurde, zeigen sich auch zu viele Diskrepanzen auf. Das Gefängnis sollte zur Abschreckung dienen, und nicht ein „Zwei-Sterne-Hotel mit Ausgangssperre" darstellen.

11.

Der Gefängnisaufenthalt muss relativ unangenehm für die Insassen gestaltet werden, so dass die Gefahr eines strafrechtlichen Rückfalls stark gemindert wird (durch Arbeitstherapie wie in s.g. „Bootcamps" incl. Beleidigungen, Abschreckung). Es ist erforderlich, dass die Betroffenen mit der Tat rezidivierend konfrontiert werden, z. B. in einer Gesprächstherapie, auch in der Gruppe. Bei Affekttätern wären Bewältigungsstrategien erforderlich, welche in Haft erlernt werden sollen.

Medizinstudent (24 Jahre)

17.18 Anhang: A 18

1. Für kleinere Taten halte ich das nicht für richtig, z. B. Autoknacken oder Ladendiebstähle.

2. Natürlich kann ich mir es vorstellen, dass es die Familien belastet, aber Unmenschlichkeit würde ich das nicht nennen. Menschen, die nicht zur Familie des Täters gehören, sind vielleicht bedroht durch den Täter. Der Insasse kann im Strafvollzug arbeiten, und so wird der Staat weniger finanziell belastet. Die Gesellschaft wird, glaube ich nicht durch lange Freiheitsstrafen belastet, weil sie sicher vor dem Täter ist, wenn er inhaftiert ist. Die Gesellschaft wird so vor dem Täter gesichert, und so ist es keine Belastung für sie. Die Opfer, die der Täter geschädigt hat sind beruhigt, wenn der Täter im Strafvollzug ist. So stellt dies auch keine Belastung für sie dar.

3. Natürlich nicht. Damit habe ich mich noch gar nicht beschäftigt.

4. Ja. Der Schutz der Gesellschaft ist vorrangig. Der Täter soll weggeschlossen werden, damit der Schutz der Gesellschaft gewährleistet werden kann.

5. Ich bin nicht der Meinung, wenn ich gegen jemanden Vorurteile habe, kann das etwas Persönliches als Hintergrund haben, das hat nichts mit Inhaftierung zu tun. Wenn jemanden straffällig geworden ist, zieht das nach sich, das man gegen denjenigen Vorurteile hat.

6. Der Meinung bin ich auch.

7. Das müsste von Fall zu Fall gelöst werden. Jede Straftat ist unter einen anderen Gesichtspunkt zu sehen, man kann das nicht alles über einen Leisten spannen. Genannter These kann ich zustimmen.

8. Da stimme ich zu. Ich glaube nicht, dass jemand sich komplett wieder in das normale Leben einer Gesellschaft eingliedern kann, weil ich denke, dass es Veranlagung ist, wenn jemand immer wieder straffällig wird (z. B. bei Kindesmissbrauch).

9. Mörder, unkontrollierte Aggressivität bei Tätern, Kindesmissbrauchstäter

10. Nein, bin ich nicht. Die Medien berichten in einem richtigen Ausmaß.

11. Arbeit von besonders ausgebildeten Therapeuten mit Straftätern über lange Zeit und auch nach der Entlassung.

Chemotechnikerin/Rentnerin (82 Jahre)

17.19 Anhang: A 19

1. Um darüber zu befinden, ob eine Strafe in Form von Freiheitsentzug immer erforderlich ist, müsste man sich mit vielerlei Aspekten auseinandersetzen. So bestimmt meines Erachtens die Schwere der Tat, die Anzahl der Verfehlungen und der Charakter und geistige Zustand des Straftäters ganz entscheidend mit, ob eine Strafe in Form eines Freiheitsentzuges angemessen ist oder nicht. Ziel einer jeden Strafmaßnahme sollte sein, dass der Straftäter über sein Handeln nachdenken kann, eine Stellung dazu bezieht und zu der Überzeugung gelangt, dass er zukünftig derartige Handlungen bewusst versucht auszuschließen. Da sich die Gesellschaft in erster Linie für die Rechte und Pflichten und auch die Sicherheit aller Mitbürger einsetzen muss, bin ich schon der Meinung, dass ein Freiheitsentzug in manchen Fällen dringend erforderlich ist.

2. Freiheitsstrafen überhaupt belasten den Staat, die Gesellschaft, die Inhaftierten und deren Familien. Aus der Sicht der Opfer ist eine längere Freiheitsstrafe wohl eher zu vertreten als ein kurzzeitiger Aufenthalt in einer gut ausgestatteten Strafvollzugsanstalt. In der öffentlichen Rechtssprechung entscheidet die Schwere der Tat über die Dauer einer möglichen Haftstrafe. Aus gutem Grund, denn in erster Linie ist es doch unmenschlich, eine Straftat zu begehen.

3. Möglicherweise hinterlassen Straftäter in der Szene Lücken, die von Nachfolgekandidaten geschlossen werden. Denkbar ist aber auch, dass durch eine hohe Aufklärungsrate der Straftaten solche potenziellen Straftäter davon abgeschreckt werden, ihre strafbaren Handlungen auszuführen.

4. Mir sind die genauen Regelungen für Gewaltverbrecher unbekannt, trotzdem bin ich der Auffassung, dass sich mögliche Veränderungen in diesen Regelungen nur am Schutz der Gesellschaft und damit am Schutz der möglichen Opfer orientieren sollten. Gewaltverbrechen sollten nicht dadurch an Bedeutung gewinnen, dass man sich mehr um die spätere Wiedereingliederung der Verbrecher als um das Leben der Opfer und potenziellen Opfer bemüht.

5. Zweifellos hängen Stigmatisierung und Sanktionierung im Umgang mit Straftätern eng zusammen. Schlimm wäre allerdings, wenn eine einmalige strafbare Handlung, ein Ladendiebstahl eines Jugendlichen z. B., in jedem Falle dazu führen würde, dass dieser Mensch sein Leben lang gekennzeichnet bleibt. Ich glaube schon, dass in vielen Fällen die Gesellschaft so auf solche Fehlhandlungen reagiert, dass es dem Straftäter nach der Tat möglich ist, ein völlig normales Leben zu führen, sofern er selbst aus seinem Fehlverhalten gelernt hat. Während einiger Gerichtsverhandlungen, die ich mit Azubis besucht habe, kamen aber auch gegensätzliche Fälle zur Verhandlung. Junge Leute, die schon mehrfach straffällig geworden waren, standen wegen anderer Delikte vor Gericht und bewiesen wenig Einsehen und lagen in ihren Äußerungen fern von jeder Reue.

6. Der Freiheitsentzug ist eine Strafe an sich durch den Entzug der Freiheit, sofern man eine halbwegs realistische Vorstellung vom Begriff Freiheit besitzt. Freiheit ist dehnbar und garantiert nicht für alle Menschen gleichbedeutend. Sich an einem bestimmten Ort aufhalten zu müssen, hat zur Folge, dass sich jemand unfrei fühlt. Die Notwendigkeit bestimmter Gegebenheiten einzusehen, bedeutet für einen anderen nicht zuletzt auch Freiheit.

7. Ursachen aller Straftaten liegen im Wesen einer Gesellschaft. Das gesellschaftliche Umfeld, unlösbare Widersprüche und nicht zu überwindende Gegensätze führen zu einer ganzen Reihe von Verbrechen. Eine Straftat ist immer ein Ergebnis und sollte entsprechend bewertet werden. Bevor man sich mit schärferen Sanktionen auseinandersetzt, sollte man dem Übel in seiner Entstehung mehr Beachtung schenken.

8. Der Teil der Bevölkerung eines Landes, der willig ist gesellschaftliche Normen und Regel zu achten, ist imstande zum Wohle dieser Gesellschaft beizutragen. Damit sollte nicht der Resozialisierung von Straftäter sondern der sozialen Absicherung der breiteren Bevölkerungsschicht die höchste Aufmerksamkeit gewidmet werden.

9. Gefährliche Straftäter sind für mich Personen, denen das Ausmaß ihrer Straftat bewusst ist und die dennoch nicht davor zurückschrecken solche Verbrechen zu begehen.

10. Man sollte das Thema der Straftäterbehandlung mehr ins Licht der Öffentlichkeit rücken. Wie in so vielen anderen Bereichen werden Probleme erst dann sichtbar gemacht, wenn tragische Ereignisse dies erfordern. Nach einem Hungerstreik in einer Strafvollzugsanstalt wird von Überbelegung gesprochen, nach dem Selbstmord eines Straftäters hört man von Gewalt unter den Straftätern und Wärtern. Nach dem Tod eines Inhaftierten wird von der Möglichkeit des Drogenkonsums oder Medikamentenmissbrauchs in der Haftanstalt berichtet.

11. Geeignete Resozialisierungsmaßnahmen sind ganz sicher wiederkehrende Gespräche mit dafür ausgebildeten Therapeuten oder Sozialarbeitern, eine sinnvolle Beschäftigung in einer Gruppe, die Möglichkeit der Bildung und Weiterzubilden, die Übernahme von (Verantwortungsvollen) Tätigkeiten...

Alle Maßnahmen setzen aber die Bereitschaft des Straftäters voraus, Veränderungen im späteren Leben im positiven Sinne bewusst zu unterstützen.

Studienrätin/Lehrerin (47 Jahre)

17.20 Anhang: A 20

1. Ja, auf eine angemessene Art muss immer bestraft werden, weil man in der heutigen Gesellschaft nach bestimmten Regeln leben muss, an die man sich halten sollte, damit das Zusammenleben klappt.

2. Auf der einen Seite ist es richtig, da lange Freiheitsstrafen viel Geld kosten, und das belastet den Staat. Aber auf der anderen Seite sollte auch an die Tat des Täters gedacht werden. Wenn z. B. ein Mord begangen wird, und der Täter nach 5 Jahren freikommt, ist das dann Gerechtigkeit?! Fördert es Unmenschlichkeit, wenn man wegen Vergewaltigung, Mord, Kindermisshandlung usw. sitzt, dann haben die nichts anderes verdient, als mindestens eine lange Haftstrafe!! Denn das, was die Täter getan haben, ist absolut unmenschlich. Ich denke, das es die Gesellschaft und die Opfer nicht wirklich belastet, denn die Opfer und die Gesellschaft sind ehr froh, wenn solche Menschen im Knast „ verschwinden".

3. Sollte man aber, weil vielleicht dieses Vakuum entstehen kann, Strafen weglassen oder verringert werden? Nein, denke ich nicht, denn das sind Risiken, die sich nicht verhindern lassen.

4. seh ich nicht so, da es viele Auffangstellen oder andere Möglichkeiten für die Opfer gibt. Es wird auch immer psychologische Behandlung für das Opfer angeboten und ich denke, vielmehr kann man nicht machen.

5. Ja, das ist Gesellschaftsdenken, das ist halt so... Ich persönlich finde es nicht ok, da immer unterschieden werden sollte, was es für eine Tat ist. Banale Dinge, wie Falschparker, Schwarzfahrer sollten nicht als Verbrecher abgestempelt werden, da jeder solche Taten begeht oder irgendwann mal begangen hat.

6. Es kommt darauf an, was für eine Straftat begangen wurde. Wie gesagt, Menschen, die „schlimme Taten" wie Mord begehen, sollten meiner Meinung nach elemeniert werden. Denn wenn jemand z. B. einen Mord begangen hat, hat er ein Leben genommen, und was gibt ihm dann das Recht, weiter leben zu dürfen?!

7. Nein, seh ich nicht so, denn das Geld hat die Gesellschaft nicht, um jeden Täter mehrere Maßnahmen anbieten zu können. Zu Satzinhalt Nr. 2:Nein, glaub ich nicht denn wenn z. B.jemand, der wohlhabend ist, eine Geldstrafe auferlegt wird, wird es ihm wohl nicht wehtun. Aber wenn seine Freiheit genommen wird ist das die schlimmste Strafe für ihn.

8. Ich stimme dem absolut zu, weil halt nur so die Sicherheit der Gesellschaft gewährleistet wird.

9. Alle Menschen, die unberechenbar und in psychiatrischer Behandlung (wegen Straftaten) sind. Wiederholungstäter, Mörder etc.

10. Ja, denn Taten wie Mord und Vergewaltigung müssten im TV oder Medien berichtet werden, damit dies gleichzeitig als Abschreckung wirkt für potenzielle Täter, auch sollen diese als Aufklärung dienen, wie man sich als Mensch vor den Tätern schützen kann. (Eltern ihre Kinder).

11. Psychologen, komplette Aufklärung über ihre Tat, Konfrontation mit der „harten Wahrheit"

(Ausbildungssuchende, 21 Jahre)

17.21 Anhang: A 21

1. „Nein, muss nicht, da dies einfach zu teuer wird. Wenn dies der Fall wäre, würde schon jeder im Knast sitzen"

2. „Es belastet den Staat finanziell, das sehe ich genauso. Die Opfer, glaub ich eher weniger, weil diese eher froh sind, den Täter nicht unter die Augen treten zu müssen. Es kommt auch darauf an, was der Täter für eine Strafe erhält, ob diese angemessen ist. Die Gesellschaft interessiert das glaub ich nicht. Denke, den Täter belastet das schon, aber er ist letztendlich selber dran schuld"

3. Sehe ich genauso.

4. Ich bin der Meinung, dass es außerhalb noch genug Betreuungsangebote für Opfer gibt. Ich denke, es gibt Anlaufstellen, ich hab eine Verwandte, der nach einer Körperverletzung sehr viel psychologische Betreuung angeboten wurde.

5. Nein, es kommt auf die Tat drauf an, wie ich das persönlich sehe, wie schlimm die Tat war. Da wäre ich ja auch betroffen....Mein Vater war selber im Knast, deshalb bin ich auch nicht der Meinung. Teilweise wurde er persönlich angegriffen, aber nur von Leuten, die nicht wussten, weshalb er im Knast war. Glaub, das war für ihn eine noch größere Strafe. Wobei ich es auch richtig finde, dass z. B. Vergewaltiger öffentlich dargestellt werden, aus Schutz für die anderen, und als Abschreckung für neue Täter.

6. Ja, ich bin immer noch so der Meinung, einer, der wegen Labalien im Knast ist, für den ist das Strafe genug. Für einen Mörder oder Vergewaltiger kann die Strafe glaube ich nicht hart genug sein. Solche Methoden wie damals zu Stasizeiten müssten da angewendet werden.

7. Ja, wenn ich mal betroffen bin, möchte ich auch dass alles an Möglichkeiten ausgeschöpft wird. Nein, es ist nicht egal, wie ich jemanden bestrafe. Weil die Wirkung der Strafen bei jeden anders ist.

8. Ich find das ja alles schön und gut mit der Resozialisierung, aber ich bin der Meinung, dass es bei 80% wenn nicht noch mehr, gar nichts hilft. Weil man das genügend hört aus den Medien. Wenn ich mich nicht ausführlich um die Täter kümmere, klappt das nicht mit der Resozialisierung, und dem Schutz der Gesellschaft.

9. Mörder, Vergewaltiger, Täter, die schwere Körperverletzung begangen haben. Wiederholungstäter.

10. Es wird zu wenig behandelt. Es wird immer nur dann berichtet, wenn was passiert ist, und es muss auch immer erst was passieren, damit drüber berichtet wird. Straftaten sind zu alltäglich geworden, die Menschen sind zu sehr mit sich selbst beschäftigt.

11. psychische Behandlungen und Therapie, Selbsthilfegruppen, Gespräche

(Friseurin, 22 Jahre)

17.22 Anhang: A 22

1) Eigentlich ist jede gerichtliche Strafe ein Entzug am gesellschaftlichen Leben. Eine Geldstrafe verhindert Konsum, der ein Teil des gesellschaftlichen Lebens ist. Eine berufliche Strafversetzung in ein weniger gesellschaftlich anerkanntes Tätigkeitsfeld vermindert die gesellschaftliche Anerkennung, was mit einer Isolierung einhergeht.

Nur die Freiheitsstrafe trifft jeden Menschen im gleichen Maße, da die Lebenszeit begrenzt ist. Möchte man ein bestimmtes Fehlverhalten überwinden, so muss man Gesetze schaffen, die für das Fehlverhalten Freiheitsstrafen vorsehen. Beispielsweise kann man Geschwindigkeitsüberschreitungen und Rowdytum im Straßenverkehr mit Geldstrafen nicht bekämpfen.

2) Man kann eine einzelne Funktion des Staates (Strafvollzug) nicht von den gesamtgesellschaftlichen Aufgaben des Staates trennen. Wenn man nach den Kosten des Strafvollzugs fragt, so muss man auch die Kosten für Gerichte, Kriminalbeamten und Sozialarbeitern sehen. All diese Einrichtungen müssen für Fehlverhalten gesellschaftlich akzeptierte Strafen finden. Gegen unmenschliche Strafen wird es in der Gesellschaft Widerstand geben. In einer Demokratie kann kein Richter ein unmenschliches Urteil fällen.

Die Wiedergutmachung eines Schadens (falls möglich) muss vor der Sühne stehen.

3) Denkt man diese These zum Ende fertig, so kommt man zu dem Schluss, dass Fehlverhalten in einer Gesellschaft zwingend auftreten muss und nicht bekämpft werden kann. Wer Drogenhandel fatalistisch hinnimmt, lässt außer Acht, dass durch Verbesserung der Lebensverhältnisse und durch Aufklärung eine Anwendung von Drogen möglich ist.

4) Das stimmt auch für Sexualverbrechen und Kindesmisshandlung. Hier ist eine Wiedergutmachung unmöglich und die Gefährdung der Gesellschaft besteht eine sehr lange Zeit.

5) Nach einer Strafe muss ein Mensch von seiner Schuld frei sein. Er sollte die gleichen Chancen haben, als wenn er die Straftat nicht begangen hätte. Das ist eng mit der Frage nach der richtigen Strafe verbunden: Beispielsweise sollte ein Priester, der sich sexuell an Kindern vergriffen hat, nach der Strafverbüßung wieder als Priester arbeiten können. Ein Berufsverbot als Strafe ist nach meiner Ansicht besser als eine Freiheitsstrafe.

6) Das ist zu sehr aus dem Zusammenhang herausgerissen. Die Art und Weise des Freiheitsentzuges bleibt hier unberücksichtigt. Bringt man beispielsweise einen Straftäter, der Kinder misshandelt hat, mit Straftätern, die wegen Körperverletzung und Mord einsitzen, zusammen, so kommt eine kurze Freiheitsstrafe der Todesstrafe gleich.

7) Genau, oft reichen Bewährungsstrafen, um einem Menschen den richtigen Weg zu zeigen.

8) Das sehe ich auch so. Sexualtäter werden oft in der ersten Woche nach der Freilassung rückfällig.

9) Täter, die die Gesundheit und das Leben anderer gefährden, sind gefährlicher, als Täter, die sich am Eigentum anderer Menschen vergreifen. Diese These wird durch das Gesetz leider nicht unterstützt. Ein Banküberfall wird stärker bestraft, als eine Körperverletzung (mit bleibenden Schäden).

10) Dieses Thema sollte mehr in der Öffentlichkeit diskutiert werden. Leider berichten die Medien nur von den schweren Fällen. In Kriminalfilmen gibt es gelegentlich Andeutungen zu dem Strafmaß. Die Bildungspolitik sollte sich auch diesem Thema stellen.

11) Befähigung, eine Arbeit zu finden (Unterstützung bei der Arbeitssuche) und eine Orientierung in der Arbeitswelt geben (Verhalten im Krankheitsfall, Pünktlichkeit, Verhalten mit eigenen und fremden Unzugänglichkeiten) Fähigkeiten, seine finanzielle Anliegen selbstständig zu regeln, Hilfe bei Wohnungssuche, Partnersuche

Dr. d. Physik, Softwareentwickler (50 Jahre)

17.23 Anhang: A 23

1. Stets nicht, aber notwendig.

2. Stimmt.

3. Dem Prinzip stimme ich nicht zu. Die Szene interessiert sich nicht, ob ein Vakuum entsteht. Kriminalität richtet sich nicht danach, ob „ein Vakuum entsteht".

4. Ohne Hilfe, Therapie für den Gewaltverbrecher ist auch mehr Schutz der Gesellschaft nicht möglich. Therapierte Gewaltverbrecher bilden einen Schutz für die Gesellschaft.

5. Stimmt.

6. Stimmt.

7. Stimmt.

8. Nein, siehe 4.

9. Sexualstraftäter, Mörder, Überfälle mit schwerer Körperverletzung, Drohung oder Geiselnahme

10. Ja, leider nur punktuell und plakativ, wenn ein aktuelles Verbrechen geschieht und von den Medien medienwirksam angeprangert worden ist.

11. Therapie → Einzeln , → Gruppe, → Trainings

Berufliche Perspektiven entwickeln, Sozialkontakte fördern und erhalten

Kinder- und Jugendlichenpsychotherapeutin/ Dipl. Sozialpädagogin (47 Jahre)

17.24 Anhang: A 24

1: Sanktionierung der Tat durch Eltern Schule usw. ist stets notwendig. Strafe als Freiheitsentzug nein. Strafe sollte differenziert, zugeschnitten auf die begangene Straftat, ausgesprochen werden. Gerade bei Jugendlichen Straftätern tragen die gesetzlichen Vorschriften der Entwicklungsphase jugendlicher Menschen Rechnung, in dem Maßnahmen der Erziehung vor Strafe geht.

2: ... „belasten den Staat" finanziell, / die Opfer nein, / die Inhaftierten und deren Familien ja;/ „fördern die Unmenschlichkeit" nein / Im Vertrauen auf eine rechtsstaatliche Verurteilung des Straftäters kann davon ausgegangen werden, dass der Straftäter aufgrund einer tatsächlich begangenen Straftat entsprechend verurteilt wurde. Insofern muss der Straftäter mit den Konsequenzen, leben. Strafandrohungen der einzelnen Straftaten dienen der Abschreckung vor der Tat, der Sühne gegenüber den Opfern, dem Schutz der Gesellschaft vor erneuten Straftaten......

3: Die Aussage ist teilweise zutreffend. Andererseits wirkt die Strafe auch abschreckend für Nachahmer.

4: die gegebenen gesetzlichen Regelungen reichen im Allgemeinen in vernünftiger Anwendung aus, die Gesellschaft zu schützen (Einzelfälle müssen gesondert betrachtet werden)

5: Dem normalen Mitmenschen dürfte aufgrund datenschutzrechtlicher Bestimmungen der Lebenslauf eines Straftäters verborgen bleiben. Insofern erfolgt auch keine Stigmatisierung und Sanktionierung. Im Rahmen der Wiedereingliederung in Arbeitsprozesse wirkt sich sein Lebenslauf höchstwahrscheinlich nachteilig auf seine zukünftigen Chancen aus.

6: Der Aussage wird zugestimmt

7: „Strafrecht muss letztes Mittel, muss Ultima Ratio bleiben": zuvor sollten andere gesellschaftliche Mechanismen greifen. Sanktionen sind gesetzlich vorgeschrieben in ihrer Eingriffstärke gestaffelt und abgestimmt auf die begangene Straftat.

8: Der Staat hat den Auftrag seine Bürger durch entsprechende Gesetzgebung vor Verbrechen zu schützen bzw. Straftäter für Verbrechen zu sanktionieren.

„Der Schutz der Gemeinschaft sowie der von Opfern muss Vorrang vor dem Gedanken der Resozialisierung erhalten...Beides sollte gleichermaßen erfolgen. Die Gemeinschaft darf durch eine Resozialisierung eines Einzelnen nicht ihr Schutzbedürfnis einbüßen.

9: Diese Frage kann pauschal nicht beantwortet werden. Vielmehr sind im Einzelfall die Umstände der Begehung der Straftat zu prüfen und danach zu bewerten. So kann ein Kind welches im Keller eines Mehrfamilienhauses mit Feuer spielt eine Lebensgefahr für alle Bewohner des Hauses werden. Unabhängig davon, sind meiner Einschätzung nach Personen, die Verbrechenstatbestände nach dem StGB begehen als für die Gemeinschaft gefährlicher einzustufen. Das StGB trägt der schwere der Tat entsprechend, durch die Höhe des Strafmaßes Rechnung. Diese Abstufung finde ich sinnvoll.

10: Eine gelassenere und dafür kontinuierlichere zielführende Diskussion ist der aufreißerischen auf Kurzfristigkeit und Einschaltquoten ausgerichteten Berichterstattung und Diskussion, vorzuziehen.

11: Mir sind die derzeitig durchgeführten Maßnahmen nicht im Einzelnen bekannt. Als geeignete Mittel können alle Maßnahmen angesehen werden, welche ermöglichen, dass sich der Täter mit der Tat mit dem Opfer mit dem Schaden den er angerichtet hat auseinandersetzen muss, so das echte Einsicht in das begangene Unrecht entsteht. Parallel dazu sollte der Straftäter nicht entmündigt werden, so dass er in der Lage bleibt eigenständig Probleme zu lösen. Maßnahmen der Wiedereingliederung in gesellschaftliches Leben können Schulungen, psychologische Gespräche, Freigänge usw. darstellen.

Polizist (30-40 Jahre)

17.25 Anhang: A 25

1) Ja, durch die Isolation von der Umwelt ist man mit sich und der begangenen Tat allein, man ist unweigerlich gezwungen, sich mit der Straftat uns sich selbst auseinanderzusetzen.

2) Nein, denn es gibt wenig gleichermaßen drastische und teil auch erfolgreiche Maßnahmen als, der Ausschluss von der Gesellschaft.

3) Nein, wo eine Nachfrage (ein Markt) ist wird es auch, immer Menschen geben die diesen Markt bedienen und dadurch Straftaten begehen. Es liegt in der Entscheidung des Einzelnen, wie er seinen Lebensunterhalt erarbeiten will und hat meiner Meinung nach nur wenig damit zu tun das irgendwo „eine Stelle" frei wird.

4) Nein, weil es kaum möglich ist zukünftige Verbrechen/Straftaten zu verhindern. Anders gesagt, wer ein Verbrechen begehen will wird allen Schutzmaßnahmen zum trotz einen Weg finden dies zu tun. Die vorhandenen Maßnahmen sind ausreichend.

5) Ja, wenn man z. B. einen bestimmten Umfeld oder Milieu zugeordnet wird kann die jeweilige Sanktion stärker ausfallen. So wie auch Wiederholungstäter weit aus drastischer bestraft werden.

6) Ja, denn Freiheit ist für mich das Kostbarste was wir besitzen.

7) Nein, durch harte Sanktion hat der Straftäter die Möglichkeit zu erkennen wie sehr die Gesellschaft sein Handeln verurteilt. Dieses kann abschrecken und somit neue Straftaten verhindern (kann).

8) Ja, bei Triebtätern wie Sexualstraftätern sollte der Schutz der Gesellschaft vor der Resozialisierung stehen. Denn im Falle eines Rückfalls zerstören sie meist mehrere Menschenleben. Unter anderen werden Opfer später zu Tätern. Dieser Preis ist zu hoch, daher sollte man das Gefahrenpotenzial des Einzelnen minimieren.

9)Alle Formen und Varianten von Trieb.und Suchttätern.

10) Früher ja, heute nicht mehr. Durch die freie Meinungsäußerung in Europa und anderen westlich orientierten Ländern, dass heißt offener Journalismus wir vieles publik und diskutiert. Und da wir im Informationszeitalter angekommen sind, wird es in Zukunft auch nicht weniger.

11) Bessere psychologische Betreuung von Straftätern, z. B. mit Anreiz durch Haftverbesserung. In diesem Bereich passiert zu wenig, und es bringt die Möglichkeit das, zwar mit Sicherheit nicht bei allen, aber es bei einigen wenigen durchaus ein erkennen und umdenken bewirkt.

Kfz-Mechaniker (25 Jahre)

17.26 Anhang: A 26

1. Ja

2. Nicht unbedingt.

3.weiß nicht, Glaub ich nicht

4. Ja

5. Ja

6. Ja

7. Ja

8. Ja

9. Gewaltverbrecher, Sexualdelikte

10. Nein

11. Weiß ich nicht

Angestellter, männlich (55 Jahre)

17.27 Anhang: A 27

1. Es kommt auf die Art der Strafe an.

2. Warum die Opfer? Je nach Delikt wird die Gesellschaft durch zu schnelle Entlassung viel mehr belastet.

3. Sicher nur bei Banden der Fall, aber nicht bei Einzeltätern.

4. Am Schutz der Gesellschaft, aber auch des Täters (Hintergrund des Täters, seine Vergangenheit, Umfeld)

5. -

6. Würde ich so stehen lassen

7. Kommt auf die Art des Verbrechens an.

8. Präventionsmaßnahmen wären notwendig. Täter sind oft frühere Opfer. Resozialisierung ist wichtig.

9.

10.

11.

MTA (30-40 Jahre)

17.28 Anhang: A 28

1.
In besonders Fällen ist Freiheitsentzug als Form der Sanktionierung notwendig. Dann allerdings in Verbindung mit sinnvoller Beschäftigung und Resozialisierungsprogrammen während der Haft.

2.
Deshalb sollte früh mit Resozialisierungsprogrammen begonnen werden. Bei schwer gewalttätigen Verbrechern überwiegt die Sicherheit der Bürger deren Belastung durch die Strafvollzugs-Ausgaben.

3.
Daher sollten zusätzlich umfassende Straf-Präventions-Programme durchgeführt werde - diese sind auf lange Sicht hin billiger als Strafvollzug.

4.
Ja. Gewaltverbrecher sollten nach doppelt kontrollierten eindeutigen Gutachten sicherheitsverwahrt werden können. Die Folgen einer vorschnellen Entlassung wegen guter Führung sind in letzter Zeit anhand mehrerer Fälle rückfällig gewordener Straftäter offensichtlich geworden.

5.
Ja, und zwar in beiden Richtungen. Genauso wie eine Stigmatisierung Einfluss auf die Sanktionierung hat. hat eine Sanktionierung auch eine Stigmatisierung zur folge. Daher sollten objektive Urteile gefällt und Straftätern die Möglichkeit gegeben werden, sich sozial zu reintegrieren.

6.
Ja. doch hinzukommen wahrend der Freiheitsstrafe Strukturen und Behandlungen durch Vollzugsbeamte und vor allem Mithäftlinge. die das Ausmaß der Strafe durch den alleinigen Entzug der Freiheit oftmals noch potenzieren.

7.
Ich denke, die Tatsache, inwieweit eine Freiheitsstrafe notwendig ist, einer» Rückfall zu vermeiden, ist stark von der einzelnen Person und vom Ablauf des Freiheitsentzuges notwendig. Dennoch sollten schwere Straftaten weiterhin mit (allerdings resozialisierungsgestütztem) Freiheitsentzug geahndet werden - immerhin ist der abschreckende Aspekt für potenzielle zukünftige Straftäter nicht zu verachten.

8.
In besonders schweren Fallen wie Missbrauch oder Mord halte ich diese Aussage für richtig. Für den Fall, dass mehrere Gutachten die Gefährlichkeit und die Beständigkeit des Gewaltpotenzials eines Täters bestätigen, muss eine Sicherheitsverwahrung ohne vorzeitige Entlassung erfolgen.

9.
Gefährliche Straftäter" sind in meinen Augen solche, die bewusst körperlichen und bleibenden seelischen Schaden eines Anderen - explicit Kindern -wahrend der Verübung einer Straftat in Kauf nehmen.

10.
Ja, zumindest auf der Ebene, die hier besprochen wird. Die politische Diskussion um die Behandlung einiger Terrorverdächtiger erstickt Gedanken über den Strafvollzug vieler Tausender hierzulande im Keim. Dabei kann noch viel hinsichtlich Resozialisierung und Sekundarprävention getan werden....

11.
Psychologische Aufarbeitung und Therapie der Auslöser für eine Straftat, Möglichkeit zur Ausbildung wahrend des Vollzuges - sofern dieses Potenzial wahrscheinlich später in Freiheit in Anspruch genommen wird, bessere Öffentlichkeitsarbeit bezüglich Strafvollzug und damit Abbau der Stigmatisierung, genaue Überwachung des Gefüges der Häftlinge untereinander, um weitere Belastungen und Entartungen zu verhindern.

männlich, Kinderarzt (35 Jahre)

17.29 Anhang: A 29

1.
Es kommt meiner Meinung nach auf den Tatbestand an. Wenn es sich um Delikte handelt, die Personen nicht gefährden, könnte man evt. andere Mittel finden. Wenn es jedoch Verbrechen, wie Mord oder Vergewaltigung sind bin ich mit Freiheitsentzug wohl einverstanden.

2.
Wenn wie in Antwortort 1 schwere Tatbestände vorliegen finde ich auch lange Freiheitsstrafen sinnvoll.

3. –

4. Der Meinung bin ich auch.

5. Es lässt sich leider nicht vermeiden, dass Menschen Vorurteile haben, jedoch sollte jede Sanktionierung individuell gehandhabt werden.

6. Stimme ich zu

7. In manchen Fällen ist eine eingriffsstarke Sanktion sinnvoll, denn Tatbestände, wie Mord und Vergewaltigung verlangen hartes Durchgreifen.

8. Stimme ich zu

9. Mörder, Vergewaltiger, Schwere Körperverletzung, Selbstmordattentäter, Diktatoren,…

10. Ja

11.

Einen Beruf in der Haft erlernen, den sie später mit Sicherheit ausüben können, d. h. für gewisse Zeit nach der Haft die Gewissheit nicht arbeitslos zu sein. Den Kontakt zu Familie und Freunden auch während der Haft ermöglichen, dass sie danach keine Probleme der Verfremdung haben. Viele Gespräche mit sehr guten Psychiatern und Gruppentherapie mit anderen Straftätern. Die Vergangenheit aufarbeiten und die Ursache der Tat verstehen und kritisch gegenüber stehen.

Studentin, 22 Jahre

17.30 Anhang: A 30

1. Stets nicht, aber wie sie verhängt wird schon, nur 6% aller Sanktionen sind Freiheitsstrafen.

2. Opfer wird nicht belastet, sondern entschädigt, Vergeltungsfunktion. Inhaftierte sind wenig wichtig im Vergleich zu den anderen betroffenen Interessen, eher Seltenheit, dann berechtigt. Keine Unmenschlichkeit im Gefängnis!

3. Andere Straftäter sind sowieso da, Kriminalität ist normal, Satz ist falsch.

4. Ist bereits sehr wichtig, aber keine quantitative bzw. qualitative Interessenabwägung, denn Interessen des einzelnen Individuums wiegen gleich.

5. Gibt es auch bei anderen Sanktionen, ist berechtigt im Interesse der Gesellschaft, muss ein Stück weit sein (früher Ehrenstrafe mit an den Pranger stellen).

6. Satz ist unverständlich, ist Art von Strafe.

7. Freiheitsstrafe ultima ratio, Strafrecht ist wichtig, Austauschbarkeitsthese unzutreffend, schwächere keine gleiche Wirkung, welche Maßnahmen???

8. Ja, Vorrang, wir sind Verbrechen nicht schutzlos ausgeliefert.

9. Mörder, Totschläger, Vergewaltiger, Sexualstraftäter, Pädophile, Pornografen, Menschenhändler

10. zu wenig aufgegriffen, Nein, siehe Fälle von Mehrfachtätern, viele interessiert das nicht.

11. § 1 StVollzG Täter-Opfer Ausgleich, psycholog./psychatr. Behandlung, geregelter Arbeitsalltag, Ausbildungsmöglichkeit für Jugendliche, Wiederaufnahme des Verfahrens, vorzeitige Entlassung bei guter Führung, Aggressionstraining, Konfliktbewältigung, gemeinnützige/kirchliche Arbeit

Jura Studentin, 22 Jahre

17.31 **Anhang: A 31** Interview ehemaliger Insasse

1. Es gab einen Sozialarbeiter im Vollzug. Er war 2x in der Woche vor Ort, war aber oft abwesend (Urlaub, krank o.ä.) Im Allgemeinen hatte ich 1x im Monat Kontakt zu ihm. Es wurden Gespräche geführt zu Familie, Straftat, Arbeit, Lockerungen und Besuche. Der Sozialarbeiter teilte mir meinen Entlassungszeitpunkt mit und die Auflagen, die damit verknüpft waren (Bewährungsbeschluss). Ansonsten fanden keine Entlassungsvorbereitungen statt.

2. Die Eindrücke, die ich der Haft gewonnen habe, sind mir eine gute Motivation, straffrei zu bleiben. In der Haft muss man mit vielen Einschränkungen leben (z.B. fehlender Kontakt zur Familie). Außerdem habe ich Freunde und meine Freundin verloren. Als Haftentlassener begegne ich nun in der Freizeit oft Vorurteilen und Schwierigkeiten, z.B. bei Bewerbungen um Arbeit. Ich fühle mich schon als ein „besserer Mensch" als zuvor, da ich die Finger von illegalen Aktivitäten lasse und straffrei bleiben will. Im Kontakt mit anderen Menschen gehe ich offen mit meiner Haft- Vergangenheit und meiner derzeit laufenden Suchttherapie um und habe meistens gute Erfahrungen damit gemacht.

3. Das Essen hätte etwas besser sein können, zu wenig Aufschluss in der Woche (zu wenig Zeit zum Duschen, zu wenig Hofgang, Verdienst (bei Arbeit) sehr gering. Die meisten Beamten waren umgänglich und menschlich.

männlich, 2,5 Jahre Jugendstrafe